Uni-Taschenbücher 897

# UTB

Eine Arbeitsgemeinschaft der Verlage

Birkhäuser Verlag Basel und Stuttgart
Wilhelm Fink Verlag München
Gustav Fischer Verlag Stuttgart
Francke Verlag München
Paul Haupt Verlag Bern und Stuttgart
Dr. Alfred Hüthig Verlag Heidelberg
Leske Verlag + Budrich GmbH Opladen
J. C. B. Mohr (Paul Siebeck) Tübingen
C. F. Müller Juristischer Verlag – R. v. Decker's Verlag Heidelberg
Quelle & Meyer Heidelberg
Ernst Reinhardt Verlag München und Basel
K. G. Saur München · New York · London · Paris
F. K. Schattauer Verlag Stuttgart · New York
Ferdinand Schöningh Verlag Paderborn
Dr. Dietrich Steinkopff Verlag Darmstadt
Eugen Ulmer Verlag Stuttgart
Vandenhoeck & Ruprecht in Göttingen und Zürich

Julius Hesemann

# Geopraxis und Rohstoffrecht

Eine Einführung in die geologische Praxis
einschließlich der Rechtsfragen

Mit 2 Abbildungen und 14 Tabellen

Ferdinand Schöningh
Paderborn   München   Wien   Zürich

Der Autor, Prof. Dr. Julius Hesemann, stand als Geologe viele Jahre im Staatsdienst, zuerst in Berlin, später als Direktor des Geologischen Landesamtes Nordrhein-Westfalen. Er ergänzte seine bergmännische Ausbildung an der Bergakademie Clausthal und seine petrographische an der Eidgenössischen Technischen Hochschule Zürich. Er erlebte die Ausdehnung und Differenzierung der Geologie, erhielt so eine Übersicht über die Sparten der Geologie und vermittelte ihre praktische Anwendung an der Universität in Köln.

CIP-Kurztitelaufnahme der Deutschen Bibliothek

**Hesemann, Julius:**
Geopraxis und Rohstoffrecht: e. Einf. in d. geolog. Praxis einschliessl. d. Rechtsfragen / Julius Hesemann. — Paderborn, München, Wien, Zürich: Schöningh, 1979.
 (Uni-Taschenbücher; 897)
 ISBN 3-506-99263-5

Alle Rechte, auch die des auszugsweisen Nachdrucks, der fotomechanischen Wiedergabe und der Übersetzung, vorbehalten. Dies betrifft auch die Vervielfältigung und Übertragung einzelner Textabschnitte, Zeichnungen oder Bilder durch alle Verfahren wie Speicherung und Übertragung auf Papier, Transparente, Filme, Bänder, Platten und andere Medien, soweit es nicht §§ 53 und 54 URG ausdrücklich gestatten.

© 1979 by Ferdinand Schöningh at Paderborn. Printed in Germany.

Herstellung: Ferdinand Schöningh, Paderborn.

Einbandgestaltung: Alfred Krugmann, Stuttgart.

ISBN 3-506-99263-5

# Inhaltsverzeichnis

Vorwort: Von der Bedeutung der Geologie als Daseinsvorsorge und von dem Informationsspektrum dieses Kompendiums für angewandte Geologie und Rohstoffrecht .................................... 9

| | | |
|---|---|---|
| **1.** | **Geologische Erscheinungen als Untersuchungsobjekte** .... | 11 |
| 1.1 | Information und Vorbereitung ............................ | 11 |
| 1.2 | Untersuchungsmethoden ................................. | 12 |
| 1.2.1 | Landesaufnahme und Kartierung von Einzelobjekten ........ | 12 |
| 1.2.2 | Regionale Prospektion .................................. | 14 |
| 1.2.3 | Probenahme ........................................... | 16 |
| 1.2.4 | Geophysik ............................................ | 17 |
| 1.2.4.1 | Geoelektrik............................................ | 17 |
| 1.2.4.2 | Magnetik.............................................. | 17 |
| 1.2.4.3 | Gravimetrie ........................................... | 18 |
| 1.2.4.4 | Seismik ............................................... | 18 |
| 1.2.4.5 | Radioaktivität.......................................... | 18 |
| 1.2.4.6 | Bohrlochmessungen .................................... | 19 |
| 1.2.4.7 | Geothermik ........................................... | 20 |
| 1.2.5 | Geochemie ............................................ | 21 |
| 1.2.6 | Lumineszenz .......................................... | 23 |
| 1.2.7 | Chemie ............................................... | 24 |
| 1.2.8 | Bergmännische Aufschlüsse .............................. | 24 |
| 1.3 | Vorratsberechnung und -klassifikation ..................... | 25 |
| 1.4 | Investitions- und Betriebskostenrechnung................... | 28 |
| **2.** | **Geologische Erscheinungen als Wirtschaftsobjekte** ........ | 35 |
| 2.1 | Erze .................................................. | 35 |
| 2.2 | Steine und Erden....................................... | 42 |
| 2.2.1 | Hartgesteine .......................................... | 43 |
| 2.2.2 | Kalk- und Dolomitsteine ................................ | 44 |
| 2.2.3 | Mergelkalksteine ....................................... | 45 |
| 2.2.4 | Lehm, Ton und Tonsteine ............................... | 45 |
| 2.2.4.1 | Ziegeltone und -lehme .................................. | 45 |
| 2.2.4.2 | Blähtone und Blähschiefer ............................... | 46 |
| 2.2.4.3 | Töpfertone ............................................ | 46 |
| 2.2.4.4 | Steinzeugtone ......................................... | 47 |
| 2.2.5 | Kiese und Sande ....................................... | 47 |
| 2.2.6 | Gipssteine ............................................ | 48 |
| 2.2.7 | Marmor ............................................... | 49 |

| | | |
|---|---|---|
| 2.3 | Industrieminerale | 49 |
| 2.4 | Brennstoffe | 51 |
| 2.4.1 | Torf | 51 |
| 2.4.2 | Braun- und Steinkohle | 52 |
| 2.4.3 | Erdöl | 54 |
| 2.4.4 | Erdgas | 56 |
| 2.5 | Stein- und Kalisalze | 57 |
| 2.6 | Grund- und Mineralwasser | 58 |
| 2.6.1 | Grundwasser | 58 |
| 2.6.2 | Entziehung | 64 |
| 2.6.3 | Mineralwasser | 65 |
| 2.7 | Gase ($CO_2$, He, $H_2O$) | 67 |
| 2.8 | Fels-, Erd- und Grundbau | 67 |
| 2.9 | Die wirtschaftliche Beurteilung geologischer Objekte in Berichten, Gutachten, Expertisen, Studien und Kartenwerken | 73 |

## 3. Geologische Erscheinungen als Unglücksfall und Streitobjekt ... 77

| | | |
|---|---|---|
| 3.1 | Absichtliche und unbewußte Täuschung (Funde, Fehlbohrungen, Irreführungen durch Wünschelrutengänger) | 77 |
| 3.2 | Vertragsverletzungen (Bohrungen, Lieferungen, Abbaugrenzen) | 84 |
| 3.3 | Grundwasserschädigungen (Ölunfall, Immission, Entziehung) | 89 |
| 3.4 | Bergschäden (auch Pseudobergschäden) und ihre Abgeltung | 93 |
| 3.5 | Grubenunfälle (durch Schlagwetter, Kohlenstaub, Gasausbrüche, Brände und Bergschläge) | 102 |
| 3.6 | Senkungen (durch Entwässerung, Ausschwemmung und Auslaugung) | 109 |
| 3.7 | Erdbeben, künstliche Erschütterungen, Rutschungen | 112 |
| 3.8 | Schäden durch Verwitterung und Immission | 114 |
| 3.9 | Volkswirtschaftliche Prioritäten | 117 |
| 3.10 | Geologie als kriminelles oder beweissicherndes Indiz | 118 |

## 4. Repräsentanten der Gerichts- und Verwaltungsgeologie ... 121

| | | |
|---|---|---|
| 4.1 | Geologische Dienste | 121 |
| 4.2 | Bergbehörden | 125 |
| 4.3 | Sonstige Dienststellen des Bundes, der Länder, Kreise und Gemeinden | 126 |
| 4.4 | Gerichtswesen | 131 |
| 4.5 | Hochschul- und Forschungsinstitute, wissenschaftliche Verbände und Gesellschaften | 134 |
| 4.5.1 | Hochschulen | 134 |
| 4.5.2 | Wissenschaftliche Verbände | 135 |
| 4.5.3 | Geologische Gesellschaften sowie Vereine und ihre Zeitschriften | 136 |
| 4.6 | Fachvereinigungen | 137 |

| | | |
|---|---|---|
| **5.** | **Berggesetzgebung** | 139 |
| 5.1 | Bundesrepublik Deutschland | 139 |
| 5.2 | Industrieländer | 143 |
| 5.3 | Entwicklungsländer | 149 |
| 5.4 | Meeresgrund und Meeresraum | 156 |
| **6.** | **Wasserrecht der Bundesrepublik Deutschland** | 159 |
| 6.1 | Wasserhaushaltsgesetz | 159 |
| 6.2 | Abwasserabgabengesetz | 164 |
| **7.** | **Gesetz zur Ordnung von Abgrabungen (Abgrabungsgesetz)** | 167 |

**Literaturauswahl über Erzlagerstätten** ............ 169
a) Allgemein ............ 169
b) Über Metalle im einzelnen ............ 170

Quellennachweis für Abbildungen und Tabellen ............ 175

Sachregister ............ 177

# Vorwort

Von der Bedeutung der Geologie als Daseinsvorsorge und von dem Informationsspektrum dieses Kompendiums für angewandte Geologie und Rohstoffrecht.

Eine so fundamentale Wissenschaft wie die Geologie, deren lebenswichtige Bedeutung neuerdings als „Daseinsvorsorge" apostrophiert wird, schafft über Lehre und Forschung hinaus materielle Werte, deren Eigentumsverhältnisse, Nachweisung und Nutzung „verwaltet" werden müssen und gesetzlichen Regelungen unterliegen. Der Katalog der für Wirtschaft und Existenz schlechthin unentbehrlichen Objekte der Geowissenschaften ist umfangreich und sei durch die Stichworte mineralische Rohstoffe, Grundwasser, Untergrund als Baugrund und Baustoff umschrieben. Er mag auch durch den Umfang des Lehrbuches der „Angewandten Geologie" von BENTZ u. MARTINI (1961—1969) illustriert werden, dem selbst auf 2151 Seiten nur eine Übersicht gelingt und das für jede Einzeldisziplin auf Speziallitertur verweisen muß.

Zu der gezielten Tätigkeit kommen die durch Naturvorgänge ausgelösten Fälle der Geologie (Erdbeben, Rutschungen, Schlagwetter-Explosionen, Gruben- und Haldenbrände, Erosion, Dolinen, Vulkanismus usw.) und anthropogene Veränderungen (Wasserwirtschaft, Versumpfungen, Bergschäden, Talsperren, Bergbau usw.) hinzu, welche eine geologische Untersuchung, Beratung und Regulierung verlangen.

Aber so sehr die Ausübung der angewandten Geologie in Volkswirtschaft und tägliches Leben eingebunden ist, so fremd ist der Allgemeinheit auch heute noch diese nicht nur Geologen, sondern auch Mineralogen, Geochemiker und Geophysiker, Bodenkundler und Bergleute umfassende Berufssparte geblieben.

Diese gesellschaftskritischen Zeilen richten sich auch an den Geologen, damit er sich auf Vorurteile einstellt und vor allem seine Sache durch einleuchtende und klare Darstellung ins rechte Licht setzt. Wie die seinerzeitige „Gerichts- und Verwaltungsgeologie" von KRUSCH soll ihm auch diese Zusammenstellung „Geopraxis und Rohstoffrecht" („Geopraxis" analog den

Bezeichnungen Geochemie, Geophysik usw. gebildet) für den praktischen Gebrauch dienlich sein. Zu sehr haben sich die Einzeldisziplinen der Geowissenschaften voneinander entfernt, als daß ein Geologe alle Spezialgebiete beherrschen und das Risiko wirtschaftlicher Empfehlungen übernehmen kann. Deshalb ist hier ein Kompendium der Geologie entworfen, welches geologische Objekte unter wirtschaftlichen Aspekten erörtert. Es soll dem Geologen mit Verweisen auf das wichtigste Schrifttum eine Anleitung, Gedächtnisstütze und Orientierungshilfe dafür sein, was er an Angaben und Stellungnahmen bei der Beurteilung eines Rohstoffvorkommens von der Aufsuchung bis zur Umwandlung in ein Handelsprodukt für den Auftraggeber, Unternehmer, Betriebs- und Wirtschaftsingenieur zu berücksichtigen hat. Anstelle fertiger Konzepte, Formeln und marktwirtschaftlicher Konditionen muß aber auf Handbücher verwiesen werden, ebenso wie der Geologe die geologische Interpretation der Untersuchungsergebnisse zur Kennzeichnung einer Lagerstätte selber vornehmen und die Aussage im Einzelfall selber vertreten muß.

Der wirtschaftstatistische und wirtschaftspolitische Bereich ist mit Rücksicht auf die zahlreichen Einzelschriften und Handbücher mit ihrer rasch schwindenden Aktualität ausgespart, zumal er zwar zur Weltoffenheit, aber nicht zum eigentlichen Handwerkszeug von Geologen gehört.

Der zweite Teil gibt Fingerzeige und Beispiele für geologische Objekte als Streitgegenstand, beleuchtet durch lehrreiche Einzelbeispiele und flankiert durch die Anführung der Gesetzgebung und ihrer Repräsentanten von den Gerichts- und Verwaltungsstellen. Als nicht überflüssig wird ein Überblick über die oft nicht greifbare Berggesetzgebung des In- und Auslandes empfunden werden, die als „internationales Rohstoffrecht" an Bedeutung, aber auch an Kompliziertheit zunimmt.

Wenn diese Übersicht als einzige erst 60 Jahre nach dem großen Werk von KRUSCH erscheint, so mag man in diesem späten Nachzügler weniger mangelndes Interesse, sondern die Wirkung der Schwierigkeit sehen, für die heterogene praktische und gutachtliche Tätigkeiten eines Geowissenschaftlers eine übersichtliche und brauchbare Anleitung zu bringen, ohne den schmalen Grat zwischen einer Überfülle von Daten und einer wenig hilfreichen Verallgemeinerung im Rahmen eines Taschenbuches zu verlassen.

*Julius Hesemann*

# 1. Geologische Erscheinungen als Untersuchungsobjekte

## 1.1 Information und Vorbereitung

Der Geologe muß sein Objekt selbst aufsuchen. Dazu gehört außer Hammer und Kompaß eine Vorbereitung und weitere Ausrüstung, welche um so umfangreicher und aufwendiger ausfällt, je höher der Grad der Unbekanntheit, je größer der Umfang und die Entlegenheit des Objektes (Heimatland oder unbekanntes Gebiet) sind. Ob es sich um die Prospektion einer Lagerstättenprovinz oder um den Nachweis einer vermuteten oder schon teilweise bekannten Einzellagerstätte handelt, immer wird ein vorheriges Literatur-, Karten-, Sammlungs- und Archivstudium die Grundlage für eigene Erhebungen an Ort und Stelle abgeben. Lehr- und Handbücher, Fachbibliotheken (Bundesanstalt für Geowissenschaften und Rohstoffe, Hannover; Bergbaubücherei Essen; Lagerstättenkartei der Gesellschaft Deutscher Metallhütten- und Bergleute in Clausthal-Zellerfeld; Bureau des Recherches géologiques et minière in Paris; US Geological Survey in Washington), die geologischen Dienste überhaupt (Verzeichnis im „Vademecum"), Übersichts-, Straßen- und Luftbildkarten (Geo-Center, Stuttgart 80), Sammlungen von Instituten, Ämtern und Museen geben beschreibende oder substantielle Auskunft. Erstellung und Auswertung von Luftbildern erfolgt durch Hansa-Luftbild, Aeroexploration Frankfurt und Südflug München.

Insbesondere für das von der Zivilisation noch nicht durchdrungene Ausland darf es an der notwendigen Ausrüstung an Schreib- und Zeichenmaterial, Prospektionszubehör, Kleidung und Zeltausrüstung sowie Medikamenten nicht fehlen, was sich nach Einsatzort und -dauer richtet und worüber es Empfehlungen („Vademecum") gibt. Für die Untersuchungen im Gelände ist für geländegängige Fahrzeuge, Verpflegung und drei bis vier Hilfskräfte zum Tragen der Ausrüstung und Proben zu sorgen. Fühlungnahme mit der örtlichen Obrigkeit je nach

Sachlage, auf keinen Fall Alleingänge oder -fahrten in wenig besiedelte Gebiete, bei ausgedehnten Arbeitsgebieten vorherige Überfliegung. Für die Lagerstättenuntersuchung empfehlen sich folgende Phasen der Untersuchung, Bewertung und Abbauphase (KIRCHNER et alii 1977, GOCHT 1978):

1. Vorphase — geologische Übersicht; Gebietsauswahl, Erwerb von Lizenzen, Vorbereitungen und Ausrüstung
2. Prospektionsphase — lagerstättenkundliche, geophysikalische, geochemische Suche und Erkundung, Verkehrssituation
3. Explorationsphase — Schürfe und Bohrungen, Erschließung der Lagerstätte (Umfang, Mineralgehalt, Bauwürdigkeit), Marktstudie, Erwerb von Abbaurechten
4. Bewertungsphase — Projektfinanzierung (Cash flow-Rechnung), Verhandlungen mit Entwicklungsland, Banken, Lieferverträge
5. Technische Planung — Aus-, Vorrichtung und Abbau, Aufbereitungsversuche
6. Abbauphase — Produktionsaufnahme, Zusatzinvestitionen, Abnahme der Anlage

Literatur:

GOCHT, W.: Wirtschaftsgeologie. 200 S., Berlin 1978
KIRCHNER et alii: Rohstofferschließungsvorhaben in Entwicklungsländern. Stud. zum intern. Rohstoffrecht, I. 413 S., Frankfurt/M. 1977
TSCHOEPKE, R.: Das Verhältnis von Prospektionsarbeiten zum Wert einer Lagerstätte. Schriften der GDMB, 15: 113—121, Clausthal 1964
Untersuchung und Bewertung von Erzlagerstätten. Schriften der GDMB, 21, 148 S., Clausthal 1968
WAHL, S. VON: Kriterien der Bauwürdigkeit bei der wirtschaftlichen Beurteilung von Metallerzlagerstätten. Erzmetall, 26: 26—32, 6 Abb., Stuttgart 1973
ZEITLER, K.: Graphische Methoden zur Beurteilung von Explorationslagerstätten. Erzmetall, 26: 132—138, 5 Abb., Stuttgart 1973

## 1.2 Untersuchungsmethoden

### 1.2.1 Landesaufnahme und Kartierung von Einzelobjekten

Die beste Grundlage für die Prospektion ist die geologische Karte. Sie gibt nicht nur die flächenhafte Gesteinsverbreitung an der Oberfläche oder unter geringer Bedeckung wieder, sondern sie ermöglicht dank der Stratigraphie und Tektonik auch einen Einblick in die tieferen Untergrundverhältnisse. Wohl jedes Land verfügt über geologische Karten, die allerdings, selbst in Europa, nicht alle Gebiete überdecken. Sonst bieten kleinmaßstäbliche Karten überall erste Anhaltspunkte.

Die geologische Landesaufnahme in der Bundesrepublik Deutschland bedient sich als topographischer Grundlage des Meßtischblattes 1 : 25 000. Seit eh und je strebt sie eine Inventur der geologischen Verhältnisse an der Oberfläche und belegbaren Tiefe an. Die Aufnahme gibt die Petrographie und Paläontologie sowie die Lagerungsverhältnisse wieder und bietet so die Grundlage für die Auswertung zugunsten der Landesplanung, Land-, Forst- und Wasserwirtschaft und die Ermittlung von Bodenschätzen, wozu die wissenschaftlichen Beiträge zur Stratigraphie, Paläogeographie, Bodenkunde und Hydrogeologie kommen.

Aus punktförmig verteilten Aufschlüssen entsteht zunächst ein unregelmäßiges Raster, das an aufschlußfreien, aber entscheidenden Stellen durch Aufgrabungen verdichtet werden kann. Streichen und Fallen, Petrographie und Fossilführung dienen zusammen mit der Morphologie einer Extrapolation der Einzelaufschlüsse für die Zusammenfügung zu einem Kartenbild. Es kann durch Beobachtung von Lesesteinen, Bestreuung, Bodenfärbung, Bewuchs, Morphologie und durch flache Bohrungen ergänzt werden. Zur weiteren Kennzeichnung der angetroffenen Gesteine und Minerale kann man geophysikalische, geochemische, chemische, mikropaläontologische und Körnungs-Untersuchungen ausführen, deren Ergebnisse das Kartenbild verfeinern und sichern. Bei der Mineralbestimmung kann die spezielle Mineralogie mit ihren vielfältigen Kriterien (Kristallform oder gelartiger Habitus, Glanz, Spaltbarkeit, Ritzhärte, Strichfarbe, Magnetismus, Lupe, An- und Dünnschliff) helfen, wobei die Lötrohrprobierkunst außer Mode gekommen zu sein scheint.

Die geologische Situation des Untergrundes läßt sich aus den Parametern des Anstehenden für die tiefere Schichtenfolge und Tektonik ableiten und in Profilen sichtbar machen, wobei es allerdings bei dieser deduktiven Konstruktion Farbe in der Auffassung zu bekennen gilt. Deshalb brechen die meisten Profile in weniger als 1 000 m Tiefe ab und geben keine Handhabe zu fruchtbarer Kritik. Die Geophysik kann hier durch bereits vorhandene Karten oder eigens angestellte Messungen gute Dienste leisten. Ein gutes Beispiel für die Kombination geologischer Karte und geophysikalischer Daten ist die Geotektonische Karte von Nordwestdeutschland 1 : 100000.

Eine geologische Kartierung kann sich für begrenzte Einzelobjekte als nützlich erweisen, z. B. für Talsperren-Vorhaben, besonders für die Sperrstelle, oder für den Nachweis von Dammbaumaterial.

Bei Grundwasservorkommen als Spalten- und Porenwasser ist die Ermittlung der Schichtenfolge wichtig, um die Ausdehnung von Speicher- und abdichtendem Gestein für den Einbau von Filtern an geeigneten Stellen festzustellen und einen Grundwasserlinienplan zu konstruieren. Die natürlichen Aufschlüsse, Gesteinsausbiß und Wasseraustritt reichen gewöhnlich nicht aus und müssen durch Beobachtungsbrunnen ergänzt werden. Sie zeigen das Grundwassergefälle an und bieten damit die Handhabe für die geeignete Plazierung von Brunnenbohrungen. Probepumpen und chemisch-bakteriologische Untersuchungen des Wassers geben über Ergiebigkeit und Beschaffenheit des Grundwassers Aufschluß. Eine Spezialaufnahme orientiert auch über Baugrund, Gesteins- und Mineralvorkommen, was durch spezifische Untersuchungsmethoden zu ergänzen ist.

## 1.2.2 Regionale Prospektion

Bei der regionalen Prospektion handelt es sich zunächst darum, den stratigraphisch-faziellen oder den kristallin-metamorphen Gesteinsverband zu klären und zu erfassen, um die praktischen Untersuchungen auf bestimmte Gebiete oder Gesteinsfolgen auszurichten. Eine großräumige Kartierung nach dem Luftbild in Verbindung mit geologischen Routenaufnahmen und Aerophysik kann schnell zu einer Übersicht führen.

In neuerer Zeit wird auch Fernerkundung (Remote Sensing) betrieben. Sie hat sich besonders für geologische Voruntersuchungen bewährt und liefert (Farb-, Infrarot- und multispektral-) Fotos und elektromagnetische Aufzeichnungen von Satelliten und Raumschiffen. Die Bilder entstehen durch reflektierte Sonnenstrahlung oder Eigenemissionen (passive Verfahren) oder durch Reflexionen von Impulsen vom Flugkörper aus (aktive Verfahren). Sie schlagen sich in Karten 1 : 2 bis 1 : 5

Millionen nieder. Radaraufnahmen geben eine reliefbetonte Erdoberfläche wieder.

Weitere Indizien für die Lagerstättensuche können zeitliche und räumliche Bindungen von Erzen an Massive, Formationen, Transgressionen, Störungszonen usw. sein. Auch die Form von Erzkörpern als Stock, Gang, Imprägnation, Seife usw. kann für die Auffindung und Abgrenzung dienlich sein, ebenso die Verfolgung von Erzspuren in Bächen und Flüssen (chemisch und als Geröll), der eiserne Hut, Oxydationsfarben, Bleichungszonen bei Propylitisierung und Kaolinisierung, Quarzrippen ausstreichender Erzgänge, Gesteinsbestreuung, Halden, Pingen usw. Auch die Anordnung zu großen Gangzügen (Zinngürteln Boliviens, Chromerze des Balkan und der Türkei, ostasiatische Zinn-Wolfram-Vererzung usw.) und die Granitgebieten vorgelagerten Gold- und Zinnstreifen können Fingerzeige für die Suche abgeben. Die Klärung der Genese und Form schließt auch andere Parameter einer Lagerstätte ein (Paragenese, Größe, Gehalte usw.).

Ähnlich wie bei der kombinierten Anwendung geologischer Indizien für Erze wird man bei der Erkundung anderer Lagerstätten, von Grundwasser und geeignetem Baugrund verfahren und sich nach der Klärung der geologischen Situation spezifischer Untersuchungsmethoden (Abschnitte 1.2.3 bis 1.2.8) bedienen.

Literatur:

BAUMANN, L. u. TISCHENDORF, G.: Einführung in die Metallogenie — Minerogenie. 458 S., 100 Abb., 36 Tab. Leipzig 1976
BENTZ, A. u. MARTINI, H.-J.: Lehrbuch der Angewandten Geologie. I, Allgemeine Methoden. 1071 S., 468 Abb., 75 Tab., 3 Taf., Stuttgart 1961
FORRESTER, J. E.: Principles of Field and Mining Geology. New York 1949
GRANIGG, B.: Die Lagerstätten nutzbarer Mineralien. Ihre Entstehung, Bewertung und Erschließung. 217 S., 156 Abb., 8 Tab., Wien 1951
HESSE, K.: Planungen in Entwicklungsländern. 619 S., Berlin 1965
HILLER, J. E.: Die mineralischen Rohstoffe. 359 S., 2. Abb., Stuttgart 1962
JANCOVIC, S.: Wirtschaftsgeologie der Erze. 347 S., 47 Abb., Wien
MCKINSTREY, H. E.: Mining Geology. 680 S., 110 Abb., 12 Tab., New York 1957
KUZVART, M. u. BÖHMER, M.: Prospecting and Exploration of Mineral Deposits. 432 S., Amsterdam 1978
LAHEE, F. H.: Field Geology. 5. Aufl., 883 S., 637 Abb., New York 1952
LAMEY, K. A.: Metallic and industrial Mineral Deposits. 567 S. New York 1966

OELSNER, O.: Zur Methodik der geologischen Erkundung in Abhängigkeit von den Lagerstättentypen. Z. f. angewandte Geol., 4: 322—332. Berlin 1958
PETRASCHECK W. E.: Lagerstättenlehre. 2. Aufl., 374 S., 232 Abb., Wien 1961
SMIRNOW, V. J.: Geologie und Lagerstätten mineralischer Rohstoffe. 563 S., Leipzig 1970
SCHMIDT, W. F.: Erfahrungen beim Prospektieren und Kartieren im afrikanischen Busch. Berg- u. hüttenmänn. Mh., 106: 473—482, 9 Abb., Wien 1961
ZESCHKE, G.: Prospektion und feldmäßige Beurteilung von Lagerstätten. 307 S., 218 Abb., Wien 1964
Bundesanstalt für Geowissenschaften und Rohstoffe, Hannover: Rohstoffliche Länderberichte, ab 1972
Vademecum: Untersuchung und Bewertung von Lagerstätten der Erze, nutzbarer Minerale und Gesteine. Schrift. Ges. deutsch. Metallhütten- und Bergleute, 23: 219 S., 22 Anlagen. Clausthal-Zellerfeld 1972

## 1.2.3 Probenahme

Wichtige Unterlagen steuert die Probenahme für die Beurteilung einer Lagerstätte bei. Man kennt Schlitz-, Hack-, Klaub-, Schuß-, Bohrmehl- und Schürfproben. Alle Arten haben ihre Vorzüge und Nachteile und für alle gilt die Ausmerzung subjektiver oder unbewußter Abweichungen eines tatsächlichen Quer- oder Durchschnittes. Die Bohrkerngewinnung ist je nach Kerngewinnung am zuverlässigsten. Um dem Durchschnittswert von Analysen möglichst nahezukommen, sind vier Arten der Mittelbildung möglich: Arithmetisches (Summe der Einzelwerte dividiert durch ihre Anzahl, was extremen Werten zuviel Gewicht gibt), geometrisches (nicht anwendbar, wenn ein Wert Null ist) Mittel, Medianzentralwert (eine Hälfte nur kleinere, die andere nur größere Werte) und Modus (Wert einer Reihe, der am häufigsten vorkommt). Zweckmäßig ist eine Ergänzung durch gewogene oder gewichtete Mittel.

Literatur:

Chemikerausschuß der GDMB (Herausgeber): Analyse der Metalle, III, Probenahme. 2. Auflage, 535 S., 242 Abb., 65 Tab., Berlin 1965
DONATH, M.: Die Bedeutung der Probenahme. Erzmetall, 12: 507—510, Abb., Stuttgart 1959
OELSNER, O.: Grundlagen zur Untersuchung und Bewertung von Erzlagerstätten. 84 S., Gera 1952
PARKS, R. D.: Examination and Valuation of Mineral Property. 4. Aufl., 509 S. Massachusetts 1957

## 1.2.4 Geophysik (Objekte und Reichweite Tab. 1)

Geophysikalische Methoden liefern Differenzwerte und können allein noch keine Lagerstätte ausmachen, sie aber in Anlehnung an Aufschlüsse oder Bohrprofile lokalisieren.

### 1.2.4.1 *Geoelektrik* (Leitvermögen von Mineralen siehe Zeschke 1964)

Geoelektrik wird hauptsächlich für mehr punktförmige und lineare Vermessungen von Erzkörpern und räumlich für die Abgrenzung von Süß- gegen Salzwasser eingesetzt. Man macht sich die vielfach hohe Leitfähigkeit besonders von sulfidischen Erzen zunutze, um die Verzerrung des elektrischen Feldes eines eingespeisten Stromes durch den Erzkörper zu ermitteln. Die Eindringtiefe beträgt maximal 200 m, durch eine Vermessung vom Flugzeug aus in geringer Höhe nur wenige Meter. Oxydations- und Zementationserze bilden wie Graphit- und Kohlenlagerstätten ein Eigenpotentialfeld. Besonders fein verteilte Erze geben sich durch die „induzierte Polarisation" (IP-Verfahren), durch die Reaktion nach dem Abschalten eines eingespeisten Stromes, zu erkennen. Man muß aber bedenken, daß Widerstands- und Leitfähigkeitsänderungen auch von wasserführenden Störungen oder Gesteinswechsel hervorgerufen werden können. Die Überlagerung darf nicht mächtiger als die Lagerstätte selbst sein.

### 1.2.4.2 *Magnetik* (Suszeptibilitäten für Minerale und Gesteine siehe Zeschke 1964)

Zwar sprechen nur wenige Minerale wie Magnetit, Ilmenit, Magnetkies, $\alpha$-Hämatit (selbst in größerer Tiefe wie das Vorkommen von Staffhorst nachweisbar) und Gesteine (Eruptiva und Metamorphite ab 4% Fe) auf magnetische Prospektionsmethoden an, aber ihre Aussage wird durch Rückschlüsse auf oft wichtigere Begleitminerale (Gold und Monazit in Seifen, Nickel in Magnetkies) erweitert. Die lokalen Anomalien müssen, wenn sie Form, Größe und Tiefenlage der Störkörper genau umreißen sollen, besonders bei schwacher Intensität frei von Meßfehlern, topographischen Einflüssen usw. sein. Die Luftvermessung vom Flugzeug oder Hubschrauber aus (airborn Geophysik) bedient sich der Magnetik, Elektromagnetik und Radioaktivität.

Die Luftmagnetik offenbart die räumliche Verteilung von Anomalien und Strukturen, hat so große Bedeutung für regionale Übersichten und reicht bestenfalls bis 600 m Tiefe.

### 1.2.4.3 *Gravimetrie*

Gravimeter (Drehwaage)-Messungen bilden die Massenverteilung im Untergrund ab. Gänge (Siegerland), Einlagerungen (Chromit), Salzkörper und Plutone verursachen Schwere-Anomalien, wenn ihre Dichte nur genügend von der des Nebengesteins abweicht. Aus dem Integral des Störkörpers kann ein Modell über Ausdehnung und Tiefe abgeleitet werden.

### 1.2.4.4 *Seismik*

Die Seismik bedarf zu ihrer wirksamen Anwendung geeigneter Refraktions- und Reflexionshorizonte. Also Schichten mit herausfallender Dichte oder Erzgänge sind geeignete Objekte. Für die Refraktionsseismik eignen sich genügend mächtige Gesteinsbänke mit sprunghaft ansteigender Ausbreitungsgeschwindigkeit elastischer Wellen, wie sie z. B. bei der Bestimmung der Abraummächtigkeit über Gesteinsvorkommen vorliegen. Die Reflexionsseismik erzielt die besten Ergebnisse in nicht zu geringer Tiefe (heute bis 5 000 m) und setzt aushaltende und deutliche Reflexionshorizonte voraus. Sie dient also zur Ermittlung schichtförmiger Lagerungsverhältnisse und dabei besonders zur Identifizierung von Erz-, Salz- und Kohlenflözen.

Wie bei allen Messungen von Differenzwerten ist ein petrographisch-stratigraphisches Eichprofil, entweder allgemein oder durch Bohrungen bekannt, die Handhabe für die Identifizierung der reflektierenden oder refraktierenden Horizonte. Die Seismogramme der einzelnen Schuß- und Meßpunkte verbindet man zu Profilen und erhält so ein Bild der Lagerungsverhältnisse.

### 1.2.4.5 *Radioaktivität*

Mit Hilfe der Radioaktivität und zwar durch Geiger-Zählrohr oder Scintillometer, lassen sich Uran- und Thorium-Minerale und durch ihre Paragenese auch Monazit-, Zirkon- und Phosphat-Vorkommen feststellen. Das Uran muß allerdings im radioaktiven Gleichgewicht mit seinen Zerfallsprodukten stehen, da die harte Strahlung des Radiums gemessen wird. Für größere Gebiete

Tab. 1 Geophysikalische Meßverfahren, Anwendungsobjekte und Reichweite in groben Zügen

| Verfahren gemess. Phänomen | Meßgebiet an der Erdoberfl. | Anwendung |
|---|---|---|
| **Gravimetrie** Schwerkraft | x km² | Erdöl, Salz, mass. Erzlager |
| **Seismik** Elastizität des Gesteins, Wellengeschwindigkeit | 1 km² bis 100 m² | Erdöl, Eisenerz |
| **Magnetik** Erdfeld. Gesteins-Magnetismus | 10 km² bis 100 m² (10 cm²) | Fe-, Pyrit-Lgst., Metam. Gesteine. Magmatite |
| **Geoelektrik** Erdströme, Leitfähigkeit | 100 m² bis 1 m² | Grundwasser, Sulfid- und Oxid-Erzlagerstätten |
| **Radiometrie** γ- und β-Strahlung | 1 000 m² bis 1 dm² | Radioaktive Minerale Kalisalze |
| **„Remote Sensing"** (Weltraum-Beobachtung) Eigenstrahlung, Reflexstrahlung verschiedener Wellenbereiche | 10 000 km² bis 10 m² | Geol. Großstruktur, Tektonik, Gesteinstypen, Mineralisations-Zonen? |

empfiehlt sich eine Vermessung aus der Luft. Dabei ist zu berücksichtigen, daß bereits geringmächtige Überlagerungen von 1 m die Strahlung einer Lagerstätte abschirmen. Dann führt die Emanationsmessung oft zu besseren Ergebnissen.

### 1.2.4.6 *Bohrlochmessungen*

Alle Methoden haben eine bis zu Routine-Untersuchungen gediehene Ausgestaltung erfahren. Dazu gehören vor allem die elektrischen Bohrloch(Schlumberger)-Messungen. Ob Strahlung, Kaliber, Leitfähigkeit oder Akustik gemessen werden, die Differenzwerte für verschiedene Gesteine genügen, um dichte tonige oder feste Gesteinsbänke, auch Kohlenflöze, exakter als durch den Probenanfall, auseinander zu halten und so ein detailliertes Gesteinsprofil aufzustellen, wenn es nur an einer bekannten Schichtenfolge, und sei es ein aus der allgemeinen Stratigraphie bekanntes, geeicht ist. Auch geometrische Parameter eines Bohrloches (Neigung, Abweichung, Durchmesser) können bestimmt werden. Bohrlochmessungen sprechen vor allem bei nichtmetallischen Rohstoffen (Salz, Kohle) an, während Minerale sich durch geringe Unterschiede der physikalischen Daten einer Interpretation entziehen. Da die üblichen Sondendurchmesser für Bohrlochmessungen zwischen 40 und 60 mm liegen, müssen die Bohrungen einen genügend großen Durchmesser für die eingeführten Meßapparaturen aufweisen. Die Interpretation kann durch Kombination verschiedener Methoden (Gammastrahlung, Dichte, Magnetik, Akustik, Radioaktivität usw.) ergänzt und gesichert werden.

### 1.2.4.7 *Geothermik*

Durch minutiöse Temperaturmessungen an der Erdoberfläche kann man sozusagen positive Wärme-Anomalien feststellen und, wenn man nur die Leitfähigkeit des Gesteinsuntergrundes kennt, auf die Quelle des Wärmestromes schließen. Die Leitfähigkeit von Gesteinen nimmt nach einem Minimum für Kohle und mittleren Werten für Sand und Ton bis zu hohen Werten für Steinsalz zu. Man kann Wärmemessungen zum Nachweis von wasserführenden Klüften, heißen Dämpfen und zur Temperaturkontrolle in Bergwerken nach der Einwirkung von Strecken und Wetterführung benutzen. Auch die Zersetzung von Schwefelkies kann eine Aufheizung bewirken. Die Geothermik ist außerdem durch Forschungspläne zur Nutzbarmachung der Erdwärme aktuell.

Literatur:

Bentz, A. u. Martini, H. J.: Lehrbuch der angewandten Geologie. I. Kartierung, Petrographie, Paläontologie, Geophysik, Bodenkunde (hierin: Methoden der angewandten Geophysik, S. 422—956), Stuttgart 1961

Closs, H.: Einführungsvortrag zur Diskussion über geophysikalische Prospektionsmethoden. In: Schriften d. GDMB, 15, S. 149—157, Clausthal 1965

Fanselau, G.: Geomagnetismus und Aeronomie. Bd. 3: Über das aus dem Erdinnern stammende Magnetfeld. 632 S., Berlin 1959 (Verl. der Wiss.). (Prospektion magnetischer Lagerstätten)

Flathe, H.: Der derzeitige Stand geophysikalischer Methoden für die Prospektion auf Erzlagerstätten. In: Schriften d. GDMB, 21, S. 92—100, Clausthal 1968

Giret, R.: Effet de la vitesse et de la constante d'intégration sur la forme des anomalies aéroradiométriques. Geophysic. Prospecting, 10, 2, S. 183—202. The Hague 1962 (Radiometrische Vermessungen vom Flugzeug aus.)

Grant, F. S. u. West, G. F.: Interpretation Theory in Applied Geophysics 583 S., New York 1965 (McGraw Hill). (Elektrische Verfahren, besonders auch vom Flugzeug aus)

Griffiths, D. H. u. King, R. F.: Applied Geophysics for Engineers and Geologists. London 1965

Gruss, H.: Geologische und geophysikalische Untersuchungsmethoden bei der Erkundung und Beurteilung nordwestdeutscher Eisenerzlagerstätten. In: Schriften d. GDMB, 15, S. 77—84, Clausthal 1965

Jakosky, J. J.: Exploration Geophysics. Los Angeles 1950 (Trija Publishing Co.) (Beschreibung der Verfahren und Darstellung von Anwendungsbeispielen.)

Jung, H.: Drehwaagenmessungen. Handbuch Exp. Physik 25: 51—123. Leipzig 1930

Reich, H.: Angewandte Geophysik für Bergleute und Geologen. 2. Aufl., 236 S., 112 Abb., 32 Tab., Leipzig 1960

Schlumberger, C.: Etude de la Prospection Electrique du Sous Sol. Paris 1920 (Gauthier-Villars)

– Interpretations. Handbuch. Paris 1956

Sharma, P. V.: Geophysical Methods in Geology. 428 S., Amsterdam 1976

Vogelsang, D.: Grenzen der Anwendung der Interpretation aeromagnetischer Prospektierungen auf Erzlagerstätten. In: Schriften d. GDMB, 15, S. 18—32, Clausthal 1965

Wilke, A.: Prospektionsmethoden in alter und neuer Zeit und ihre Erfolgsaussichten. Der Aufschluß, 26: 261—271, 5 Tab., 3 Abb., Heidelberg 1975

## 1.2.5 Geochemie

Die Geochemie leistet für die Erzprospektion ebenfalls gute Dienste. Sie engt einen Erzkörper durch über den Durchschnittswert (Background) hinausgehende Gehalte an Buntmetallen von Gesteins- und Bodenproben ein: Dithizon-Field-Test von Hawkes für Zn, Cu, Pb; Quecksilbermethode zum Nachweis von Zn, Nickelbestimmung im Gelände, Radioaktivitätsmessungen mit dem Szintillometer für die Prospektion auf U, Schnellverfahren im Gelände durch einen Isotop-Fluoreszenz-Analysator für Cu, Pb, Zn, Fe, Sb, Zr, Ba, Mo und Sn. Die Nachweisgrenze liegt bei 0,5 bis 0,02%. In bereits aufgeschlossenen Erzvorkommen lassen Spurenelemente (Bi, Sb in Pb, Hg, Fe, Cd in Zn usw) auf Teufenunterschiede, Bildungstemperaturen und gegebenenfalls auf Teufenerstreckung schließen. Dabei ist die primäre und sekundäre Verteilung von Elementen zu berücksichtigen.

Die geochemische Prospektion ist heute spezialisiert und verfeinert: für Böden und Sedimente, überhaupt Minerale und Gesteine für „blinde Lagerstätten". So kann man aus dem Pb-Isotopen-Verhältnis auf Größe und Wert von Pb-haltigen Lagerstätten schließen. Biochemische (Pflanzenaschen, Bakterienkulturen) und isotopenchemische Untersuchungen werden bei der Prospektion von Kerogen, Erdgas und -öl angewandt, aber auch spektrometrische und kolorimetrische Methoden sind darauf ausgerichtet.

Literatur:

ABELSON, P. A.: Research in Geochemistry. I. London, New York 1959
BROOKS, R. R.: Geobotany and Biogeochemistry in Mineral Exploration. New York 1972
CLARKE, O. M.: Geochemical prospecting for copper at Ray/Arizona. Econ. Geol., 48, S. 39—45, New Haven 1953 (praktisches Beispiel)
DEGENS, E.: Geochemie der Sedimente. 282 S., 75 Abb., 20 Tab., Stuttgart 1968
GINSBURG, J. J.: Principles of Geochemical Prospecting (Übersetzung aus dem Russischen), 311 S., London 1960 (Russ. Standardwerk)
HAWKES, H. E. u. WEBB, J. S.: Geochemistry in Mineral Exploration. 415 S., New York 1962 (Harper and Row) (Gutes Lehrbuch, behandelt den Themenkreis sehr ausführlich, auch unter Berücksichtigung der sowjetischen Literatur, jedoch ohne Analysenvorschriften)
HAWKES, H. E.: Dithizone field tests. Econ. Geol., 58. S. 579—586, New Haven 1963 (Genaue Analysenvorschrift, wichtig, zusammen mit G. LASCH)
JAMES, C. H. u. WEBB, J. S.: Sensitive mercury vapour meter for use in geochemical prospecting. Trans. Inst. Min. Metall., 73, S. 633—641, London 1964 (Analysenmethode)
KVALHEIM, A.: Geochemical prospecting in Fennoscandia. 350 S., New York 1967 (Feldlabor, geobotanische, naßchemische, radioaktive und geschiebekundliche Methoden)
LEVINSON, A.A.: Introduction to Exploration Geochemistry. 612 S., Calgary 1974
MALYUGA, D. P.: Biochemical methods of prospecting. (Übersetzt aus dem Russ.). 203 S., New York 1964 (Consultants Bureau) 1964
PETRASCHECK, W. E.: Die bauxitischen Eisenerze von Payas bei Iskenderum. Bull. Miner. Res. Explor. Inst., Turkey, 65, S. 22—26, Ankara 1965 (Schnellverfahren Ni-Bestimmung im Gelände; Ni-Nachweis bis 0,05%)
RITCHIE, A. S.: The Identification of metal ions in ore minerals by paper chromatographie. Econ. Geol., 57, S. 238—247, 6 Tab., New Haven 1962 (Nachweis von etwa 30 Metallen)

Rössler, H. J. u. Lange, H.: Geochemische Tabellen. 328 S., 112 Bilder, 166 Tab. u. 3 Beil.-Tafeln, Leipzig 1965

Spain, I. D., Ludemann, F. L. u. Snelgrove, A. K.: Mineral Identification with disposable Agar Gel Columns. Econ Geol., 57, S. 248—259, 1 Abb., 5 Tab., New Haven 1962 (Nachweis von etwa 60 Erzmineralen)

## 1.2.6 Luminiszenz

Die durch ultraviolettes Licht angeregte, vorübergehende (Fluoreszenz) oder lange nachleuchtende (Phosphoreszenz) Lichtemission ist mehr als 300 Mineralen eigen. Die Luminiszenz erfolgt je nach Element in spezifischen Farben. Da aber Fremdatome im Kristallgitter — welches Mineral ist rein? — die elementeigenen Farben verändern können, ist bei der farblichen Interpretation Vorsicht geboten. Hinzu kommt, daß auch nichtmineralische Substanzen wie Bitumen, Öl, Gläser, selbst Flechten fluoreszieren.

Praktisch im Gelände, in der Grube und im Labor leistet die UV-Lampe als Schnellmethode gute Dienste bei dem Nachweis von Scheelit, Zirkon, einigen U-Mineralen und manchen Flußspäten (Tab. 2).

Tab. 2 Fluoreszenz und Phosphoreszenz von Mineralen nach Gleason 1960 (* auch phosphoreszierend)

| | |
|---|---|
| *Rot, rosa, orangerot:* | Anhydrit, Bauxit, Calcit, Dolomit*, Diamant, Spodumen, Talk |
| *Orange:* | Baryt, Bauxit, Calcit (nur bei Phosphoreszenz), Coelestin, Monazit*, Spodumen, Zinkblende*, Zirkon* |
| *Gelb:* | Autunit, Beryll, Calcit, Fluorit*, Gips*, Opal, Pyromorphit, Quarz, Talk, Turmalin, Zirkon |
| *Grün:* | Autunit, Beryll, Baryt (nur bei Phosphoreszenz), Cerussit, Coelestin, Dolomit, Fluorit*, Hydrozinkit, Lepidolith, Phosphorit, Quarz, Achat, Chalzedon, Opal, Strontianit*, Talk |
| *Blau:* | (violett bis weißblau): Aragonit, Baryt, Beryll, Borax (diese nur bei Phosphoreszenz), Fluorit (weißblau fluoreszierend, blaugrün phosphoreszierend), Hydrozinkit, Scheelit, Strontianit (blaugrün phosphoreszierend) |

Literatur:

GLEASON, S.: Ultraviolet Guide to Minerals. New York, London 1960
LIEBER, W.: Die Fluoreszenz von Mineralien. Der Aufschluß, 5, Sonderheft, Heidelberg 1957
WESTENBERGER, H. Die Bedeutung der Fluoreszenz bei Prospektion und Exploration. Der Aufschluß, Jg. 26, S. 412—414, Heidelberg 1975
ZESCHKE, G.: Prospektion und feldmäßige Beurteilung von Lagerstätten. 367 S., 218 Abb., Springer-Verlag, Wien 1964

## 1.2.7 Chemische Untersuchung

Bei der chemischen Untersuchung muß im Auge behalten werden, daß sich das Analysenergebnis nicht auf die Lagerstätte, sondern auf die Probe bezieht, weshalb sie möglichst repräsentativ ausgewählt werden muß. Da dem Genauigkeitsgrad (nicht alle Laboratorien können Edelmetalle in kleinen Mengen bestimmen) keine Schranken gesetzt sind (naßchemisch, spektralanalytisch oder Röntgenfluoreszenzanalyse), ist der Auftrag klar für eine qualitative, halbquantitative Analyse, Untersuchung bestimmter Fraktionen oder Elemente (auch Spurenelemente) bis zu bestimmten Grenzwerten anzugeben. Name von Labor und Analytiker sprechen für die Qualität der Analyse.

## 1.2.8 Bergmännische Aufschlüsse

Es gibt viele Hilfsmittel, die deshalb besonders durchdacht eingesetzt werden sollten. Das Anstehende sucht man durch Schürfe, quer zum Gang, senkrecht zur Schicht, an Berghängen durch Stollen freizulegen. Bei verdeckten oder geophysikalisch angezeigten Lagerstätten benutzt man Bohrungen. Sie haben entscheidende Funktionen. Sie sollen die Lagerstätte in mineralogischer, chemischer, physikalischer und aufbereitungs- sowie abbautechnischer Hinsicht anhand von Bohrproben erfassen und die Grundlage für die Bestimmung der Vorräte und Erzsorten abgeben. Das Bohrprogramm setzt eine ausgereifte, durch Erzausbisse, Schürfe oder Geophysik erhärtete Vorstellung von Erzkörpern voraus. Erst denken, dann bohren! Gegebenenfalls erst Tastbohrungen vor dem Bohrnetz. Aus Kostenersparnis begnügt man sich mit Bohrstaub- und Spülproben und muß ihnen besondere Aufmerksamkeit bei inhomogenen Erzkörpern und wechselndem Nebengestein schenken. Bohrkerne repräsentieren eine Lagerstätte am besten, so daß ein möglichst hohes Kernausbringen vertraglich vereinbart werden sollte. Bohrproben sollte man sorgfältig entnehmen und für spätere Rekonstruktionen aufbewahren. Auch Schürfschächte können angebracht sein. Für größere Teufen braucht man maschinell angetriebene Geräte, wobei sich Craelius-Geräte besonders bewährt haben, für die Wasser zur Verfügung stehen muß.

Die Probenahme und Prospektion von Mineralen auf dem Meeresgrund befindet sich noch in der Entwicklung. Für Manganknollen bedient man sich der Fernsehbeobachtung, Greifer und Schleppnetze.

Literatur:

FRITZSCHE, C. H.: Bergbaukunde I. 10. Aufl. 767 S., 574 Abb., 1 Taf. II, 9. Aufl., 611 S., 549 Abb., Berlin 1961, 1958
GOCHT, W.: Wirtschaftsgeologie. 200 S., Berlin 1978
JANCOVIC, S.: Wirtschaftsgeologie der Erze. 347 S., 47 Abb., Wien 1967
McKINSTREY, H. E.: Mining Geology. 680 S., 110 Abb., 12 Tab., New York 1957

## 1.3 Vorratsberechnung und -klassifikation

Die Grundlage für die wirtschaftliche Beurteilung einer Lagerstätte ist deren Größe und Ausdehnung. Auf einen Vorrat von bekannter Beschaffenheit kann man die Kosten der Errichtung und Amortisation einer Grubenanlage einschließlich Aufbereitung und Versandkosten der Roherze oder der Konzentrate umlegen. Da aber die Größe und Unregelmäßigkeit einer Lagerstätte meistens nur eine abgestufte Teilerhebung zulassen, ergeben sich Vorratsklassen verschiedener Aussagesicherheit. Der gesamte Lagerstätteninhalt (Gesamtvorrat) ist ein geologischer Begriff. Geologisch spricht man Anreicherungen über den Durchschnittsgehalt als Lagerstätte an, sofern sie sich als Konfiguration deutlich von ihrer Umgebung abheben. Man unterscheidet deshalb bergbauliche Vorräte, bergbaulich nach Qualität und Nachweis nutzbar, und potentielle Vorräte welche nach Gehalt, Mächtigkeit, Teufe usw. oder nach dem Erkundungsgrad nicht oder noch nicht als gewinnbar angesehen werden können.

Nach einer Empfehlung des Lagerstättenausschusses der Gesellschaft Deutscher Metallhütten- und Bergleute unterscheidet man fünf Vorratsklassen. Die Vorratszahlen haben nach dem Stand der Technik und der Marktlage zeitbedingten Wert, weshalb sie mit dem Datum der Berechnung versehen sein sollten:

Einteilung von Lagerstättenvorräten (Bilanzvorräte des Ostblockes).

a) Sicher (proved)
Die Konturen des Vorrates sind zusammenhängend bekannt, oder die Zusammensetzung ist durch entsprechend eng liegende Aufschlüsse gesichert
b) Wahrscheinlich (probable)
Die Konturen des Vorrates sind lückenhaft bekannt, oder der Zusammenhang mit sicheren Vorräten ist durch Aufschlüsse in hinreichendem Abstand festgestellt
c) Angedeutet (indicated)
Der Vorrat ist durch Aufschlüsse in weitem Abstand oder durch indirekte Indikationen (Geophysik, Geochemie) erkundet, wobei die geologische Position außer Frage steht
d) Vermutet (inferred)
Der Vorrat ist außer durch unzureichende Einzelaufschlüsse hauptsächlich nach der geologischen Position, nach geophysikalischen oder geochemischen Indikationen zu vermuten
e) Prognostisch (prognostic)
Der Vorrat ist eine Ableitung aus der geologischen und lagerstättenkundlichen Möglichkeit bzw. aus Analogien.

Sichere und wahrscheinliche Vorräte werden häufig als „erkannte Vorräte" (demonstrated ore), angedeutete und vermutete als „mögliche Vorräte" (possible ore) zusammengefaßt. „Resources" entsprechen Reserven und möglichen Vorräten (BLONDEL u. LASKY 1956), wobei Reserven die zur Zeit der Bestimmung gewinnbaren Vorräte (USBM u. USGS 1974) bedeuten.

Die Klassifikationen der USA, UdSSR und DDR unterscheiden drei Klassen, die den sicheren, wahrscheinlichen und möglichen Vorräten entsprechen. UdSSR und DDR haben in die Definition die Technik der Weiterverarbeitung der Vorräte eingearbeitet und den Vorratsklassen jeweils eine bestimmte Höhe von Investitionen zugeordnet. Die USA sind in der präzisen Kennzeichnung der Merkmale der Vorratsklassen toleranter und gestehen auch den sicheren Vorräten Abweichungen bis zu 20% zu. Für jede Vorratsklasse ist, mathematisch definiert, eine maximale Fehlergrenze und die Aussagesicherheit in Prozenten festgelegt (Tab. 3).

Tab. 3 Aussagesicherheit von Vorratsangaben nach JAHNS (1959)

|                    | Vorratsklassen (%) | | | | |
|---|---|---|---|---|---|
|                    | sicher | wahr-scheinlich | ange-deutet | ver-mutet | pro-gnostisch |
| Obere Fehlergrenze | 10 | 20 | 30 | 30 | ohne |
| Aussagesicherheit  | 90 | 70—90 | 50—70 | 30—50 | 10—30 |

Danach liegen für einen angedeuteten Vorrat von 100 000 t Erz die tatsächlich vorhandenen Mengen zwischen 70 000 und 130 000 t und die Wahrscheinlichkeit dieser Aussage beträgt zwischen 50 bis 70%.

Die Vorratsberechnung beruht auf fünf Faktoren: Fläche, Teufe, Mächtigkeit, Gehalte und Gewicht. Von ihnen geht der Flächenwert ohne Läuterung in die Rechnung ein, während für Mächtigkeiten, Gehalte und Gewichte Durchschnittswerte ermittelt werden müssen. Die Lagerstättenfläche wird bei regelmäßiger Umgrenzung nach geometrischen Formeln berechnet. Unregelmäßige Flächen werden mit Planimeter oder Meßlatte ausgemessen. Die Mächtigkeit wird bei der Probenahme gemessen oder aus dem Bohrkern, aus dem Bohrfortschritt oder durch geophysikalische Vermessung des Bohrloches (nach Orientierung an einem Bohrkern) ermittelt. Durchschnittsmächtigkeit und -gehalte werden als arithmetisches, bei ungleichmäßig verteilten Werten als geometrisches Mittel berechnet.

Die Vorratsberechnung stellt sich am einfachsten für plattenförmige Erzkörper. Das Produkt aus Fläche, Mächtigkeit, Raumgewicht und Gehalt ergibt den qualifizierten Vorrat, den ausbringbaren Vorrat aber erst nach Abzug von Verlusten durch Abbau und Aufbereitung.

Bei unregelmäßig gebauten und zusammengesetzten Erzkörpern nimmt man besondere Berechnungsverfahren vor:

a) Methode der geologischen Blöcke. Zerlegung der Lagerstätte in Teilkörper mit ähnlichen Parametern

b) Methode der Abbaublöcke. Zerlegung besonders steilstehender Gänge oder Bänke in einzelne Blöcke

c) Profilmethode. Zerlegung unregelmäßiger Lagerstätten durch parallele Schnitte, Planimetrierung ihrer Flächen und Multiplikation mit dem Betrag des spezifischen Gewichtes
d) Isohypsen-Methode. Für schicht- und plattenförmige Körper mit gleichbleibender Mächtigkeit und nichthorizontaler Lagerung.

Der Bauwürdigkeitskoeffizient erlaubt als Quotient der abgebauten Gang- und Lagerteile durch die Gesamtaufschlußfläche einen Schluß auf die Verhältnisse angrenzender Lagerstättenteile, der selbst bei „gutartigen" Gängen nur $1/4$ bis $1/3$ beträgt.

Die Haufwerkschüttung je m² ergibt sich aus dem Verhältnis von bisheriger Gesamtförderung der gesamten abgebauten Fläche zur noch nicht abgebauten Fläche.

Literatur:

BLONDEL, F. u. LASKY, S. G.: Mineral Reserves and mineral Resources. Econ. Geol., 51: 686—697. New Haven 1956, Conn.

JAHNS, H.: Die Aussagesicherheit der Vorratsangaben von Lagerstätten. Erzmetall, 12: 227—233, 338—344, 5 Abb., 3 Tab., Stuttgart 1959

OELSNER, O.: Grundlagen der Untersuchung und Bewertung von Lagerstätten. 84 S., 2 Tab., Gera 1952

PROKOFJEW, A. P.: Vorratsberechnung mineralischer Rohstoffe. 163 S., 45 Abb., 20 Tab., Berlin 1963

STAMMBERGER, F.: Einführung in die Berechnung von Lagerstättenvorräten fester mineralischer Rohstoffe. 153 S., 78 Abb., 9 Tab., Berlin 1956

USBM u. USGS: Principles of the mineral Resources Classifikation System of the US-Bureau of Mines and the US-Geological Survey. Geol. Surv. Bull., 1450—A: 5 S., 1 Abb., Washington 1974

WALTHER, H. W.: Berechnung und Einteilung von Lagerstättenvorräten. In BENTZ u. MARTINI: Lehrbuch der Angewandten Geologie, II, 1, S. 99 bis 129, Stuttgart 1968

WAHL, S. VON: Kriterien der Bauwürdigkeit bei der wirtschaftlichen Beurteilung von Metallerzlagerstätten. Erzmetall, 26: 26—32, 6 Abb., 2 Tab., Stuttgart 1973

ZEITLER, K.: Graphische Methoden zur Beurteilung von Explorationsprojekten. Erzmetall, 26: 132—138, 5 Abb., Stuttgart 1973

## 1.4 Investitions- und Betriebskostenrechnungen (Tab. 4)

Die Hauptfaktoren für die Wirtschaftlichkeit von Lagerstätten sind: Qualität und Quantität, Gewinnungskosten (Abbaumetho-

Tab. 4 Einige Beispiele von Gesamtinvestitionen für einige Betriebe nach TSCHOEPKE („Vademecum") etwa auf dem Stand im Jahre 1972

Die Gesamtinvestitionen für einige Betriebe werden nachstehend als Beispiele genannt:

| | |
|---|---|
| Eisenerzbergbau (ohne Nebenanlagen), Nordamerika Tagebau, 11 Mio. t abgebautes Roherz/Jahr | 72 Mio. DM |
| Blei-Zinkerz-Bergbau, Afrika, Tiefbau, 300 000 t abgebautes Roherz/Jahr | 2,8 Mio. DM |
| Zinnerz-Bergbau, Südamerika, Seifen, hydraulischer Abbau, 1,2 Mio. t abgebautes Roherz/Jahr | 1 Mio. DM |
| Eisenerzaufbereitung, Nordamerika, Magnet- u. Spiralscheidung 11 Mio. t Durchsatz/Jahr | 308 Mio. DM |
| Steinkohlenaufbereitung, Südamerika, Setzwäsche, 1 Mio. t Durchsatz/Jahr | 12 Mio. DM |
| Blei-Zinkerz-Aufbereitung, Afrika, Flotation, 300 000 t Durchsatz/Jahr | 6 Mio. DM |
| Erzbahn, Afrika, 80 km, einschl. rollendem Material für 6 Mio. t/a | 72 Mio. DM |
| Erzbahn, Nordamerika, 64 km, einschl. rollendem Material für 8 Mio. t/a | 96 Mio. DM |
| Hafen, Flachküste, Afrika, Umschlagkapazität 4 Mio. t | 70 Mio. DM |
| Hafen, Flachküste, Südamerika, Umschlagkapazität 18 Mio. t/a | 120 Mio. DM |

den), Kosten der Verarbeitung zu einem marktfähigen Produkt und Kosten des Transports zum Verbrauchermarkt.

Für die Rentabilität sind zu berücksichtigen: Investitions- und Betriebskosten-Überschlag in Hinblick auf die Verminderung der Substanz durch fortschreitenden Abbau, Verhältnis von End- zu Rohprodukt (Ausbringen), Verzinsung und Gewinn sowie Marktpreise. Der Geologe sollte diese Faktoren beachten, ihre Ermittlung jedoch Experten überlassen. Alle Rechnungen setzen eine Mindestreserve voraus.

Zur Qualität einer Lagerstätte gehören Angaben über Korngröße, Kornform und Verwachsungsart von Mineralen, weil sie für die Aufbereitung wichtig sind. Wesentlich ist auch die Verteilung der nutzbaren Minerale, also Form und Lage eines Vorkommen. Ebenso haben die Mengenangaben (Tab. 7) wirtschaft-

# 1. Geologische Erscheinungen als Untersuchungsobjekte

| Methode | Einsatzbereich (regional / Erzzone / Lagerstätte) | Kosten pro Quadratmeile in $ (1 – 10 – 100 – 1000 – 10000) | Quadratmeilen pro Tag (1 Einheit) (1 – 10 – 100 – 1000) |
|---|---|---|---|
| **Luftbild-Karten** | | | |
| Neue schwarz-weiß Photos, gr. Gebiet | ● | ▬ | ▬ |
| Neue schwarz-weiß Photos kl. Gebiet | ● ● | ▬ | ▬ |
| Neue Farbphotos, kl. Gebiet | | ▬ | ▬ |
| Konturenkarte von Photos | ● ● | ▬ | ▬ |
| Topogr. Karte von Photos | ● | ▬ | ▬ |
| **Geologie** | | | |
| Büro, Datenauswertung | ● | ▬ | ▬ |
| Photogeologie | ● ● | ▬ | ▬ |
| Geol. Kartierung, kl. Maßst. | ● ● | ▬ | ▬ |
| Geol. Kartierung, gr. Maßst. | ● | ▬ | ▬ |
| Mineral. u. Petrogr. Studien | ● | ▬ | ▬ |
| **Geophysik** | | | |
| Flugzeug-Radioaktivität | ● ● | ▬ | ▬ |
| Flugzeug-Magnetik | ● ● | ▬ | ▬ |
| Flugzeug-Elektromagnetik | ● ● | ▬ | ▬ |
| Hubschrauber-Elektromagnetik + Magnetik | ● | ▬ | ▬ |
| PKW-Radioaktivität | ● ● ● | ▬ | |
| Radioaktivität (allgem.) | ● ● | ▬ | ▬ |
| PKW-Magnetik | ● ● | ▬ | ▬ |
| Magnetik | ● ● | ▬ | ▬ |
| Eigenpotentialmessung | ● ● | ▬ | ▬ |
| Widerstandsmessung | ● | ▬ | ▬ |
| Elektromagnetik | ● | | |
| Messung des induzierten Potentials | ● ● | ▬ | ▬ |
| Schweremessung | ● ● ● | ▬ | ▬ |
| Seismik, geringe Teufe | ● ● | ▬ | ▬ |
| **Geochemie** | | | |
| Wasserproben | ● ● | ▬ | ▬ |
| Bodenproben, kl. Gebiet | ● ● | ▬ | ▬ |

Abb. 1  Kosten für moderne Prospektions- und Explorationsarbeiten

liche Bedeutung für die Investitionsrechnung. Der Kernpunkt ist die Ermittlung der bergbaulich gewinnbaren und in einer Anlage durchsetzbaren Mineralmenge. Die Kapazität von Geräten (Bagger, Brecher usw.) bestimmt letztlich die Mindestgröße eines Betriebes. Die Kosten für Untersuchungsarbeiten, Hilfs- und Versorgungsbetriebe und der Zeitraum zwischen Produktion und Verkauf müssen bei der Investitionsrechnung berücksichtigt werden (Kosten für Prospektions- und Explorationsarbeiten siehe Abb. 1).

Die Wirtschaftlichkeitsberechnung vollzieht sich nach der Beziehung Gewinn = Verkaufspreis abzüglich Herstellungs-, Transport- und sonstige Kosten (Zoll, Kommission, Steuern, Abgaben usw.). Die Herstellungskosten betreffen die erforderlichen Anlagen für Bergbau, Aufbereitung, Wasser und Energie, Gebäude, Abraum, für Metalle noch metallurgische Gewinnung, Raffination und Weiterverarbeitung. Für Steine und Erden, Brennstoffe, Erdöl usw. ergeben sich noch spezifische Anlagen. Die Kosten für Transport von Schüttgut erhöhen sich in progressiver Folge von Straßen-, Bahn, Fluß- zu Überseetransport.

Als Beispiel für die Kostendeckung nach dem Erlös seien die Verhältnisse für ein Kupfererz-Vorkommen angeführt, das wie die meisten Großlagerstätten von Kupfer dem Typ der „dissiminated copper ores" angehören soll (TSCHOEPKE aus „Vademecum" 1979). Danach liegen die Bergbaukosten für Tagebauanlagen von 10 Mio. t/a Kapazität bei 1 DM/t (Erz und Abraum), Aufbereitungskosten der Flotation bei 3 DM/t Roherz, Verhüttungs- und Raffinationskosten bei ca. 700 DM/t Kupfer. Setzt man im Durchschnitt 700 DM/t für Transport, Roayalties (Lizenzgebühr) und Gewinn an, so ist die Kostendeckung bei 0,5% Cu im Roherz bei Preisen von ca. 280 DM/100 kg oder 53 cts./lb gegeben (Zahlen von 1976 zugrunde gelegt).

Die Investitionskosten basieren auf ausreichenden Vorräten und verlangen folgende Festlegungen (TSCHOEPKE, „Vademecum" ....1979):

Gewinnungs- und Verarbeitungsprozeß

Höhe der Investitionen nach der kleinsten technisch bedingten Kapazität

Abschreibungszeitraum der Anlage, nicht über 10 Jahre, bei langen Lieferverträgen länger

Multiplikation der Anlagenkapazität in t/a mit der Abschreibungsdauer in Jahren zur Ermittlung der Mindestvorräte einer Grube.

Der Gang der Auf- und Untersuchung, die technische und wirtschaftliche Planung einer Lagerstätte sei an einer Scheelitlagerstätte mit 0,7% $WO_3$ und 2,45 Millionen t Vorräten dargestellt (SPROSS 1978):

| | |
|---|---|
| 1967 | Entdeckung der Lagerstätte |
| 1968–1971 | Lagerstättenuntersuchung mit technischen Versuchen und 7 Millionen DM Aufwand |
| 1970–1972 | Aufbereitung und Verhüttung im Labor |
| 1973 | Marktanalyse, Gründung eines Konsortiums |
| 1974 | Feasibility-Studie |
| 1975 | Baubeginn der Aufbereitung, Abbau von eluvialen Blockschutthalden |
| 1976 | Förderung und Aufbereitung mit Durchsatz von 220000 t Erz |
| 1977 | Inbetriebnahme von Bergbau und Hüttenwerk. |

Die Betriebskosten hängen von der Produktivität der Anlagen (voll- und halbmechanisierter Betrieb, Tage- oder Tiefbau) und der spezifischen Leistung der Arbeitskräfte ab. An Betriebskosten fallen an: Sprengstoff, Material, Energie, Löhne, Steuern. Die Kostenrechnung gipfelt in dem zu errechnenden Verhältnis von produziertem Rohmaterial zum Endprodukt, also dem Ausbringen. Bei armen Erzen kann nur ein Teil von ihnen zum erforderlichen Konzentrat verarbeitet werden, so daß sich die Kostenbelastung der Tonne Roherz entsprechend erhöht.

Die Festlegungen sind Sache von Ingenieuren, aber der Geologe tut gut daran, sich über diese Dinge zu informieren, um geologische Daten zu berücksichtigen und beizusteuern, nicht zum wenigsten, um bezüglich der Wirtschaftlichkeit eines Vorkommens auf dem Laufenden zu bleiben. Die exakte Kalkulation ist „ein Teil der Berufsarbeit des wirtschaftlich orientierten Ingenieurs".

Literatur:

GOCHT, W.: Handbuch der Metallmärkte. 380 S., 48 Abb., Berlin 1974
– Wirtschaftsgeologie. 200 S., 38 Abb., Berlin 1978
JANCOVIC, S. Wirtschaftsgeologie der Erze. 347 S., 47 Abb., Wien 1967
PRAUSE, H.: Erkenntnisse über den Einfluß von Abbauverfahren auf die Wirtschaftlichkeit von Erzbergwerken. Erzmetall, 16: 634 ff. Stuttgart 1963
SANDIER, H.: Mise en: valeur des Gisements metallifères. 149 S., 86 Abb., 5 Tab., Paris 1962

SCHRÖDER, H. et alii: Taschenbuch des Metallhandels. 6. Aufl., 804 S., Berlin 1972

SPROSS, W.: Die Entwicklung des Scheelitbergbaues Mittersill. Erzmetall, 31: 211—216, Abb., 3 Tab. Stuttgart 1978

TSCHOEPKE, R.: Das Verhältnis von Prospektionsarbeiten zum Wert einer Lagerstätte. Schrift. der GDMB, 15: 113—120, Clausthal 1964

Untersuchung und Bewertung von Erzlagerstätten. Schrift. der GDMB, 21, 148 S., Clausthal

WAHL, S.: Kriterien der Bauwürdigkeit bei der wirtschaftlichen Beurteilung von Metallerzlagerstätten. Erzmetall, 26: 26—32, 6 Abb., 2 Tab., Stuttgart 1973

ZEITLER, K.: Graphische Methoden zur Beurteilung von Explorationsprojekten. Erzmetall, 26: 132—138, 5 Abb., Stuttgart 1973

# 2. Geologische Erscheinungen als Wirtschaftsobjekte

## 2.1 Erze (Literaturübersicht siehe Anlage)

Geologische Objekte sind von wirtschaftlichem Interesse, wenn sie unverändert und unverrückt als Baugrund oder als durch Abbau und Extraktion der Aufbereitung gewonnener Rohstoff zu einem Verkaufsprodukt werden. Anreicherungen von Mineralen und Massierung von Gesteinen über Durchschnittswerte hinaus formieren sich zu Lagerstätten von Erzen, nutzbaren Steinen und Erden, Salzen und Brennstoffen. Grundwasser und Mineralquellen sowie Gase gehören ebenfalls zu den Bodenschätzen. Für die Verwertbarkeit und Bauwürdigkeit natürlicher Rohstoffe gibt es keine festen Normen, sondern die Anforderungen an Gehalte, Ausdehnung und Größenordnung, Lagerungsverhältnisse und Ausbildung (gang- oder lagerförmig, derb, imprägnationsartig, absätzig), Konsistenz (hart, weich, pulvrig, porös), Gewinnungsmöglichkeit im Tage- oder Tiefbau, werterhöhende und wertvermindernde Beimengungen beeinflussen den Marktwert und entscheiden über die Bauwürdigkeit. Für die erwünschten und nachteiligen Beimengungen (Cr in Bauxit, Cu in Zinkblende, As in Buntmetallerzen usw.) gibt es Konditionen, welche Zu- und Abschläge bedingen. Rohstoffe mit unzureichender Ausbildung (zu geringhaltig, pulvrig, verunreinigt) sucht man durch Röstung, Brikettierung oder Pelletisierung oder Aufbereitung zu gängigen Handelsobjekten zu veredeln.

Die minimale oder optimale Größenordnung und die Gehalte einer Lagerstätte (ob einige t oder Millionen t) regulieren sich in etwa nach dem Preis und der Seltenheit des Minerals oder Gesteins (Tab. 7a und b). Teure Produkte (Au, U, Sn usw.) sind auch kleindimensional bauwürdig und vertragen höhere Gewinnungs- und Transportkosten. Alle Eigenschaften einer Lagerstätte müssen wegen der Kalkulation sorgfältig ermittelt werden, weil schon ein unzuverlässiger Zahlenwert die Endrechnung verfälschen kann.

Tab. 5 Zusammenhang zwischen Lagerstätten, geologischen Großformen und Magmatiten*

| Etappen der geologischen Entwicklung | vulk.-plut. Assoziationen | magmatische Formationen ||
|---|---|---|---|
| | | vulk. Form | pluton. Form |
| Geosynklinale | Basit-Plagiogranit-Ass. | Spilit-Diabas-F. Quarz-Keratophyr-Formation | Hyperbasit-F. Gabbro-Diabas-F. Plagiogranit-F. |
| Orogenese I. | Andesit-Diorit-Ass. | Andesit-(Porphyrit-) Form | Diorit-Granodiorit-Form. Mozonit-Syenit-Form. |
| Orogenese | Dazit-Granodiorit-Ass. | Dazit. Ignimbrit-Form. | Granodiorit-Form. |
| | Rhyolith-Granit-Ass. | Liparit- (Porphyr-) Form. Rhyolit. Ignimbrit-Form. | subvulk. Granite (kl. Intrusionen) |
| II. | Trachyt-Alkalisyenit-Ass. | Alkalibasalt Form. | Gabbro-Syenit-Form. |
| Tafelgebiet | Basalt-Gabbro-Ass. | Form. der Plateau-(Trapp) Basalte | Diabas-Gabbro-Form. Anorthosit-F. Rapakiwi-Granite Charnockit-F. |
| aktivierte Tafelgebiete | (ultrabasische alkal. Ass.) | Kimberlit-Formation Neph.-Syenit-Formation Alkaligesteins-Karbonatit-Formation ||

(In column "pluton. Form" for Orogenese II, spanning the Dazit and Rhyolith rows: Granit-Batolithe)

| typ. postmagmatische Erscheinungen | typ. endogene Lagerstätten | mit den vulkanischen Formationen assoziierte sedimentäre Bildungen |
|---|---|---|
| Ab-Chl-Prophylite | Pt, Cr, Asbest, Kieslagerstätten, vulkanogene Fe-Mn-Lagerstätten | vulkanogenkieselige Formationen alpidische Formationen |
| Chl-Ep-Prophylite; K-Metasomatose | hoch- bis tiefthermale Lagerstätten: Cu, Mo, Pb, Zn, Au, Ag | Flysch Grauwacken |
| saure Auslaugung; Alkali-Metasomatose | Lagerstätten mit Sb, As, Hg | Molasse (überwiegend marin) |
| K-Metasomatose; Greisenbildung; sek. Quarzite; Skarnbildung | W, Sn, Mo Polymetalle Fe | kontinentale Molasse (mit kohleführenden Ablagerungen) |
| Alk-Metasomatose | Ti, Fe; Th, Zr | kontinentale und limnische Ablagerungen |
| Zeolithisierung | Fe; Ni, Co, Cu; Glimmer-Pegmatite | (nicht charakteristisch) |
| Alk.-Metasom., Karbonatisierung | Diamant Apatit Th, Ta, Nb | kontinental-terrigene Bildungen (häufig mit Kohlen) |

Bei der Prospektion von Erzvorkommen sind geologische Position und Genese (Tab. 5) besonders aufschlußreich, weil aus ihnen manche Eigenschaften von Lagerstätten abgeleitet werden können: Form (Stock, Gang, Schicht, Verdrängungskörper), Paragenese (unerwünschte und wertsteigernde Begleitelemente), Gehalte (Bonanza, dissiminated ore, Stock) und ungefähre Dimension. Manche Metalle erscheinen dank ihrer chemischen Affinität in zahlreichen Lagerstättentypen (Fe, Cu), andere (Cr, W) sind in nur wenigen Typen fixiert, aber allen ist eine spezifische Bandbreite der Größenordnung von Vorräten (Tab. 7a) eigen. Allgemein kann man sagen, je teurer das Metall, desto geringer

Tab. 6 Mindestgehalte von Roherzen und die Toleranzen für wertmindernde und -steigernde Nebenbestandteile

| Metall | Bauwürdig-keitsgrenze | Nebenbestandteile wertsteigernd | Nebenbestandteile wertmindernd |
|---|---|---|---|
| Aluminium | 50% $Al_2O_3$ | 12–15% für Tonerdezement | $SiO_2$ über 4, $Fe_2O_3$, Ti über 3, Mn über 1,5% Chem. Industrie viel $SiO_2$, bis 3% $Fe_2O_3$ |
| Antimon | 4 bis 8% Sb | Au, W, Hg | As über 0,3, Pb und Cu über 0,75%; Zn, Bi |
| Arsen | Nebenprodukt | Au, Ag, Cu | |
| Beryll | über 8% BeO | | |
| Blei | 3% Pb | Ag über 50, Au über 2 g/t. Bi für Akkumulatoren | As über 1, Bi und Sn über 0,25% |
| Cadmium | Nebenprodukt | | Metallurg. Erz $SiO_2$ über 5%. Feuerfester Rohstoff $SiO_2$ über 6% |
| Chrom | (25) 45–48% $Cr_2O_3$ | als feuerfester Rohstoff mit Cr: Fe über 3 | Metallurg. Erz $SiO_2$ über 5%, S über 0,05, P über 0,07% Feuerfester Rohstoff $SiO_2$ über 6%, $Al_2O_3$ über 15% |
| Eisen | | Ni, Mn, V, P entweder unter 0,04 oder 0,6 bis 0,8% | S über 0,2, $TiO_2$ über 1, Cu über 0,2, S über 0,3, $Cr_2O_3$ über 1, Sn über 0,08%, As über 2, Bi über 0,5, Sb über 1% |
| Kobalt | 3% Co | | |
| Kupfer | 2,5–5% Cu, bei Porphyries 0,7 bis 2% Cu | Au, Ag, Mo | Sb über 1, Zn über 10, As über 2, Bi über 0,5% |
| Mangan | 40–50% Mn, bei kalkigem Erz 35% | Mn: Fe 7 für metallurgische und chemische Zwecke | $SiO_2$ über 10, P über 0,1–0,3, $Al_2O_3$ über 3%. S ist schädlich |

| Metall | Bauwürdig-keitsgrenze | Nebenbestandteile wertsteigernd | wertmindernd |
|---|---|---|---|
| Molybdän | 0,3% $MoS_2$, 0,2% Mo | Pt, Re, Pd | Grenzgehalte unterschiedlich, P, Cu über 0,3, Fe über 0,4%. Pb, Sn, As, Ca |
| Nickel | 1% Ni | Au, Ag, Cu, Co, Se, Pt-Metalle | Pb, Zn, As, Bi Mg über 15, S über 12% |
| Platin | 3–10 g/t, als Nebenprodukt und in Seifen 0,2 g/t | Ir, Os, Pd | |
| Quecksilber | 0,3 g/t Hg | | |
| Schwefelkies | 30% S | Cu, Au | As |
| Silber | 450 g/t, als Nebenprodukt über 50–100 g/t Ag | | |
| Titan | über 20% $TiO_2$ | bei Ilmenit V, bei Rutil Nb, Ta | Bei Rutil Fe über 1, für $Cr_2O_3$ über 0,1, für $V_2O_3$ über 0,2%. Ti-Gehalte zwischen 4–15% |
| Thorium | 0,2–5% Monazit. Verkäuflich mit 9% $ThO_2$ | | |
| Wolfram | 0,3–0,7 $WO_3$ | Au, Sc, Nb, Ta | Sb, Cu, Pb, Sn über 1,5, P über 0,03, S über 0,3%, höhere $SiO_2$-Gehalte |
| Zink | 6% Zn oder 6% Pb/Zn, bei PBG-Erzen 10% | Cd, In, Co, Ge, Ga, Tl | Cu, As, Sb je über 2%, Fe über 10%, Bi, Sn je über 0,25, Ba $SO_4$ über 3, Fe über 0,1, Ca/MgO über 5, F über 0,1% |
| Zinn | (0,02) 0,3% in Seifen, Bergzinn 1–2% | | Fe über 5, S, Pb, As über 1, Cu über 1,5%. Bi, Sb, W |

die Ansprüche an Gehalt und Dimension (Tab. 7b). Vielfach gibt es Mindestgehalte, unterhalb derer auch noch so große Lagerstätten (Fe-Konzentrate unter 40%) unbauwürdig sind. Andererseits können vorteilhafte Gewinnung (Tagebau, Erzberg) und große Nachfrage die Ansprüche heruntersetzen. Aufbereitbarkeit (Konsistenz, Grad der Verwachsung), wertmindernde und werterhöhende Begleitminerale (Tab. 6) und Verkehrslage können die Bauwürdigkeit ebenfalls beeinflussen. Schließlich können wirtschaftspolitische Maßnahmen (Embargos, Hortungskäufe und -veräußerungen, Rüstungsbedarf) die Konditionen merklich verändern. Eine Preisbaisse drückt die Produktion, führt zu Stillegungen und löst durch die Rohstoffverknappung eine gesteigerte Nachfrage aus, so daß man in Zeiten schlechter Marktlage die Prospektion forcieren sollte, um rechtzeitig mit neuen Objekten aufwarten zu können.

Die Erkenntnis der geologischen Position einer Lagerstätte mit ihrem vielfältigen Informationsgehalt sollte im Anfang jeder Prospektion stehen und sie in Wechselbeziehung von Theorie und Wirklichkeit begleiten. Sowohl dem magmatischen wie dem sedimentären Zyklus sind bestimmte Lagerstättentypen und Elementkombinationen zugeordnet (Tab. 5), welche den Gang der Untersuchung und die Probenahme ausrichten.

Aber außer den Eigenschaften einer Lagerstätte sind auch nicht in ihr begründete (außenbürtige) Faktoren von Belang und können die Bauwürdigkeit trotz sonst günstiger Voraussetzungen in Frage stellen. Dazu gehören Verkehrslage, Energie- und Wasserversorgung, Klima, Arbeitskräfte, politische Auflagen, durch Hortung oder Auflösung von Vorräten sowie Rüstungsbedarf beeinflußte Marktlage, technischer Fortschritt, eingeschränkte oder neue Verwendungsmöglichkeiten. Große und reiche Fe- und Mn- Erzlagerstätten in Brasilien sind wegen der Verkehrslage unbauwürdig, während kleine und arme Sn-Erzvorkommen trotz Entlegenheit die erhöhten Transportkosten auffangen können. Bei begehrten Metallen (U, Th, W) ermäßigt man die Anforderungen an Menge und Konzentration, um überhaupt der gesteigerten Nachfrage durch Ausbeute entgegenkommen zu können.

Es gibt also keine feststehenden Maßstäbe für die wirtschaftliche Größenordnung, für die Mindestgehalte, die Art und Menge der Begleitelemente und die technisch günstige Erscheinungsform von Lagerstätten. Bezeichnend für die Labilität der Grundlagen ist

## 2.1 Erze

Tab. 7a  Richtwerte für die Größeneinteilung von Lagerstätten

|            | Vor-kommen | Lagerstätten |          |               |
|------------|-----------:|-------------:|---------:|---------------|
|            |            | klein        | mittel   | groß          |
| Fe         | − 0,1      | − 20         | − 100    | > 100 Mio. t Fe |
| Mn         | − 0,05     | − 1          | − 5      | > 5 Mio. t Mn |
| Cu         | − 5        | − 100 000    | − 500 000 | > 500 000 t Cu |
| Pb         | − 5        | − 100 000    | − 500 000 | > 500 000 t Pb |
| Zn         | − 5        | − 100 000    | − 500 000 | > 500 000 t Zn |
| Ag         | − 10       | − 200        | − 1 000  | > 1 000 t Ag  |
| Sn         | − 0,05     | − 2          | − 10     | > 10 000 t Sn |
| W          | − 0,05     | − 2          | − 10     | > 10 000 t $WO_3$ |
| As         | − 0,2      | − 4          | − 20     | > 20 000 t As |
| Sb         | − 0,1      | − 4          | − 20     | > 20 000 t Sb |
| Bi         | − 5        | − 100        | − 400    | > 400 t Bi    |
| Co         | − 0,02     | − 0,4        | − 2      | > 2 000 t Co  |
| Ni         | − 0,3      | − 6          | − 30     | > 30 000 t Ni |
| Au         | − 0,1      | − 2          | − 10     | > 10 t Au     |
| U          |            |              |          |               |
| P          |            |              |          |               |
| Flußspat   | − 5        | − 30         | − 150    | > 150 000 t $CaF_2$ |
| Schwerspat | − 10       | − 60         | − 300    | > 300 000 t $BaSO_4$ |

Tab. 7b  Mindestreserven für den industriellen Abbau ausgewählter Erze (in t Metallinhalt)

| Fe    | Itabiriterze (Typ Oberer See)           | 1 000 000 t |
|-------|-----------------------------------------|-------------|
|       | Oolitherze (Typ Clinton)                | 500 000 t   |
| Mn    | marin-sedimentäre Erze                  | 30 000 t    |
|       | hydrothermale Erze                      | 5 000 t     |
| Cr    | liquidmagmatische Erze                  | 50 000 t    |
|       | lateritische Erze                       | 5 000 t     |
| Cu    | hydrothermale Erze (Typ porphyries)     | 50 000 t    |
|       | sedimentäre Erze (Typ Katanga)          | 30 000 t    |
| Pb/Zn | hydrothermale Erze                      | 25 000 t    |
|       | vulkanogen-sedimentäre Erze             | 50 000 t    |
| Ni    | sulfidische Erze                        | 10 000 t    |
|       | lateritische Erze                       | 20 000 t    |
| Sn    | magmatische Erze                        | 5 000 t     |
|       | Seifen                                  | 3 000 t     |
| Sb    | hydrothermale Erze                      | 1 000 t     |

die Schrumpfung der einst klassischen, bedingungsreichen Definitionen für den Begriff „Lagerstätte" zu der Kurzform „Mineralanreicherungen von wirtschaftlichem Interesse", welche die Daten von Lagerstätten-Theoretikern und -Praktikern von heute schon morgen in Frage stellen kann. Die Zeitweiligkeit und Unsicherheit in der Beurteilung wegen der schwankenden Basis wird allerdings durch die derzeitige Mentalität von Unternehmern und besonders von Geldgebern beherrscht, über eine Lagerstätte ein risikofreies Gutachten (womöglich etwas unrealistisch mit Sicherheitsgarantie) zu erhalten, welches auch Gewinnung und Verwertung bis ins einzelne nachweist und eine überdurchschnittliche Rendite verbürgt, weniger ein Zeichen für Mut als für bequemes Gewinnstreben.

Bei der Vielfalt der Vorkommen von und der Ansprüche an Erzlagerstätten würde selbst ein Abriß der Erzlagerstättenkunde zu weit führen und doch nur einen Rahmen für die jeweilige Beurteilung mit unerläßlicher eigener Urteilsbildung abgeben. Es wird deshalb auf Lehrbücher und Einzelabhandlungen, für die Konditionen auf das „Vademecum" (auch auf Tab. 6) und für die erforderliche Größenordnung von Lagerstätten auf Tab. 7a und 7b verwiesen.

Anstelle einer Erzlagerstättenkunde ist eine Auswahl der Literatur in der Anlage angeführt, welche die eigene Urteilsbildung zwar nicht ersetzen, aber als Informationsquelle dienen kann. Wertvolle Angaben finden sich auch in „GMELINS Handbuch der anorganischen Chemie". Über die Auf- und Untersuchung nutzbarer Vorkommen sollen die Abschnitte 1.1 und 1.2 und über die Vorratsberechnung Abschnitt 1.3 informieren. Für Steine und Erden, Industrieminerale, Stein- und Kalisalze, Brennstoffe und Gase, Grundwasser und Baugrund sind die wesentlichen Kriterien für ihre Beurteilung ebenfalls skizziert (Abschnitte 2.2 bis 2.7).

## 2.2 Steine und Erden

Nutzbare Gesteine (Fest- und Lockergesteine, Steine und Erden) zählen zu den Massengütern und werden größtenteils als Baustoffe eingesetzt oder verarbeitet, finden aber auch, wie Kalk- und Dolomitsteine, in der chemischen Industrie Verwendung. Sie haben ihre alte Stellung auch im Zeitalter der Metalle und Kunststoffe behauptet und durch die Verwendung als Zuschlagstoffe für Beton, Splitt, Kalksandstein usw. noch erweitert. Zur Beurteilung der Eigenschaften sind wie bei allen geologischen Objekten zu erkunden:

Ausdehnung, Mächtigkeit, Absonderungs- und Lagerungsformen, petrographische und chemische Zusammensetzung, Abraum nach Art und Mächtigkeit

physikalische Eigenschaften wie Gefüge (massig, schichtig, schlierig, klüftig), Körnung (Feinheit, Mischung, Bindungsart und -mittel), Bruch (glatt, rauh, hakig), Härte, Festigkeit, Spaltbarkeit, Porosität, Wasseraufnahme, Frostbeständigkeit, Verhalten gegen Verwitterung und Abnutzung (Stoß, Abrieb, Rauchgase und Wässer)

Rekultivierungsmaßnahmen, Standort- und Transportfragen.

Suche und Beurteilung werden durch Folgerungen aus ihrem stratigraphischen, kristallinen oder metamorphen Verband erleichtert. Sie geben bereits erste Anhaltspunkte über Vorräte und Beschaffenheit, die durch Laboruntersuchungen bestimmt oder gesichert werden müssen. Bei der Schwermineralprospektion wird man die Mündungen rezenter oder begrabener Flüsse aufsuchen.

### 2.2.1 Hartgesteine

Hartgesteine werden zu Schotter, Splitt und Brechsand vorwiegend für den Straßenbau verarbeitet. Die Verwendung zu Bord- und Pflastersteinen geht zurück, die zu Mauerwerk, Verkleidungen, Platten usw. nimmt wieder zu. Vor allem Ergußgesteine (Porphyre, Andesite, Basalte, Diabase), Tiefengesteine (Granit, Diorit, Gabbro), Metamorphite (feinkörnige Gneise, Amphibolite), aber auch Sedimentgesteine (Quarzit, feste Kalk- und Dolomitsteine, Kieselkalk) finden im Straßen-, Bahn- und Wasserbau Verwendung. Qualitätseigenschaften sind je nach Verwendungszweck nachzuweisen und Voraussetzung für die Brauchbarkeit eines Vorkommens:

Rohdichte (nach DIN 52102), Wasseraufnahme und Sättigungswert (DIN 52103, 52113), Frostbeständigkeit (DIN 4226 Bl. 1), Sonnenbrand bei Basalten (DIN 52106, Abschnitt 6.1), Festigkeitsverhalten (DIN 52105). Richtzahlen für die Auswahl und Bewertung von Natursteinen finden sich in DIN 52100.

Literatur:

BARTH, G.: Steine und Erden in der Bundesrepublik Deutschland. Jahrbuch des deutschen Bergbaus, Glückauf Verlag, Essen 1966

DIENEMANN, W. u. BURRE, O.: Die nutzbaren Gesteine Deutschlands und ihre Lagerstätten. Band 2, Feste Gesteine, 485 S., 45 Abb., 20 Tab. Verlag Enke, Stuttgart 1929

HIRSCHWALD, J.: Handbuch der technischen Gesteinsprüfung. I, 387 S., 7 Taf.; II, 923 S., 7 Taf., 470 Abb., Berlin 1911, 1912

PESCHEL, A.: Natursteine. Monographiereihe. Nutzbare Gesteine und Industrieminerale. 383 S., 151 Abb., 140 Tab., VEB Deutscher Verlag für Grundstoffindustrie, Leipzig 1977

QUERVAIN, F. DE: Technische Gesteinskunde. 2. Aufl., 261 S., 123 Abb., 56 S., Verlag Birkhäuser, Basel 1967

STANLEY, J. L.: Industrial Minerals an Rocks. 4. Aufl., 1360 S., zahlreiche Abb. u. Tab. American Inst. of Mining, Metallurgical and Petroleum Engineers, Inc. New York 1975

VILLWOCK, R.: Industriegesteinskunde. 280 S., 24 Abb., Verlag Stein, Offenbach 1966

VOGLER, H.: Nutzbare Festgesteine in Nordrhein-Westfalen. 65 S., 11 Abb., 1 Tab., 1 Taf., Krefeld 1977

Normen und Merkblätter für die Prüfung von Natursteinen:

DIN 52000 bis 52113. Prüfung von Natursteinen: Probenahme, Dichte, Porosität, Wasseraufnahme, Frost- und Verwitterungsbeständigkeit, Druck- und Schlagversuch, Biegefestigkeit, Sättigungsgrad, besonders für Splitt und Schotter

Richtlinien für die Güteüberwachung von Mineralstoffen im Straßenbau (RG Min 77), Ausgabe 1977, Forschungsgesellschaft für Straßenbau, Köln

## 2.2.2 Kalk- und Dolomitsteine

Kalk- und Dolomitsteine werden, gebrannt und ungebrannt, als Rohstein und Steinmehl (Eisen- und Stahl-, chemische, Glas-, Zucker- und Bau-Industrie) sowie als Branntkalke (Eisen- und Stahlindustrie, chemische Industrie, Land- und Wasserwirtschaft) verwendet. Die Konditionen sind für Stahlwerks- und Chemiekalke mit $CaCO_3$-Gehalten über 95% ziemlich streng, für Bau- und Düngekalke niedriger. Man unterscheidet Baukalk (DIN 1060), Wasserkalk und hydraulischen Kalk, alle gebrannt bis zur Sintergrenze und mit Entbindung hydraulischer Eigenschaften. Dolomitsteine besitzen wegen ihrer Sinterung zwischen 1500 bis 1900°C Feuerfestigkeit und finden in der Stahlindustrie Verwendung. Sie sollen deshalb nur wenig Oxide von Al, Si und

Fe aufweisen, die als Zusatz zu Glassand unter 0,2% bleiben sollen. Andere Dolomitsteine eignen sich für Dünge- und Wasserreinigungszwecke sowie für den Straßenbau (Rohsteine).

### 2.2.3 Mergelkalksteine

Mergelkalksteine zur Zementherstellung gibt es in der Natur selten (Münsterländer Oberkreide) und an ihre Stelle treten künstliche Gemische aus Kalk, Ton und Mergel. Nach Mahlung vor und nach der Sinterung zwischen 1400 bis 1500°C bestimmen Glasanteile und sog. Klinkerphasen ($3CaO.SiO_2$, $4CaO.Al_2O_3$) Ablauf und Intensität der Erhärtung als hydraulisches Bindemittel. FeO soll möglichst über 5, MgO möglichst unter 5% Anteil am Rohstoff bleiben. Außerdem sollen das Verhältnis Tonerde zu Eisenoxid und von $SiO_2$ zu Tonerde und Eisenoxid (Silikat bzw. Tonerdenmodul) bestimmten Quotienten entsprechen. In Deutschland gibt es Portlandzement, Eisenportland-Z., Hochofen- und Traßzement entsprechend der Zementnorm DIN 1164.

Literatur:

GOTTHARDT, R.: Massenkalkvorkommen des Rheinischen Schiefergebirges, ihr geologischer Bau, ihr Abbau und ihre Verwendung. Schr. der Gesellschaft deutscher Metallhütten- und Bergleute, 25: 7—35, 7 Abb. Clausthal-Zellerfeld 1974

Wülfrather Taschenbuch für Kalk und Dolomit. 333 S., 12 Abb., Rheinische Kalkwerke und Dolomitwerke GmbH, Wülfrath 1974.

LABAHN, O. u. KAMINSKY, W. A.: Ratgeber für Zementingenieure. 357 S., 61 Abb., Bauverlag, Wiesbaden-Berlin 1974

Zementtaschenbuch 1976/77. 430., zahlr. Abb., Bauverlag Wiesbaden-Berlin

DIN 1 164 Blatt 1 bis 8: Portland-, Eisenportland-, Hochofen- und Traßzement

### 2.2.4 Lehm, Ton und Tonstein

#### 2.2.4.1 *Ziegeltone und -lehme*

Ziegeltone und -lehme können Geschiebe-, Löß-, Hochflut- und Auenlehm sein. Sie eignen sich zur Herstellung von Mauer- und Dachziegeln, zu Dränrohren und Bodenplatten. Geschiebemergel ist wegen seines Kalkgehaltes und seiner groben Einschlüsse nur beschränkt verziegelbar. Auch nicht zu frische Tonschiefer werden verziegelt.

Ein Ziegelrohstoff wird nach folgenden Eigenschaften qualifiziert: lineare Trockenschwindung, Anmachwasserbedarf, Körnung, chemische und petrographische Zusammensetzung, Trockenempfindlichkeit und Brennverhalten (SCHMIDT 1972). Tonminerale erhöhen, Glimmer und hohe Gehalte an Quarz und Kalk vermindern Frostbeständigkeit und Druckfestigkeit. Eisenoxid färbt Tone rot, Karbonate gelb bis weiß, Mangan braun bis schwarz.

### 2.2.4.2 Blähtone und Blähschiefer

Geeignete Tone, Tonsteine und Tonschiefer als Rohstoff für Leichtbetonzuschlagstoffe und Wärmeisolierung zeichnen sich bei Erhitzung auf 1100 bis 1250°C durch Aufblähung um das doppelte oder mehrfache Volumen aus. Hohe Anteile von Illit, Serizit, Montmorillonit sind günstig, Karbonatgehalte über 10% wirken sich nachteilig aus. Die chemische Analyse erlaubt nur eine Vorabschätzung der Eignung, so daß Versuche im Labor erforderlich sind. Beimischung von Eisenoxiden, Kohle u. ä. erhöht das Blähverhalten.

Literatur:

RILEY, Ch. M.: Relation of chemical properties to the bloating of clays. J. Amer. Ceram. Coc., 34: 121—128. Columbus 1951

KROMER u. POTSCHIGMANN, W.: Handbuch der Keramik, Gruppe II M, S. 1—8, 24 Abb., 4 Tab. Verlag Schmid, Freiburg i.Br. 1977

SCHMIDT, H.: Herstellung und Verwendung von Blähtongranulat im Spiegel der Literatur. Die Ziegelindustrie, Heft 21/22: 463—471, 9 Abb., Bauverlag, Wiesbaden 1972

### 2.2.4.3 Töpfertone

Plastische, fette bis magere (natürliche Ziegeltone) mit Gehalten von $Al_2O_3$ zwischen 17—22% eignen sich für die Herstellung von Töpferwaren. Fe-, Mn- und Ti-Verbindungen bewirken verschiedene Farben beim Brennen, ein Gehalt an Flußmitteln sorgt für frühes Dichtbrennen.

Literatur:

AGST, J.: Die feuerfesten Baustoffe. 253 S., Kapellen 1967

REUMANN, O.: Eigenschaften der keramischen Rohstoffe. Handbuch der Keramik, Gruppe I A 3, 32 S., 11 Abb., 5 Tab., Verlag Schmid, Freiburg i.Br. 1968/1971

HARDERS, F. u. KIENOW, S.: Feuerfestkunde. Herstellung, Eigenschaften und Verwendung feuerfester Baustoffe. 979 S., 719 Abb., 186 Tab., Verlag Springer, Berlin 1960
SEIDEL, G.: Lagerstätten und Beschaffenheit der Tone Thüringens sowie ihre Eignung in der Grobkeramik. Z. Silikattechnik, 12: 1—10. Auch Dissertation, Weimar 1961

#### 2.2.4.4 Steinzeugtone

Zur Herstellung von Kanalrohren und gegen Chemikalien beständige Behälter eignen sich feinkörnige quarzreiche Tone mit überwiegend illitisch-serizitischer Tonkomponente und 22 bis 32% $Al_2O_3$. Die Steinzeugtone werden aus mehreren Tonen und mit Schamotte gemischt. Die Brenntemperaturen liegen zwischen 1150—1250°C. Bei den üblichen Brenntemperaturen sintern Steinzeugtone und werden wasserdicht ohne stärkere Erweichung.

Literatur:

FISCHER, P.: Kanalisations-Steinzeug. Handbuch der Keramik, Gruppe II D 1, 9 S., 19 Abb., 1 Tab., Verlag Schmid, Freiburg i.Br. 1972
REUMANN, O.: Eigenschaften der keramischen Rohstoffe. Handbuch der Keramik, Gruppe I A 3, 32 S., 11 Abb., 5 Tab., Verlag Schmid, Freiburg i.Br. 1968/1971

### 2.2.5 Kiese und Sande

Kiese und Sande, als Ausgangsstoffe im Beton- (DIN 4226) und Straßenbau und für Sonderzwecke (Betoneisenbahnschwellen, Filterkies) müssen bezüglich Kornform (möglichst gedrungen, nicht länglich), Frostbeständigkeit (DIN 4226, Bl. 3), Gehalte an abschlämmbaren und organischen Bestandteilen sowie Schwefelverbindungen (nicht über 1 Gew.% $SO_3$) bestimmte Bedingungen erfüllen und Toleranzwerte nicht überschreiten. Das gilt auch für Mauersand und Mörtelmaterial, bei denen keine löslichen und pflanzlichen Beimengungen erwünscht sind. Erwünscht sind dagegen scharfes und eckiges Korn.
Formsand (DIN 52 401) soll bei vorherrschenden Korngrößen von 0,06 bis 0,5 mm durch Lehm-, und Tonbeimungung bildsam (Ballung bei 10 bis 20% Wassergehalt), feuerfest und gasdurchlässig sein. Als Filtersand sind für Langsamfilter Körnungen von

von 0,2 bis 1, für Schnellfilter 1 bis 2 mm und höher geeignet (natürlich aus Kies).

Für Splitt und Schotter sind alle verwitterungsbeständigen Hartgesteine verwendungsfähig, was auch für die Komponenten von Kies gilt. Rauhe Oberfläche der Gerölle ist erwünscht, meist ist eine Aufbereitung zur Absiebung der Körnung über 30 mm und anschließende Siebklassierung sowie Reinigung von Ton und Lehm erforderlich.

Mörtelsande sollen möglichst aus frostbeständigen, gedrungenkörnigen Bestandteilen bestehen und Körnungsmischungen mit Mehlsandanteil unter 5 und Feinsandanteil von 10 bis 25 Gew.% aufweisen.

Für Sande zu Kalksandsteinen gilt ebenfalls eine breite Kornverteilung ohne Körnungen über 7 bis 10 mm, Scharfkantigkeit der Körner und dazu eine farblich zusagende Tönung. Dünensande erweisen sich nicht als ungeeignet.

Literatur:

ASCHKESCH, J.: Zusammensetzung und technologische Eigenschaften der Sande im mittleren Niedersachsen. Dissertation Techn. Univ., Hannover 1975

DIENEMANN, W. u. BURRE, O.: Die nutzbaren Gesteine Deutschlands. 1: Ton, Sand, Kies, Kieselgur, Wiesenkalk. Stuttgart 1928/29

DOLEZALEK, B.: Nutzbare Lockergesteine in Nordrhein-Westfalen. 96 S., 11 Abb., 1 Tab., 1 Karte. Krefeld 1978

WEISS, R.: Der Rohstoff Quarz und seine Aufbereitung. Handbuch der Keramik, Gruppe I B 4, 21 S., 55 Abb., 11 Tab., Verlag Schmid, Freiburg i. Br. 1976

## 2.2.6 Gipssteine

Gips- und Anhydritsteine, in Schichten vom Silur ab vorkommend und wegen der unregelmäßigen Lagerung durch ein dichtes Bohrnetz und Analysen nachzuweisen, finden als Rohgips (Abbinderegler, Füllstoff, Düngemittel, chemische Zwecke), Baugips (Stuck- und Putzgips, Gipsplatten) und Formgips (Keramik, Gießereien) Verwendung. Durch Brennen von Gips bei druckloser Erhitzung entsteht das β-Halbhydrat und bei Einwirkung von Sattdampf das α-Halbhydrat. Wasserzugabe bildet das Halbhydrat wieder zum Dihydrat zurück, wobei α-Halbhydrate druckfester als β-Halbhydrate sind.

Literatur:

DIN 1168 Baugipse. Bl. 1 Begriffe, Sorten, Verwendung, Lieferung und Kennzeichnung (1975)
Teil 2, Informationen, Prüfung, Überwachung (1975)
STEIN, V.: Gipsstein-Lagerstätten in Deutschland, speziell am Südharz. Niederschrift der 2. Sitzung des GDMB-Fachausschusses „Steine, Erden, Industrieminerale" (Vortrag 1977)

### 2.2.7 Marmor

Nach Handelsbezeichnungen ist jedes polierfähige Gestein von ansprechender Farbe ein Marmor. Die Farbe ist auch bei sonst guten Eigenschaften ausschlaggebend. Dann spielen Größe (wenn zu grob, ist der Marmor zu „weich" und bricht zu leicht) und Verwachsung der Körner eine Rolle. Bei „echten" Marmoren bedingt die Metamorphose eine Pflaster- oder verzahnte Struktur, so daß der Marmor in nicht zu kleine Stücke bricht. Er muß sich in rechtwinklige Platten brechen lassen; eine tektonische Klüftung darf dem nicht entgegenstehen. Die Marmorindustrie befindet sich in italienischer Hand (Montecatini), der Proben vorzulegen, ratsam ist.

## 2.3 Industrieminerale

Unter Industrieminerale versteht man Minerale mit äußerst vielseitigem Verwendungszweck (Füll-, Schleif-, Fluß-, Schmier-, Bleich-, Isolier- und Düngemittel, Rohstoffe für die chemische und feuerfeste Industrie), die man teilweise auch als Erze oder Steine und Erden ansprechen könnte. Der vielseitigen Verwendungsmöglichkeit entsprechen differenzierte Qualitätsansprüche, was zusammen mit dem Marktwert und der Verarbeitung zu gängigen Handelssorten die Beurteilung erschwert und oft von Tagesschwankungen abhängig macht. Vielfach basieren Preise auf internen Vereinbarungen zwischen Produzent und Abnehmer oder variieren nach der Größe der Abnahmemengen. Orientierende Daten bieten die Angaben der monatlich erscheinenden Fachzeitschriften (Industrial Minerals, die Mineral Facts and Problems des Bureau of Mines in Washington und die „Metallmärkte" der Zeitschrift „Metall und Erz"). Zu beachten ist außerdem, ob im Preis Fracht- und Versicherungskosten eingeschlossen sind und für welchen Bestimmungsort sie gelten.

Die Industrieminerale

(Alunit, Andalusit, Anhydrit, Apatit mit Phosphorit und Guano, Asbest, Baryt, Bauxit, Bentonit, Bittersalz, Borate, Chromit, Coelestin/Strontianit, Cyanit, Diamant, Dolomit, Feldspat, Fluorit, Gips, Glimmer, Granat, Graphit, Kaolin, Korund, Magnesit, Olivin, Pyrophyllit, Quarz und Quarzsand, Quarzit, Sillimanit, Talk, Vermiculit und Zirkon)

lassen sich in diesem Rahmen nicht kennzeichnen und nicht nach Anforderungen und Toleranz qualifizieren. Es wird daher auf Lehr- und Handbücher sowie Zeitschriften der nachstehenden Aufstellung verwiesen, unter denen auch ältere Werke (DAMMER u. TIETZE) immer noch als Quellenwerke nützlich sind. Zu Rate zu ziehen ist auch die Aufstellung im „Vademecum".

Literatur:

a) Bücher:

BATES, R. L.: Geology of the Minerals and Rocks. New York 1960

DAMMER, B. u. TIETZE, O.: Die nutzbaren Mineralien. 2. Aufl. 2 Bde., Stuttgart 1927/28

DIENEMANN, W. u. BURRE, O.: Die nutzbaren Gesteine Deutschlands. 2 Bde., Stuttgart 1928/29

HARDENS, H. u. KIENOW, S.: Feuerfestkunde. Berlin 1960

HILLER, J. E.: Die mineralischen Rohstoffe. Stuttgart 1962

LADOV, R. B. u. MYERS, W. M.: Non metallic Minerals. 2. Aufl. 605 S., London 1951

LEFOND, St. R. (Herausgeber): Industrial Minerals and Rocks. 4. Aufl. 1360 S., New York 1975

OELSNER, O. u. KRUEGER, E.: Lagerstätten der Steine und Erden. 304 S., 74 Abb., Berlin 1957

PETRASCHECK, W. E., Lagerstättenlehre. 2. Aufl., Wien 1961

RADCZEWSKI, E. E.: Die Rohstoffe der Keramik. Minerale und Vorkommen. Berlin 1968

SEIM, R.: Minerale, Entstehung, Vorkommen, Bestimmung, Verwertung. 443 S., Neudamm 1970

b) Periodika und Schriftenreihen:

„Engineering and Mining Journal", Verlag Mc Graw Hill, New York – London – Toronto, monatl. Ausgabe

„Industrial Minerals", Veröffentlichung durch Metal Bulletin Ltd. London, monatl. Ausgabe

„Materials Technologie", Vol. II: Non-metallic ores, silicate industries, and solid mineral fuels, Longman, London 1971

„Mineral facts and Problems". U. S. Bureau of Mines, Bull. 630, 1965 und Bull. 650, 1970, Washington

„Minerals Yearbook". U. S. Bureau of Mines, Washington

„Roskill Reports on Metals & Minerals". Roskill Information Service Ltd., London

Untersuchungen über Angebot und Nachfrage mineralischer Rohstoffe. H. IV „Flußspat", 1974; H. VII „Chrom", 1975; Berlin/Hannover

## 2.4 Brennstoffe

### 2.4.1 Torf

Brennstoffe sind Torf, Kohle, Erdöl und Erdgas, alle mit biogener Ausgangssubstanz. Ihre Massierung zu bauwürdigen Vorkommen setzt das Zusammentreffen mehrerer Gegebenheiten voraus. Beim Torf sind es hohe Niederschläge, hoher Grundwasserstand und ein üppiges Pflanzenwachstum begünstigendes und konservierendes Klima. Die gemäßigten und arktischen Klimabereiche sind die Hauptbildungsräume von Mooren. So hatte Deutschland in den Grenzen von 1925 450000 ha Torfflächen, gewöhnlich anstelle verlandender, aus der Hinterlassenschaft der Eiszeit stammender Seen; aber auch abflußlose Senken und Grundwasseraustritte sind Stätten der Moorbildung. Torfe aus verlandenden Seen zeigen neben- und vom Rande her übereinander einen Aufbau aus Gyttja, Mudden, Schilf-, Seggen und Bruchwaldtorf, der beim Weiterwachstum des Niedermoors allein durch Niederschläge und Mineralstaub von Moostorf (Hochmoor) überlagert wird. Selbst der nährstoffarme Moostorf enthält in einer 20 cm mächtigen und auf 1 ha ausgedehnten Schicht 4500 kg N, 54 kg $K_2O$, 450 kg CaO und 90 kg $P_2O_5$. Die Mächtigkeiten lassen sich durch Abbohren leicht bestimmen und gehen wohl kaum über 7 m hinaus. Störend sind Holz- und Schilfreste.

Gewonnen wird Torf als Stich-, Tret-, Bagger- und Maschinentorf, verwendet als Brenntorf (nicht über 35% Wasser und 30% Asche), als Torfstreu, Torfmull und therapeutischer Torf, in siedlungsarmen Gebieten unter Verwendung der Abwärme auch als Torfkoks mit Teer, Ammoniak und Essig als Nebenprodukten. Torf ist mit Holz zu 7% am Energieverbrauch beteiligt.

Literatur:

KAEMMERER, O. u. HARTUNG, W.: Übersichtskarte der Torfmoore Deutschlands L : 800 000, Berlin 1928
OVERBECK, F.: Botanisch-geologische Moorkunde. 719 S., 263 Abb., 38 Tab., Neumünster 1975

## 2.4.2 Braun- und Steinkohle

Die entweder aus Faulschlamm (Kennel-Kohle) und Algen (Boghead-Kohle) oder Humus hervorgegangenen Kohlen bedürfen zu ihrer Entstehung und Konservierung einer vielfältigen Kombination von Faktoren: sinkender Untergrund zur Erzielung einer genügenden Torfmächtigkeit, hoher Grundwasserstand zur Konservierung der Pflanzensubstanz und ein durch hohe Luftfeuchtigkeit ausgezeichnetes Klima. Dann bilden sich die Torfflöze zunächst biogen und später chemisch-physikalisch (Inkohlung unter dem Einfluß von Temperatur, Versenkungstiefe und Zeit) zu Braun- und Steinkohlen und schließlich zu Anthrazit um. Die Gehalte an Wasser und flüchtigen Bestandteilen nehmen ab, der Gehalt an Kohlenstoff zu (Tab. 8), was zusammen mit dem Heizwert die Kohlensorten kennzeichnet. Außerdem gibt es Faulschlamm (Kennel)- und Algen (Boghead)-Kohlen, deren Ausdehnung begrenzt ist. Im Ruhrkarbon erfolgte die Hauptinkohlung vor der Faltung und wurde nur in den tief ver-

Tab. 8  Arten und Eigenschaften von Stein- und Braunkohlen

| Kohlenart | spezifisches Gewicht | Flücht. Bestandteile, % | Kohlenstoff, % | Wasser % | Heizwert in cal |
|---|---|---|---|---|---|
| Torf | 1,0 | – | 55–65 | 60–90 | 1 500–2 000 |
| Weichbraunkohle | 1,2 | 50–60 | 65–70 | 30–60 | 1 800–3 000 |
| Hartbraunkohle | 1,25 | 45–50 | 70–80 | 10–30 | 4 000–7 000 |
| Gasflammkohle | ⎫ | 40 | 75–82 | | 7 850 |
| Flammkohle | ⎪ | 35–40 | 82–85 | 3 | 7 850–8 100 |
| Gaskohle | ⎬ 1,3 | 28–35 | 85–87,5 | | 8 100–8 350 |
| Fettkohle | ⎪ | 19–28 | 87,5–89,5 | bis | 8 350–8 450 |
| Eßkohle | ⎭ | 14–19 | 89,5–90,5 | 10 | 8 450 |
| Magerkohle | 1,35 | 10–14 | 90,5–91,5 | | 8 450 |
| Anthrazit | 1,4–1,6 | 10 | 91,5 | 1–2 | 8 400 |
| Graphit | 2,2 | 0–4 | 98–100 | – | – |

senkten Großmulden von einer geringen Nachinkohlung gefolgt. Ablagerungsräume sind geosynklinale Randgebiete mit paralischem Charakter (Ruhr, Appalachen), kontinentale Senkungsbecken mit vielen Flözen (Saargebiet, Kusznezk), Faltungsmulden in Orogenen mit wenigen, aber mächtigen Flözen (französisches Zentralplateau) und Plattformen alter Schilde mit wenigen, dünnen, aber ausgedehnten Flözen (Moskauer Becken, Illinois), in Senken über Salzstöcken (Geiseltal) und in tektonischen Gräben (Konin). Die paläogeographische Situation birgt manche lagerstättenkundliche Information. Anhaltspunkte für die Flözidentifizierung geben Pollenführung und weniger einzelne Leitpflanzen als Pflanzengemeinschaften, marine Horizonte, Flözbildungskurve, Inkohlungsgrad, Schwefelkies-Anreicherungen, Einlagerungen von Bergemitteln, Tonstein usw.

Wertmindernde Faktoren für die Ausbeutung von Kohlenvorkommen sind kleine Vorräte und Abbaufronten, Flözmächtigkeit unter 80 cm, Wasserzuflüsse, Falten und (auch kleine) Störungen, gebräches Hangende, Teufe, Schwefel und Phosphor, zu ausgeprägte Bläheigenschaften, werterhöhende dagegen hoher Heizwert, Verkokbarkeit, mechanisierte Gewinnungsmöglichkeit, Tagebau mit wenig Abraum (Verhältnis Kohle:Abraum für Steinkohle in USA bis 1 : 20, bei deutscher Braunkohle wie 1 : 4).

Die Förderleistung je Mann und Schicht beträgt im Tiefbau 5 bis 10 t (Ruhrrevier), bei Stollenbetrieb 55 bis 150 t (USA). Günstige Abbaubedingungen (söhlige oder flache Lagerung, genügende Flözmächtigkeit für Fahrzeuge und Standfestigkeit des Gebirges) erlauben Tagesförderungen von 300 bis 600 t/km$^2$. Der Geologe wird sein Augenmerk also auf die geologischen Bedingungen hinsichtlich Betriebsgröße, Abbauverfahren, Feldesausnutzung, Einsatz mechanisierter Geräte, Ausbau, Versatz, Aufbereitung, Eignung zur Verkokung, Vergasung, Verstromung und Brikettierung und Aufbereitung richten.

Die Gewinnungsteufen begünstigen England (300 bis 400 m) und USA (50 bis 300 m) gegenüber der Bundesrepublik Deutschland (800 bis 1 200 m) beim Steinkohlenbergbau. Große Förderländer für Braunkohle sind die Bundesrepublik Deutschland und die DDR mit dem Einsatz von Großtagebauen und -Förderbrücken.

Literatur:

DANNENBERG, A.: Geologie der Steinkohlenlager. 2 Bde., Berlin 1937–1941
FETTWEISS, G. B.: Weltkohlenvorräte. Essen 1976

FRANCIS, W. Coal, its Formation and Composition. 2. Aufl. 806 S., London 1961

KARRENBERG, H.: (Herausgeber) Das Karbon der Bundesrepublik Deutschland. Fortschr. Geol. Rheinland u. Westfalen, 21., Krefeld 1975

KLEIN, G.: Handbuch für den deutschen Braunkohlenbergbau. I, 3. Aufl. II. Halle 1927, 1935

KREVELEN, D. W. u. SCHUYER, J.: Coal Science, Aspects and coal constitution. 352 S., Amsterdam 1957

LEHMANN, H.: Leitfaden der Kohlengeologie. Halle 1953

PIETZSCH, K.: Die Braunkohlen Deutschlands. Berlin 1925

STACH, E.: Die Untersuchung der Kohlenlagerstätten. Lehrbuch der Angewandten Geologie, II: 421—562, 32 Abb., 2 Tab. Stuttgart 1968

## 2.4.3 Erdöl

Erdöl und Erdgas gehören zu den wichtigsten Energieträgern und werden wegen des steigenden Verbrauchs Objekte der Prospektion bleiben. Mit ihren Derivaten Erdwachs und Asphalt teilen sie nicht nur ihre Abkunft von pflanzlichen und tierischen (meist Mikro-) Organismen, sondern gleichen sich auch in der Trennung von Bildungs- und Speicherstätte. Die Ausgangssubstanz (Zellulose, Sporen, Eiweiß, Fette) ist zu 1 bis 2% in Sedimenten enthalten und liegt in Form von Kohlenwasserstoffen vor. Die Paraffine des Erdöls liefern bei Verdichtung Erdwachs, die Naphtene Asphalt. Beim Erdgas unterscheidet man nasses Gas mit schweren Kohlenwasserstoffen und trockenes Gas mit vorwiegend Methan. Die durch Destillation erhaltenen Produkte des Erdöls bilden eine durch Siedepunkt, Dichte und Viskosität gekennzeichnete (Tab. 9) Reihe.

Petrographisch prädestinierte Muttergesteine für Erdöl sind Küstensedimente, marine Tone und Foraminiferen-Mergel, die

Tab. 9 Destillationsprodukte des Erdöls

| Destillationsprodukt | Siedepunkt | Dichte |
|---|---|---|
| Petroläther | 40— 60° | 0,65 |
| Leichtöl, Gasolin | 30— 80° | |
| Benzin | 60—190° | 0,78 |
| Leuchtöl | 190—300° | 0,81 |
| Gasöl | 300—350° | |
| Schweröl, Schmieröl | 350° | 0,89 |

bei beschränktem Luftzutritt Erdöl enthalten. Paläogeographisch sind es Vortiefen von Gebirgen (Alberta-Becken, Anden), intramontane Becken (Maracaibo, Kalifornien), epikontinentale Meeresbildungen (Kuweit), seicht gewordene Geosynklinalen (Baku, Los Angeles) und nach Hebung wieder abgesunkene Korallenriffe (Gouvernement Perm). Lediglich stark bituminöse Schiefer (Posidonienschiefer), Ölschiefer (Kuckersit) und Ölsande (Alberta/Kanada, Venezuela) entsprechen bereits primären Lagerstätten. In allen anderen Fällen müssen außer dem Muttergestein ein Speichergestein oder eine Struktur und eine Wanderung (Migration) des Öls als dreifache Gegebenheit vorhanden sein.

Durch Sedimentlast und hydrostatischen Druck wird Erdöl aus dem Muttergestein ausgepreßt und wandert bis zur Speicherung in geeigneten „Vorlagen": Sande und Sandsteine, klüftige Kalke und Dolomite, flache Antiklinalen, Transgressionshorizonte, altes und wieder begrabenes Relief, Dach und Flanken von Salzdomen, stratigraphische (durch Facieswechsel) und tektonische (durch Verwerfungen) Fallen, sofern die Strukturen tektonisch geschlossen oder durch Asphalt versiegelt sind. Hier sammelt sich das Erdöl an und bildet eine Zwischenschicht zwischen Gaskappe und Randwasser aus. An der Oberfläche verrät sich Erdöl durch Asphalt, Erdwachsgänge, Schlammvulkane und Spuren (Häute auf dem Wasser). Man muß aber auch darauf gefaßt sein, im Asphalt nicht die Spitze, sondern den Rest eines einstigen Erdölvorkommens gefunden zu haben.

Die Erschließung vollzieht sich stufenweise von der Klärung der paläogeographischen und tektonischen Situation („geologisches Denken") unter Zuhilfenahme der Geophysik. Als erste Fahndung in einem höffigen Gebiet lassen sich seismische Messungen ansetzen, die bis etwa 6000 m Tiefe ein Höchstmaß an Aussage über Schichtenfolge und Lagerung liefern. Durch Schwere (Salzkörper) und magnetische Intensität (Eruptiva) unterschiedene Konfigurationen lassen sich durch gravimetrische und magnetische Messungen erfassen. Die nächste Untersuchungsphase sind Aufschlußbohrungen (Basis-Bohrungen für Stratigraphie und Tektonik, Suchbohrungen auf der Erdölstruktur, die zusammen mit Speichergesteins- und Öleigenschaften, Permeabilität und mit Produktionsversuchen, Kapillardruckmessungen und Sättigungsverhalten schon eine nähere Beurteilung erlauben und durch weitere Bohrungen zur Feldesabgrenzung ergänzt werden.

Aufschlußbohrungen werden in bekannten Feldern zu 80, in zu erschließenden Feldern zu 5 bis 75% (in Deutschland 12%) fündig. Die tiefste Bohrung steht bei 9583 m in den USA.

Danach stellt man laufend Vorratsberechnungen an, einfach bei homogenen Speichergesteinen (volumetrisch, unter Berücksichtigung von Öleigenschaften, Permeabilität, und des Quotienten aus spezifischem Gewicht des Erdöls und dem Formationsvolumenfaktor), und beobachtet das aus Gas oder Wasser bestehende, das Öl verdrängende Medium und den Fördermechanismus. Einen Maßstab für die Lebensdauer einer Produktionsbohrung hat man im gleichbleibenden, allmählichen oder starken Druckabfall des austretenden Erdöls. Produktionsbohrungen setzt man in Abständen von 300 bis 500 m, in Nahost von 1 bis 3 km an. Die geförderten Jahresmengen je Produktionsbohrung sind regional verschieden: USA, UdSSR, Deutschland 650 bis 7000, Ecuador, Algerien, Venezuela, Eurasien 20000 bis 50000, Kuweit, Libyen, Iran, Saudiarabien, Irak und Nigeria 100000 bis 620000 t. Die Lebensdauer variiert bis zu 20 und 80 Jahren, besonders wenn mehrere übereinanderliegende Ölstockwerke angezapft werden.

Da durch Bohrungen nur ein Teil des Öls extrahiert werden kann, bedient man sich verschiedener Förderhilfsmittel (Gestänge-Tiefpumpen, hydraulische usw. Pumpen, Wasserinjektionen) zur stärkeren Entölung oder man geht bei nicht zu großen Teufen zu bergmännischer Gewinnung über.

### 2.4.4 Erdgas

Das Erdgas stammt aus ähnlichen Muttergesteinen wie das Erdöl, hat aber außerdem noch einen Lieferanten in der Steinkohle, die zu einem Speichergestein (in den Niederlanden Rotliegendes) entgast, während Erdgas von Erdölvorkommen als deren Gaskappe fixiert ist. Austretendes Erdgas läßt sich chromatographisch nachweisen, während die Aufsuchung wie bei der Erdölprospektion nach allfälliger, großräumiger, magnetischer und gravimetrischer Voruntersuchung sich der Reflexionsseismik bedient. Das Erdgas kann mit der Erdoberfläche kommunizieren und steht dann unter hydrostatischem Druck, welcher bei Förderung durch nachdrängendes Wasser wieder aufgebaut wird. Freies Gas zeigt im Verhältnis zur entnommenen Gasmenge einen allmählichen

Druckabfall bis O, während gelöstes Gas durch Drucknachlaß bei der Förderung frei wird und durch natürlichen Gasdruck austritt, bis Wasser nachströmt. Wichtig für die Vorratsberechnung ist der Bohrlochsohlendruck bei geschlossenem Bohrrohr, und, da Gas der Träger der Energie für den Austritt von Erdöl ist, läßt man kein freies Gas entweichen. Man unterscheidet trockenes (vorwiegend Methan und etwas Aethan) und nasses (außer Methan schwere Kohlenwasserstoffe) Erdgas. Man kann aus Erdgas, das auch $H_2S$, $CO_2$, N und mit letzterem verbundenes He enthalten kann, Benzin gewinnen oder bei Überschuß zu Ruß verarbeiten.

Literatur zu 2.4.3 und 2.4.4

BISCHOFF, G. u. GOCHT, W.: Das Energie-Handbuch. 3. Auflage, Wiesbaden 1978

CHAPMAN, R. E.: Petroleum Geology. 304 S., Amsterdam 1976

KATZ, D. L. u. a.: Handbook of Natural Gas Engineering. New York 1959

LEHMANN, H.: Erdöl-Lexikon. 2 Aufl., Mainz 1957

PETRASCHECK, W. E.: Lagerstättenlehre. 2. Aufl., 374 S., 232 Abb., Wien 1961

SCHOTT, W. u. MAYER-GÜRR, A.: Arbeitsmethoden der Erdölgeologie. Handbuch der Angewandten Geologie, II: 561—917, 48 Abb., Stuttgart 1968

SNARSKIJ, A. N.: Geologische und geophysikalische Grundlagen der Erdöl- und Erdgasspeichergesteine, Berlin 1964

TISSOT, B. T. u. WELTE, D. H.: Petroleum-Formation and Occurrence. 538 S., 243 Abb., Berlin 1978

## 2.5 Stein- und Kalisalze

Steinsalz und Kalisalze gibt es seit dem Kambrium im Silur, Oldred, in der Permotrias und im Tertiär. Es sind chemische Ausscheidungen in teilweise abgeschnürten Becken in den jeweiligen Trockengürteln im Anschluß an Gebirgsmulden. Die überlieferte Salzfolge entspricht bei der Instabilität der primären Salzminerale bei geringen Druck- und Temperaturerhöhungen nicht mehr dem theoretischen Salzprofil. Abgebaut werden Steinsalz (über 98% NaCl in direkter Vermahlung), Mischsalze wie Carnallit (ab 9% $K_2O$), Sylvinit (meist über 12% KCl), Kainit (ab 10% $K_2O$) und Hartsalz (komplexes Kalisalz aus 20—60% Steinsalz, 15—20% Sylvin und 30—50% Kieserit). Unreines Steinsalz wird zu Siedesalz verarbeitet.

Aus Carnallit (Rohcarnallit mit 0,15 bis 0,25% Br) und Endlaugen werden Brom und Magnesium gewonnen. Quellen der Jodgewinnung sind nicht Meerwasser, in dem Jod nicht gelöst, sondern an Meeresorganismen (Tang) gebunden ist, sondern außer Tang Chilesalpeter und Erdölwässer. Salzlager sind leicht verformbar und werden wegen ihres geringen spezifischen Gewichtes vom schwereren Deckgebirge zu Salzstöcken und, bei Durchstoßen des Hangenden, zu Diapiren emporgepreßt und gefaltet, wozu mobile Zonen, wie die Mittelmeer-Mjösen-Zone in der Nordsee und Norddeutschland und die Externiden in den alpinen Gebirgen Voraussetzungen bieten. Wegen ihres geringeren spezifischen Gewichtes und ihrer guten Leitfähigkeit sprechen sie auf gravimetrische und seismische Untersuchungen an und lassen sich im Umriß festlegen. Äußere Anzeichen von Salzvorkommen sind Solquellen, Gipshüte, Versumpfungen und Salzpflanzen. Salzkrusten als Rückstand abflußloser Senken und Seen haben lokale Bedeutung für die Salzversorgung.

Literatur:

BORCHERT, H.: Ozeane Salzlagerstätten. 237 S., 10 Tab., 31 Abb., 3 Taf., Berlin 1959

BRAITSCH, O.: Die Entstehung und Stoffbestand der Salzlagerstätten. 232 S., Berlin 1962

LOTZE, F.: Steinsalz und Kalisalze. 2. Aufl. 465 S., 37 Tab., 226 Abb., Berlin 1957

## 2.6 Grundwasser und Mineralwasser

### 2.6.1 Grundwasser

Das Grundwasser teilt mit anderen Lagerstätten das schichtige und spaltenförmige Vorkommen, kann sich aber, zum einzigen Unterschied bei Entnahmen regenerieren. Es ist wie Lagerstätten nutzbarer Minerale durch das Berggesetz ebenfalls durch ein eigenes, Bewirtschaftung und Schutz regelndes (Wasserhaushalts-)Gesetz geschützt. Nach der Definition gemäß DIN 4049 (zweite Ausgabe, 1954) ist das Grundwasser, das die Hohlräume der Erdrinde zusammenhängend erfüllende Wasser, das allein der Schwerkraft unterliegt. Das mit Grundwasser erfüllte Gestein heißt Grundwasserleiter (GRAHMANN 1958), neuerdings Aquifer (wobei vorausgesetzt wird, daß das Gestein das Grundwasser in sich und nicht als Auflast trägt), früher auch Grundwasserträger und -leiter genannt. Das im Gestein, besonders im nichtnutzbaren Porenraum eingeschlossene Wasser bezeichnet man als included water oder wegen seines Verbleibens in der zugehörigen Formation des Gesteins Formationswasser. Artesisch heißt ein über seine Umgebung austretendes Grundwasser mit einem höher gelegenen Einzugsgebiet und Ansammlung zwischen zwei undurchlässigen Schichten. Juvenil sind aus der Tiefe kommende Wässer, die noch nicht am Kreislauf des Wassers teilgenommen haben, und vados, die am Kreislauf beteiligten Wässer. Als Karstwasser fungiert das auf Klüften und Höhlen eines (durch Dolinen und Bachschwinden ausgezeichneten) Karstgebirges zirkulierende Wasser, welches beim Verlassen in ergiebigen Quellen zutage tritt.

Der Geologe hat die Aufgabe, Grundwasser nach Vorkommen, Eigenschaften und Menge nachzuweisen oder doch Daten dazu beizusteuern. Die Vorkommen umfassen alle speicherfähigen Gesteine, einerlei ob Poren, Spalten oder große Hohlräume das Wasser beherbergen. Porenvolumen und Spaltendichte pflegen mit zunehmendem Alter der Gesteine abzunehmen, was auch in ihren ungefähren Abflußspenden zum Ausdruck kommt (Tab. 10).

Tab. 10 Ungefähre Abflußspenden verschieden alter Gesteine und Lockersedimente in Deutschland in l/sec/km$^2$

| Gestein | Spende | Gestein | Spende |
|---|---|---|---|
| Variscikum (Verwitterungsschutt) | 1/3—1/12 | Muschelkalk | 1/3—1/4 (10) |
|  |  | Keuper | 1/3—1/2 (11) |
| Verwitterter Granit u. Spaltenwasser | 1/15—12 | Rhät | 1—15 |
|  |  | Lias (5 m$^2$ messend. |  |
| Schiefergebirge | 0,05—3 | Schachtbrunnen) | 0,1 |
| Taunusquarzit | 1 | Dogger | 0,2—3 (11) |
| Massenkalk | 0,02—5 | Malm | 30—180 |
| Massenkalk, verkarstet | 10—100 | Cenoman/Turon | 1/4—4 |
|  |  | Coniac | 1/2 |
| Rotliegendes | 1/4—28 | Santon | 5 |
| Zechstein | 1/6—20 | Miozän |  |
| Unterer Buntsandstein | 1/3—3 | Basalt | 1—9 |
|  |  | Plänerschotter | bis 25 |
| Mittl. Buntsandstein | 2—25 (40) | Pleistozäne Schotter, Sande u. |  |
| Röt | 1—4 | Kiese | 3—15 (50) |

Tab. 11 Versickerungsanteile für verschiedene Böden Mitteleuropas in %

| Basaltgrus | 90 | lehmiger Sand | 20 |
|---|---|---|---|
| Reiner Sand | 70 | Löß, rein bis | |
| Humoser Sand | 40 | lehmig | 2 bis 5 |

Das Grundwasser stammt größtenteils aus den Niederschlägen, von denen es einen nach Klimazonen wechselnden Anteil nach Abzug des Verbrauchs für Verdunstung und Pflanzenwuchs, Versickerungsquote und oberirdischen Abfluß empfängt.

Der Versickerungsanteil ist früher unterschätzt worden und auch nach Niederschlagsmengen und -verteilung, Verdunstung, Bewuchs, Bodenneigung und Durchlässigkeit des Bodens verschieden (Tab. 11). Für die Bundesrepublik Deutschland wird unter Zugrundelegung eines durchschnittlichen Jahresniederschlages von 780 mm und 310 mm/m$^2$ Gesamtabfluß ein Grundwasserzuwachs von 90 bis 150 mm/m$^2$ angenommen (GRAHMANN 1958). Würde der gesamte Wasserbedarf an einer Stelle entnommen, bliebe der größere Teil ungenutzt, aber tatsächlich sind viele Entnahmegebiete bereits überbeansprucht.

Der Grundwasserhaushalt regelt sich nach der Formel, die den Niederschlag der Summe von oberirdischem Abfluß und Versickerung gleichsetzt. Er läßt in unserem Klima wegen des Verbrauches durch die sommerliche Vegetation nur von Oktober bis April einen wesentlichen Grundwasserzuwachs zu. Die Verdunstung läßt sich als Restwert des durch ober- und unterirdischen Abfluß verminderten Niederschlages errechnen.

Um Lage und Ausdehnung von Grundwasser-Vorkommen zu beurteilen, sucht man die Schichtenfolge mit Grundwasserleitern aus der geologischen Karte, Bohrungen oder im Gelände festzustellen. Kann man die vermutliche Verbreitung umreißen, so ist der nächste Schritt die Abgrenzung des Einzugsgebietes und die Richtung des Gefälles. Steht das Einfallen mit dem Einzugsgebiet und mit dem oberirdischen Einzugsgebiet nicht in Widerspruch, so kann man ober- und unterirdisches Einzugsgebiet gleichsetzen und erhält mit dem Einfallen auch die Gefällsrichtung des Grundwassers. In Tälern entspricht das Gefälle der Resultante zwischen Flußlauf und der auf die Flußmitte gerichteten Hangneigung. Einen Maßstab für die verfügbaren Grundwassermengen liefert die Kleinstwasserführung von Flüssen, Bächen und Quellen (praktisch die Wasserführung zur Sommerzeit), die je nach Landschaft und Untergrund spezifische Abflußspenden je sec und km² ergibt und auch in Abflußspenden der anstehenden Gesteine zum Ausdruck kommt (Tab. 10). Auch die Schüttung von Quellen kann man durch Abflußmessungen in Trockenzeiten testen. Schließlich kann man den Grundwasserzuwachs durch die Multiplikation des Einzugsgebietes in m² mit der Versickerungsmenge berechnen. Auch Grundwasserspiegelpläne als Projektionsunterlagen für Brunnenbohrungen lassen sich aufstellen.

Die Gewinnung von Grundwasser ist verhältnismäßig einfach bei (Schicht-, Überlauf-, Verwerfungs-, Schutt-, Karst- und artesischen) Quellen durch entsprechende Fassung oder bei flächenhaftem Grundwasseraustritt durch Sickerstränge. Unterirdisches Grundwasser gewinnt man durch Filter- und (für große Förderleistungen aus Kies) Horizontalbrunnen. Mehrere Brunnenbohrungen legt man quer zum Grundwasserstrom, dessen Gefälle man durch Beobachtungsbrunnen ermittelt, an (Grundwassergeschwindigkeit mm/sec; cm/sec bei Karstwässern) und stellt durch Probepumpen bis zur Absenkungskonstanz die spezifische Ergiebigkeit (geförderte Wassermenge bei Absenkung des Grundwasserspiegels um 1 m) fest. Es bildet sich ein Absenkungstrichter, so daß die Brunnenabstände nicht zu ihrer Überschneidung führen dürfen.

Eine andere Methode zur Bestimmung der Brunnenleistung bedient sich des DARCY'schen Gesetzes, nach dem die Filtergeschwindigkeit ($v_f$; als Durchflußmenge Q in Zeiteinheit je Einheit eines Querschnittes F senkrecht zur Bewegungsrichtung) dem Produkt aus dem Durchlässigkeitsbeiwert (im Labor für verschiedene Böden und Gesteine feststellbar; $k_f$) und dem Energieverlust je Wegstrecke (hydraulischer Quotient) entspricht.

$$v_f = k_f \cdot \frac{h}{L}.$$

Der Durchlässigkeitswert ($k_f$) beträgt für Ton $10^{-8}$, für Schluff $10^{-5}$ bis $10^{-6}$, für Feinsand $10^{-4}$, Grobsand $10^{-3}$ und für Kies $10^{-2}$ bis $10^{-1}$ m/sec. Er ist temperaturabhängig, insofern er bei 10° das 0,77fache und bei 30° das 1,25fache der Durchlässigkeit bei 20°C ausmacht. Das DARCY'sche Gesetz gilt indessen nicht bei eindimensionalen (linearen) Strömungen und ist nicht bei großen und turbulenten Geschwindigkeiten anwendbar, wie sie beim Pumpen von Filterbrunnen herrschen, so daß Differentialwerte

Tab. 12 Gesteins- und formationsbedingte ungefähre spezifische Ergiebigkeiten für Deutschland

| Formation oder Gestein | 1/sec | m³/Tag |
|---|---|---|
| Gneise, Granite, Grauwacken, Schiefer | 0,05 — 0,5 | 4 — 40 |
| Rotliegendes, Zechstein, Buntsandstein, Muschelkalk | 0,5 — 7 | 40 — 600 |
| Tertiäre und pleistozäne Schotter und Kiese | 7 — 80 | 600 — 7000 |

summiert werden müssen. Auch die Brunnenformel von THEISS läßt sich für nicht stationäre Verhältnisse aus dem Verhältnis Absenkung/Förderrate/Mächtigkeit des Aquifers errechnen (BENTZ u. MARTINI 1969).
Die spezifischen Ergiebigkeiten sind ebenso wie die Abflußspenden gesteins- und formationsbedingt und lassen schwache, mittlere und große Ergiebigkeiten erkennen (Tab. 12), die aber faziell und örtlich die Tabellenwerte unter- und seltener überschreiten. Die oberbayrischen Schotterfluren und das ober- und niederrheinische Pleistozän gehören zu den ergiebigsten, die variscischen Gebirge zu den ärmsten Grundwasser-Reservoiren. Zu den großen Grundwasserspeichern gehört das wassererfüllte ausgereifte Karsthöhlensystem der Schwäbischen Alb, wie Brunnenbohrungen mit Schüttungen von 100 bis 200 l/sec dartun (WEIDENBACH 1960).
Das Grundwasser entnimmt durchflossenen Gesteinen gelöste Stoffe und belädt sich mit Ca, Mg, Na, K, Fe, Mn, SO$_4$ und Cl. Karbonate bedingen eine vorübergehende (10 mg/l CaO entsprechen einem deutschen Härtegrad; weiches Wasser hat unter 8, hartes über 20 Härtegrade), Sulfate bleibende (Sulfat-)Härte. Trinkwasser sollte als wichtigstes Lebensmittel bestimmte chemische und physikalische Eigenschaften entsprechend der Verordnung über die Trinkwasserversorgung vom 16. 2. 1976 aufweisen. Es soll farb- und geruchlos, klar und kühl sowie geschmacklich gut sein. Nur ein begrenzter Gehalt an chemischen Stoffen und Keimarmut wird ihm zugestanden. Colibakterien dürfen in 100 mg nicht nachweisbar sein und die Koloniezahl (früher Gesamtkeimzahl) darf 100 je ml nicht überschreiten. Für chemische Stoffe (As, Pb, Cd, Cr, Cyanide, Fluoride, Nitrate, Hg, Se, Sulfate, Zn, Cu, Fe, Mn, Mg, Chloride und Phenole sind Grenzwerte festgesetzt (BORNEFF 1974). Aromatische Kohlen-

wasserstoffe (als Krebserreger) und radioaktive Stoffe unterliegen gleichfalls Beschränkungen. Dabei ist, wichtig und problematisch für die Festsetzung von Trinkwasserschutzzonen, die Überlebenszeit pathogener Bakterien (Cholera, Typhus, Ruhr), mit 3 bis 500 Tagen zu bedenken. Nitrate (bei Nitrit Intoxikationsgefahr), Ammoniak und erhöhter $KMnO_4$-Verbrauch zeigen anthropogene Verunreinigungen an.

Der jeweilige **Verwendungszweck** als Trink- oder Brauchwasser für Wäschereien und Färbereien (ohne Erdalkalien), Gärungsgewerbe (frei von Bakterien und allen organischen Stoffen), Zuckerfabriken (ohne Salze), Akkumulatoren (möglichst rein), Kesselspeisewasser (möglichst weich), chemische Industrie usw. bedingt besondere Anforderungen an die Reinheit des Wassers.

Sieht man von anthropogenen Verunreinigungen ab, so sind Kalk und Salze die verbreitetsten Stoffe im Grundwasser. Hartes Grundwasser ist für Wässer aus oder von ihnen durchflossenen Kalkgebieten typisch, sulfat- und kochsalzhaltige Wasser haben ihre Zugabe aus salz- und gipsführenden Formationen erhalten. Die Verbreitung von Salzwasser kann weit über die Grenzen der Salzformationen hinausgehen und weithin (z. B. bis tief ins Rheinische Schiefergebirge) wandern. Es ist im oberen Teil größtenteils durch versickernde Niederschläge ausgesüßt, kann aber durch starke Wasserentnahme angesaugt werden. Flüsse in Industrieländern sind mit Salzen, Phenolen und anderen Abwässern beladen und teilen diese auch dem Talgrundwasser mit, wenn dieses nicht mehr wie im Winter zum Flusse hin entwässert.

An den Küsten wird das Grundwasser durch Meerwasser bedrängt, in Schleswig-Holstein zudem in der Tiefe durch Salzwasser aus dem Perm. Die Nordseeinseln tragen eine auf Salzwasser schwimmende Süßwasserkalotte, welche in ihrem Bestand durch Sturmfluten und übermäßige Entnahme bedroht wird, sich aber normalerweise wieder regeneriert.

Die Ergiebigkeit von Brunnenbohrungen kann man durch einen Kiesmantel, durch ein radiales horizontales Röhrensystem (Ranney-Verfahren) und bei Gesteinen (um wasserführende Klüfte anzureißen) durch Torpedieren erhöhen. Durch Talsperren sucht man die Hochwasser abzufangen und gleichmäßige Wasserführung herbeizuführen. So werden aus dem Ruhrtal mit Hilfe der Regulierung des Abflusses durch 20 Talsperren 30 m³/sec von Großstädten mit hintereinander geschalteten Wasserwerken gefördert. Vor allem im Grundgebirge der alten Schilde mit seiner mächtigen Lateritdecke ist man auf Wasser aus Talsperren angewiesen.

Das verlockende Wasserangebot von Karstwässern wird oft durch Verunreinigungen infolge der ungenügenden Filtrierung durch das Spalten- und Höhlensystem beeinträchtigt. Weist eine Brunnenbohrung im Karst eine genügend hohe Wassersäule auf, so kann man keimfreies Wasser aus dem unteren, vom frischen Zufluß unbeeinflußten Teil des Grundwasserspeichers entnehmen (Stadt Brilon). Auch das durch Grubenbaue als natürliche Drainage gesammelte und in Stollen abfließende Grundwasser wird genutzt (Siegerland), obgleich Verunreinigungen durch Eisen, Buntmetalle und Sulfate zur Vorsicht mahnen können. Ein Schachtbrunnen von mehreren m² Grundfläche im wasserarmen Liaston erbrachte noch einige m³ täglich (Herford). Quellwasser wird wegen seiner Frische gern benutzt und über lange Zuleitungen Städten (Wien, Innsbruck, Salzburg) zugeführt. Aber im Rheinischen Schiefergebirge ist man von der Quellwassernutzung für größere Gemeinden immer mehr abgekommen, weil das Schollenmosaik zu geringe und niederschlagsabhängige Schüttungen bedingt.

Der Wasserverbrauch ist ständig gestiegen und steigt durch die unbekümmerte Verwendung für Autowäsche, Spülmaschinen, Schwimmbecken, Straßensprengungen zur Kühlung usw. noch weiter, in Großstädten rascher als auf dem Land, wo der Spitzenverbrauch von 350 l/Mensch und Tag noch nicht erreicht ist. Die (besonders Aluminium-, Stahl- und Papier-)Industrie verbraucht überschläglich (1963 insgesamt 10 500 Millionen m³) beinahe das Vierfache. Die Entnahme ist regional (Ober- und Niederrhein) bereits überbeansprucht. Allgemein wird der Wasserhaushalt (auch außerhalb Deutschlands) durch Entwaldung, Kanalisation usw. in seiner natürlichen Erneuerung geschwächt, so daß man nicht überall aus dem vollen schöpfen sollte.

## 2.6.2 Entziehung

Die Grundwasserförderung kann bei der Anlage von Tagebauen und Tunnels sowie beim Aushub von Baugruben auch der Absenkung dienen. Um sich über die anfallenden Mengen und die Beschaffenheit des Grundwassers (Aggressivität) sowie über das

Einzugsgebiet Klarheit zu verschaffen, sind entsprechende Erhebungen erforderlich, um etwaigen Regreßansprüchen wegen land- und forstwirtschaftlicher Schäden, Trockenlegung von Brunnen usw. begegnen zu können. Beobachtungsbrunnen und eine zeitliche Fixierung des Grundwasserstandes vor der Absenkung sind die wichtigsten Maßnahmen. Absenkungen lassen sich an der Vegetation und am Bodenprofil ablesen.

Grundwasserentziehungen haben ihr Gegenstück in Versumpfungen, wie sie im Gefolge von Bergsenkungen, durch Absperrung des Vorfluters durch Straßen oder Dämme usw. auftreten können. Der Zusammenhang von Ursache und Wirkung ist durch die zeitliche Kongruenz von Versumpfung und baulichen Maßnahmen eindeutig nachzuweisen.

### 2.6.3 Mineralwasser

Grundwasser mit einem bestimmten Mineralgehalt (in Deutschland mit mindestens 1 g gelösten Mineralstoffen in 1 kg Wasser) gelten als Mineralwässer und solche mit mindestens 1 g freier Kohlensäure als Säuerling. Über 20°C warmes Wasser ist ein Thermalwasser. Der Deutsche Bäderverband unterscheidet nach den Anteilen an An- und Kationen Chlorid-, Sulfat (Bitter)-, Hydrogen-Karbonat-, Karbonat- und außerdem noch eisen-, arsen-, jod-, schwefel- und radiumhaltige Wässer. Salzwasser mit mehr als 5,5 Na- oder 8,5 g Chlorid-Ionen führt die Bezeichnung Sole. Natürlich gibt es Mischungen der Heil- und Mineralwassergruppen.

Mineralwasser ergänzt sich durch das Nebengestein auslaugende Grundwasser oder aus vulkanischen Exhalationen und ist deshalb in Salz- und Kalkformationen sowie in Vulkangebieten anzutreffen. Es kann auf Störungszonen weit wandern und ist außer in Quellenaustritten auf Sattelstrukturen und überhaupt Störungszonen mit zerklüftetem Nebengestein zu erschließen.

Eine Studie klärt die zusitzenden Grubenwässer eines Buntmetall-Bergwerks. Aus dem Hangenden kommen Na-Bikarbonat-Chlorid- und aus dem Liegenden Ca-Bikarbonat-Sulfat-Wässer, welche beim Zusammentreffen Ausscheidungen von Eisenhydroxid und Karphosiderit bewirken (LEHMANN u. a. 1966).

Sole und Sulfatwässer stammen meistens aus Evaporitlagerstätten. In salzfreien Gebieten wie im Ruhrkarbon hat sich Sole durch

Umwandlung des Sedimentationswassers des Karbons in schwach versalzenes Kluftwasser unter Fixierung am Ende der saxonischen Gebirgsbildung gebildet, wobei die hohen Sr- und Ba-Gehalte ihrer Löslichkeit entsprechend in verschiedenen Stockwerken (Ba auf Klüften des Oberkarbons, Sr im oberkretazischen Deckgebirge) ausfielen. In größerer Tiefe rechnet man allgemein, wie in Nordwest-Deutschland, mit versalzenem Wasser, auch wenn keine Salzablaugung oder Meerwasser in Betracht kommen.

Literatur zu 2.6.1, 2.6.2, 2.6.3, und 2.6.4:

BENTZ, A. u. MARTINI, H. J.: Lehrbuch der Angewandten Geologie. Stuttgart 1969

BIESKE, E.: Handbuch des Brunnenbaus. I, 432 S., 392 Abb., 71 Tab. Berlin 1956

DIENEMANN, W. u. FRICKE, K.: Mineral- und Heilwässer, Peloide und Heilbäder Niedersachsen und seinen Nachbargebieten. Geol. u. Lagerstätt. Niedersachsens, 5: 476, 52 Abb., 24 Tab., 197 Analys., Göttingen 1961

GRAHMANN, R.: Die Grundwässer in der Bundesrepublik Deutschland und ihre Nutzung. Forsch. dtsch. Landeskunde, 105: 198 S., 48 Abb., 3 Taf., 2 Kt., Remagen/Rhein 1958

JORDAN: Grundriß der Balneologie und Balneoklimatologie. Leipzig 1967

KEILHACK, K.: Grundwasser- und Quellenkunde. 3. Aufl. 575 S., 308 Abb., 1 Taf. Berlin 1935

KELLER, R.: Gewässer und Wasserhaushalt des Festlandes. 520 S., 298 Abb., Berlin 1961

LEHMANN, H., PIETZNER, H. u. WERNER, H.: Wassermechanismus und Mineralneubildung in der Grube Lüderich. Erzmetall, 19: 20—27, 7 Abb., Stuttgart 1966

MICHEL, G., RABITZ, A. u. WERNER, H.: Betrachtungen über die Tiefenwässer im Ruhrgebiet. Fortschr. Geol. Rheinld. u. Westf., 20: 215—236, 2 Tab., 3 Abb., Krefeld 1974

SCHNEIDER, H.: Die Wassererschließung. 2. Aufl., 886 S., 1235 Abb., 150 Tab., Essen 1975

THURNER: Hydrogeologie. Wien 1967

WAGER, R.: Zum Chemismus tieferer Grundwässer in einem Teil Nordwestdeutschlands. Assoc. intern. d'Hydrologie. Assemblée générale de Rom, II, 37: 133—137, 3 Abb., Gent-Brügge 1956

WEIDENBACH, F.: Trinkwasserversorgung aus Karstwasser in der östlichen Schwäbischen Alb. Jhe. für Karst- und Höhlenkunde, 23: 169—192, 8 Abb., Stuttgart 1960

DIN- Institut: Normen über Wasserversorgung und Wasseraufbereitung. Berlin 1974

## 2.7 Gase ($CO_2$, He, $H_2O$)

Wegen ihrer großen Beweglichkeit gehören die Gase eigentlich nicht zu den Boden-, sondern zu „Luftschätzen". Die wegen ihrer Unverbrennbarkeit, Reaktionsträgheit und geringen Leitfähigkeit geschätzten Edelgase gewinnt man auch aus der Luft durch Verflüssigung (Argon, Neon, Krypton, Xenon, Helium). Helium kommt aber auch im Erdgas zusammen mit Methan vor (teilweise über 1%).
Geologisch interessiert die Gewinnung von $CO_2$ aus der Vergasung von Koks weniger als die Gewinnung aus Bohrungen und „Bläsern". Nach Isotopenbestimmungen steigt $CO_2$ als Nachhall des Vulkanismus auf Spalten von Hebungslinien (weniger in großen Schildvulkanen) auf, aber auch die Anatexis setzt eine Riesenmenge von $CO_2$ frei.

GMELINS Handbuch der anorganischen Chemie, System Nr. 1, 1. 1926

## 2.8 Fels-, Erd- und Grundbau

Fels-, Erd- und Grundbau sind Gegenstand der Ingenieurgeologie, jenes komplexen Fachbereiches aus Geologie und Bautechnik. Die physikalischen Eigenschaften von Fels- und Lockergesteinen geben die wesentlichen Kriterien für ihr bautechnisches Verhalten ab. Beim Erd-, Grund-, und Wasserbau handelt es sich um die Wechselbeziehungen zwischen Baugrund und Bauwerk. Je nach Schwere und Empfindlichkeit des Bauwerks (Bungalow, Hochofen, Fernsehturm, Reaktorgebäude) oder nach Beanspruchung des Objektes (Straßendecke, Startbahn) wird man die physikalischen Eigenschaften des Untergrundes mit ihren Kennwerten in entsprechendem Umfange festzustellen haben. Bei jedem Bauwerk muß der Mutterboden und jedes organogene Sediment entfernt werden. Bereits beim Aushub oder bei Bohrproben vermerkt man lose und dichte Lagerung, feste, plastische oder weiche Konsistenz, fette, magere oder grusige Beschaffenheit, Klüftung, frischen oder verwitterten Zustand. Die Bodenklassierung erfolgt am besten nach dem Unified Soil Classifications System (im Straßenbau nach ZTVE — SB 59). Körnung, Korngemische und Kornverteilung (DIN 4016) werden durch Sieb- oder Schlämmanalyse festgestellt, wobei sich auch Ungleichförmigkeitsgrad und wirksame Korngröße ergeben. Weitere Bodenkennwerte sind Raum- und Stoffgewichte, Porenanteil, Lagerungsdichte, Wassergehalt. Zustandsform (Ausroll-, Fließ- und Schrumpfungsgrenze) und Sättigungsgrad werden nach DIN 4015 ermittelt. Versuche orientieren über Durchlässigkeit, Zusammendrückbarkeit, Zylinderfestigkeit, Scherbeanspruchung, Verdichtung (Proctor-Versuch), Frostverhalten (Lockergesteine mit mehr als 5% Feinbodenanteil sind frostgefährlich) und Brechungsgrößen. Sie geben Auskunft über zulässige Bodenpressungen und Setzungen, Böschungswinkel und Gründungstiefen, je nachdem man die Lockergesteine als Baugrund oder Baustoff verwendet. Ungleichmäßige Setzungen sind besonders gefährlich. Man könnte ihnen durch Verdichtungen (Rütteln und Zement/Wasserglas-Einpressungen) begegnen und sollte auch den Setzungsverlauf beobachten. Zur Handhabe über die wirklichen Bodenreaktionen bedient man sich der sorgsamen Entnahme ungestörter Bodenproben (KÖRSTE-Gerät; DIN 4021), da die übliche Entnahme ursprüngliches Gefüge, Lagerungsdichte und Kornverteilung gefährden würde. Für Gründungen, Mindesttiefe von Baugrundbohrungen und zulässige Belastungen des Baugrundes verfährt man nach DIN 1054. Probebelastungen und andere Eigenschaften sucht man durch Raum-, Schlag-, Druck-, Dreh- und Isotopen-Sondierungen (DIN 1054) zu ergründen. Für zulässige Bodenpressungen gilt DIN 1054, für Setzungen DIN 4018 und 4019, wobei man den Baugrund in Teilschichten aufgliedert, danach die Gesamtsetzung ermittelt und einen Plan mit Linien gleichzeitiger Setzungen konstruiert. Für Pfahlgründungen gilt DIN 1054.

Für Gründungen in Erdbebengebieten ist die Erschütterungsziffer maßgebend. Die Auswirkung von Bergsenkungen auf Gründungen vollzieht sich nach der Ausbildung einer Senkungsmulde mit Pressungen in der Mitte und Zerrungen an den Rändern (NIEMCZYK 1949). Über die Anforderungen an Baugrund als Baustoff für Straßen-, Flugplatz- und Eisenbahnbau unterrichtet DIN 18300.

So wie man topographische, bodenkundliche und geologische Karten für Gründungen auswerten kann, lassen sich umgekehrt die Untersuchungsergebnisse in Baugrundplanungskarten umsetzen, die den tragfähigen oder untauglichen Baugrund anzeigen. Ein Hilfsmittel ist auch der Bodenaustausch, z. B. durch Auskofferung von Torf und Faulschlamm und Einbringung von Sand und Kies. Beim Straßenbau kann man so längere Umgehungstrassen vermeiden.

Beim Felsbau sind die gesteinsphysikalischen Eigenschaften zwar als Differentialwert genau zu erfassen, in der Summierung ihrer Auswirkungen jedoch schwierig zu berechnen und bei gefährlichem Ausmaß zu kompensieren. Bei Straßeneinschnitten spielt das Lösen und die Steinschlaggefahr je nach Klüftung, Einfallen bezüglich Trassenführung und Festigkeit eine Rolle, wobei die frühere Abgrenzung von leichtem und schwerem Felsgestein (Sprengarbeit) nicht mehr so scharf wegen der modernen Bau- und Räumgeräte vorgenommen wird. Hier gilt es, sich über Lagerungsverhältnisse und Gesteinsfolge genau zu vergewissern, was wegen der Ausschreibungen für Auftraggeber wie für die Baufirma gilt.

Je nach Objekt wird der Geologe auf folgende Gesteinseigenschaften zu achten haben und sie gegebenenfalls durch Versuche feststellen lassen:

Gewinnungs- und Verdichtungsfähigkeit, Schichtung, Bankung, Klüftung, Körnung, Kornform und Kornbindung, Standfestigkeit (Nachbrechen, Steinschlag), Druck- und Scherfestigkeit, Abnutzungswiderstand, Bearbeitbarkeit, Teilbarkeit, Festigkeit, Erweichbarkeit (Quellen und Schwinden), Wasseraufnahmevermögen, Luftdurchlässigkeit, Wetterbeständigkeit, Frost- und Wärmeverhalten und Stabilisierungsfähigkeit.

Dazu sei auf die DIN-Normen verwiesen:

1054 Gründungen, zulässige Belastungen 1967
1055 Lastannahmen für Bauten, Lager- und Baustoffe, Bauteile Bodenwerte, Brechungsgewalt, Kohäsion 1963, Verkehrslasten 1951
4016 Untersuchung von Bodenproben 1958
4019 Setzungsberechnungen 1961
4020 Bautechnische Bodenuntersuchungen 1953
4023 Grundbau, Einpressungen in Untergrund und Bauwerke 1962
4094 Ramm- und Drucksondierungsgeräte 1964/65
4107 Setzungsbeobachtungen an Bauwerken 1967
18121 Untersuchung von Bodenproben, Wassergehalt 1965
18122 Zustandsgrenzen, 1967
18123 Korngrößenverteilung 1967
18125 Raumgewicht 1967

| | |
|---|---|
| 18 196 | Bodenklassifikation für bautechnische Zwecke 1966 |
| 4 048 | Wasserkraft- und Stauanlagen, Fachausdrücke 1966 |
| 19 700 | Stauanlagen; Entwurf, Bau und Betrieb von Talsperren 1965 |
| 19 753 | Vorarbeiten für Wasserkraft- und Stauanlagen 1956 |
| 18 300 | Erdarbeiten, technische Vorschriften 1965 |
| 66 100 | Körnungen |
| 18 300 | Einstufung der Gesteine nach der Verdingungsordnung für Bauleistungen |
| 4 015 | Formelzeichen für Bodenkennwerte |
| | Empfehlungen der Gesellschaft für Erd- und Grundbau für den Bau und die Sicherung von Böschungen. Bautechnik Berlin 1967 |

Bei Talsperren sind Erhebungen und Maßnahmen umfangreicher. Der Stauraum muß auf Durchlässigkeit und Umläufigkeit, die Sperrstelle auf Unterläufigkeit untersucht werden. Die Sperrstelle muß einen standsicheren und undurchlässigen Abschluß mit dem Untergrund verbürgen. Der Gesteinsuntergrund ist daher in angemessener Breite an der Sperrstelle durch Schürfe, Bohrungen wegen der Schichtenfolge und durch Injektionen (Druckversuche mit Einpressungen von Zement, Kalziumchlorid usw.) auf wasserleitende Klüfte und Hohlräume zu prüfen, um eine Unterläufigkeit, wie sie in Karstgebieten immer zu erwarten ist, auszuschließen.

Die Sperrstelle besteht aus Sperrmauern (Schwergewichts-, Bogen-, Gewölbe- oder betonsparenden Pfeilermauern) und Staudämmen (in abgestufter Zusammensetzung aus einem Dichtungskern aus Lehm, verwittertem Gestein, Bitumen oder einer Kupferfolie, einer Filterschicht mit zunehmend gröberen Schüttungen zur Luft- und Wasserseite und Blockwurf an der Oberfläche gegen Wellenschlag und Erosion). Der Dichtungskern kann durch eine Herdmauer in den Untergrund eingebunden werden oder, bei Gefahr der Unterläufigkeit, durch einen Injektionsschleier im Untergrund eine gewisse Fortsetzung finden. Die Hänge der künftigen Talsperre sollten auch auf Rutschgefahr geprüft werden. Wie auch sonst wird man Bohrprofile und Schürfe zu Reihen und dreidimensionalen Lagerverhältnissen ergänzen. In den USA überläßt man die Verantwortung beim Talsperrenbau gewöhnlich allein den Baufirmen, so daß diese der Sicherheit halber die Bauwerke überdimensional ausführen (Querschnitt und Böschung) (WIEGEL 1965), während die Franzosen mit

## 2.8 Feld-, Erd- und Grundbau

einer Mauer aus Kreissegmenten oder einen Dichtungskern aus einer Metallfolie besonders eleganten Lösungen geneigt sind.
Einen Bruch innerhalb der Dammböschung bezeichnet man als Bruch, setzt er sich in den Untergrund fort, so spricht man von Grundbruch. Über Entwurf, Bau und Betrieb von Stauanlagen unterrichtet DIN 19700, über Sicherheitsmaßnahmen und -grade DIN 1054
Beim Stollen- und Hohlwerksbau kommt der Felsmechanik eine noch ausschlaggebendere Rolle zu. Hier ist die Schichtenfolge in ihrer petrographischen und tektonischen Ausbildung möglichst genau zu erfassen, damit man Vortrieb und Ausbau entsprechend ausrichten kann. Das Lösen des Gesteins, Gebirgs- und Steinschlag, Gebirgs- und Überlagerungsdruck, innere (tektonische Restspannungen, Strukturveränderungen durch Wasseraufnahme und thermische Einwirkung) und äußere Spannungen (ausgelöst durch Erdfälle, Sprengungen, Klüfte) erfordern eine sorgfältige Registrierung und Analyse. Das gleiche gilt für Wasser- und Gasaustritte, Verwitterungserscheinungen und Störungen. Dem Geologen liegt, wie immer bei Beratungen im technischen Bereich, die Beibringung der erforderlichen Kennwerte (Gesteinsgewinn- und Bohrbarkeit, sonstige Voraussetzungen für den Geräteeinsatz, Gesteinsfolge usw.) ob. Er sollte daher über die technischen Vorkehrungen und Vorschriften informiert sein, um seine Untersuchungen darauf auszurichten.
Bei Tagebauen, angefangen von Sand- und Kiesgruben bis zu Tieftagebauen in Lockergesteinen spielen Neigung und Standsicherheit von Böschungen eine große Rolle. Schichteneinfallen zum Tagebau, tonige Einlagerungen und Störungen begünstigen den Einsturz von Böschungen und werden besonders nach Niederschlägen oder Erschütterungen ausgelöst (DOLEZALEK 1968). Bei Großtagebauen sind Laborversuche und Modellrechnungen (DÜRO 1968) für den zulässigen Böschungswinkel am Platze, die der geologischen Situation angepaßt werden müssen. Ein gemeinsames Anliegen von Geologie und Bergtechnik ist das Schachtabteufen. Aufschlußbohrungen informieren über das zu erwartende Gesteinsprofil, die Gewinnbarkeit der Gesteine, Wasserzuflüsse, Störungen, Hohlräume usw. Sind wasserführende Schichten mit großem Zufluß zu durchteufen, so greift man auf das Gefrierschachtverfahren zurück. Ein Gesteinsblock um den geplanten Schacht wird durch einen Ring von Bohrungen vereist (FRITZSCHE 1961, 1958, KALTERHERBERG 1955, KEIL 1959).

Literatur:

BENDEL, L.: Ingenieurgeologie. I. 2. Aufl., 832 S., 586 Abb. II, 832 S. 620 Abb., Wien 1949

BENTZ, A. u. MARTINI, H. J.: Lehrbuch der Angewandten Geologie. Geowissenschaftliche Methoden. S. 1357—2151, 302 Abb., 101 Tab., Stuttgart 1969

DOLEZALEK, B.: Beobachtungen in Rutschungsgebieten des Rheinischen Braunkohlenreviers. Fortschr. Geol. Rheinld. u. Westf., 15: 347—370, 11 Abb., Krefeld 1968

DÜRO, F.: Elektronische Berechnung der Standsicherheit hoher Böschungen nach im Geologischen Landesamt Nordrhein-Westfalen entwickelten Formeln. Fortschr. Geol. Rheinld. u. Westf., 15: 263—290, 4 Abb., 13 Tab., Krefeld 1968

FRITZSCHE, C. H.: Bergbaukunde I. 10. Aufl., 767 S., 574 Abb., 1 Taf.; II. 9. Aufl. 611 S., 549 Abb., Berlin 1961, 1958

HARTGE, K. H.: Die physikalische Untersuchung von Böden. 168 S., 45 Abb., Stuttgart 1971

HEITFELD, K.-H.: Bedeutung der Verkarstung für den Talsperrenbau. Jhe. für Karst- und Höhlenkunde, 2: 161—175, 11 Abb., München 1961

– Baugeologische Erfahrungen beim Vortrieb von Stollen im Rheinischen Schiefergebirge. Z. deutsch. geol. Ges., 114: 254—268, 2 Abb., 8 Tab., Hannover 1963

JAHNS, H.: Betriebsverfahren zum Erkennen und Beseitigen der Gebirgsschlaggefahr im Ruhrgebiet. Glückauf, 102: 245—253, 8 Abb., 1 Tab., Essen 1966

KALTERHERBERG, J.: Über gesteinsphysikalische Untersuchungen in einigen Gefrierschächten des Steinkohlenreviers und deren Bedeutung für Schachtbaufragen. Manuskript, 29 S. Archiv Geol. Landesamt Nordrhein-Westfalen 1954

KALTERHERBERG, J. u. REINHARDT, M.: Baugrundplanungskarten des Geologischen Landesamtes Nordrhein-Westfalen. Z. deutsch. geologisch. Ges., 114: 195—202, 4 Abb., Hannover 1963

KEIL, K.: Geotechnik. 3. Aufl. 1456 S., 1650 Abb., Halle (Saale) 1959

KEZDI, A.: Handbuch der Bodenmechanik. I, Bodenphysik. II Bodenmechanik in Erd-, Grund- und Straßenbau, III, Bodenmechanisches Versuchswesen. IV, Anwendung der Bodenmechanik in der Praxis. Berlin-Budapest 1973—1976

KOENIG, H.-W. u. HEITFELD, K.-H.: Über Notwendigkeit und Ausmaß geologischer Untersuchungen im Talsperrenbau. Geologie und Bauwesen, 28: 64—76, 6 Abb., Wien 1962

KÜHN-VELTEN, H., MEINICKE, K. u. WOLTERS, R.: Baugrund, Planen und Gründen. VDI-Nachrichten, 49: 4 S., 10 Abb., Düsseldorf 1962

NEUBER, H.: Setzungen von Bauwerken und ihre Vorhersage. 54 S., 23 Abb., 5 Tab., Verlag Wilhelm Ernst & Sohn, Berlin 1961

NIEMCZYK, O.: Bergschadenkunde. 192 S., 266 Abb., 6 Taf., 40 Tab., Essen 1949

Müller, L.: Der Felsbau. Stuttgart 1963
Schultze, E. u. Muss, H.: Bodenuntersuchungen für Ingenieurbauten. 2. Aufl., 722 S., 782 Abb., Göttingen 1967
Stini, J.: Tunnelbaugeologie. 366 S., 192 Abb., Wien 1950
Terzaghi, K. V.: Die Bodenmechanik in der Baupraxis. 585 S., 218 Abb., Berlin 1961
Wiegel, E.: Bericht über eine Auslandsdienstreise nach den Vereinigten Staaten im Jahre 1965. 78 S., Archiv Geol. Landesamt Nordrhein-Westfalen 1965
Zaruba, Q.: Ingenieurgeologie. 605 S., 384 Abb., 14 Tab., Berlin 1961
Zeitschrift für Felsmechanik und Ingenieurgeologie (früher Geologie und Bauwesen). Springer Verlag, Wien

## 2.9 Die wirtschaftliche Beurteilung geologischer Objekte in Berichten und Gutachten, Expertisen, Studien und Kartenwerken

Bei der wirtschaftlichen Beurteilung geologischer Objekte bleibt es selten bei einer mündlichen Beratung. Meistens schlägt sie sich in einem Gutachten oder Bericht, in einer Expertise oder Wirtschaftsstudie nieder und ist der Schlußbericht nach mehreren Zwischenbilanzen (Prefeasibilty-, Feasibility, und Cash flow-Studie). Sie sind als Grundlage für einen Kostenanschlag, Investitionen oder Zuschüsse erforderlich. Sie können nach verschiedenen Effizienzien ausgerichtet sein, nach der wirtschaftlichen (Verhältnis von Ertrag/Aufwand), finanziellen (Verhältnis Gewinn/Kapital), technischen (Verhältnis input/output, investierte Leistung/Ertrag) und Gesamteffiziens (Verhältnis Nutzen/Aufwand). Daneben gibt es noch eine andere Art der Kodifizierung geologischer Objekte: geologische Karten und Karten der nutzbaren Minerale und Gesteine, von Grundwasser, Boden, Baugrund und selbst Planungskarten bedeuten außer dem örtlichen Nachweis des Vorkommens eine Grundlage für Qualifikation, Nutzung und Priorität vor anderen Gegebenheiten. Dabei soll von militärgeologischen Karten (Wegsamkeits- und ingenieurgeologischen Karten) abgesehen werden.

Bei Gutachten unterscheidet man zweckmäßig zwischen solchen für Lagerstätten im engeren Sinne und zwischen solchen für andere geologische Objekte (Grundwasser, Baugrund usw.). Aber allen, letztlich ums Geld gehenden Äußerungen eines Geologen sollten eine einfache und klare Sprache sowie eine alle Interessen des Auftraggebers beantwortende Auskunft zugrunde liegen, gegebenenfalls in englisch und ohne wissenschaftliche Erörterungen. Beurteilungen mit emotionellen (glauben, hoffen, meinen) und unbestimmten (vielleicht, unter Umständen, anscheinend) Formulierungen sollte man vermeiden, statt dessen Zahlen und Maße sprechen und für die Beurteilung nur die Stufen „nachgewiesen", „wahrscheinlich" und „ausgeschlossen" gelten lassen. In der Darstellung und Interpretation eines lagerstättenkundlichen Objektes kann sich der Geologe souverän und klar äußern, zur technischen Realisierung der Umwandlung in ein verkaufsfähiges Erzeugnis aber anstelle der eigenen (meist unzureichenden) Vorstellung die geologischen Gegebenheiten sprechen lassen. Zur wirtschaftlichen Beurteilung (Investitions- und Kostenrechnung) sollte er für die überschlägige Kalkulation alle seiner Berufssparte zugänglichen Daten beisteuern, der genauen Kalkulation durch einen berufeneren Ingenieur oder Wirtschaftsfachmann nicht vorgreifen. Kosten der mehrjährigen Prospektions- und Explorationsarbeiten siehe Abb. 1. Die schriftliche Fixierung sollte nach den folgenden Stichworten für eine Erzlagerstätte als Beispiel vorgenommen werden.

1. Zusammenfassung (Vorgang, Ausführung, Ergebnis) und Empfehlungen
2. Auftrag in genauem Wortlaut, Auftraggeber, Termin für das Gutachten
3. Geschichte der Lagerstätte und Besitzverhältnisse, Bestehen, Lage und Dauer der Konzession
4. Geographische Situation, Lage und Art der Zugänglichkeit (Bahn, Straßen, Gewässer, Klima, Niederschlag, Morphologie, Grundwasser), Entfernung von Ortschaften, Häfen. Frostbodentiefe, Schneebedeckung, Vegetation
5. Geologie und Mineralvorkommen des weiteren Gebietes
6. Spezielle Geologie von Lagerstätte und Nebengestein:
   a) stratigraphische und tektonische Position, Form, Inhalt (Qualität und Quantität), Ausbildung und Form des Erzkörpers, Ausdehnung der Vererzung, Mineralbestand (Erz, Gangart, Körnung, Konsistenz), Lagerstättentyp und Genese, Teufenerstreckung, Stockwerke
   b) Geologische Dokumentation: Ausbisse, Schürfe, Bohrungen, Grubenaufschlüsse, Geophysik mit Skizzen für die Lokalisierung der Proben

## 2.9 Die wirtschaftliche Beurteilung geologischer Objekte

7. Probenahme, Beschreibung, Beschriftung, Art der Untersuchung (chemisch, mineralogisch, spektroskopisch usw.)
8. Analysenergebnisse. Aufführung, Mittelbildung, Auswertung
9. Erzqualität und Aufbereitbarkeit, Gehalte, Beimengungen, Verwachsung, Konsistenz usw.
10. Vorratsschätzung und -berechnung je nach Erkundungsgrad und Größenordnung
11. Technische Planung
    a) Abbaumethode, Geräte mit Mindestkapazität
    b) Aufbereitung, Ausbringen, Konzentrat
    c) Standort, Tagesanlagen, Baugrund, Wasser
    d) Transport, Art, Entfernung, Kosten
    e) Umweltschutz (Landschafts-, Grundwasser- und Luftschäden)
12. Wirtschaftliche Bewertung und Empfehlung
    a) Bewertung nach Betriebsdauer, Förderung, Verkaufsprodukt, Marktlage, Abgaben
    b) Empfehlung der Einstellung weiterer Untersuchungen oder Aufstellung eines Schürf- und Bohrprogrammes
    c) Rentabilitätsstudie
13. Anhang: Karten mit eingezeichneten Vorkommen und Konzessionen, Geologie und Profilen, Fotos, Tabellen

Für Wirtschafts (Feasibility) -studien muß ein technologischer Plan für Gewinnungsverfahren mit Anlagen und Maschinen vorliegen. Ihre Leistung, Dimensionierung und Lebensdauer, die Art und Menge von Betriebsmitteln sowie die Art und Anzahl von Arbeitskräften geben die notwendigen Kennziffern. Die Wirtschaftlichkeitsrechnung selbst erfolgt nach dem Prinzip der Diskontrechnung (GOCHT 1978), entweder nach der Kapitalwertmethode (Kapitalwert als Differenz von Erträgen und Kosten einschließlich Zinsen), nach der Annuitätenmethode (Aufrechnung von Jahreskosten und Jahreserträgen gegeneinander) oder nach der Gegenwartsmethode (Gegenwartswert entspricht dem Wert der noch vorhandenen Reserve bei jährlicher Verzinsung und Erlös in dem noch verbleibenden Betriebszeitraum).

Für jede Lagerstätte ist je nach Art und Metall für den industriellen Abbau eine Mindestreservemenge erforderlich (Tab. 7a und b), aus deren Erlös die Amortisation der Aufwendungen bestritten werden muß, worüber wiederholte Zwischenbilanzen Gewißheit verschaffen. Ebenso kommt einer Lagerstätte je nach Größe und Produktionskosten eine optimale Abbaumenge entsprechend einer Funktionskurve zu. Schließlich setzt die Bauwürdigkeitsgrenze dem rentablen Abbau Schranken. Sie kann pauschal für Erzlagerstätten (Tab. 6) angegeben werden, ist aber lagerstättenspezifisch und kann für die jeweilige Lagerstätte nur individuell nach spezifischen Kennwerten entsprechend der Gleichung G (in %) = $\frac{k \cdot 100}{Q \cdot a \cdot p}$ berechnet werden. Darin bedeutet G die Bauwürdigkeitsgrenze, k die jährlichen Betriebskosten, Q die jährliche Abbaumenge in t, a den Ausbringungskoeffizienten und p Verkaufspreis in DM/t (GOCHT 1978).

# 3. Geologische Erscheinungen als Unglücksfall und Streitobjekt

## 3.1 Absichtliche und unbewußte Täuschungen (Funde, Fehlbohrungen, Irreführung durch Wünschelrutengänger)

Die Versuchung, eine bauwürdige Lagerstätte nachzuweisen, ist besonders in Zeiten des Währungsverfalls und in alten Bergwerksgebieten groß. So gedachte der optimistische Besitzer eines auf Kupfer verliehenen Grubenfeldes, seinen Besitz in Inflationszeiten besonders günstig zu veräußern. Er war äußerst ungläubig und mißtrauisch, als ihm eröffnet wurde, daß es sich nur um Spuren von Kupfererzen handele, deren grelle Verwitterungsfarben dem auf einer Erhebung liegenden Grubenfeld zwar den Namen „Leuchtenberg" eingetragen hatten, aber doch nur auf einer minimalen, nur wissenschaftlich bemerkenswerten Vererzung beruhten.

Gerade hochwertige Vorkommen, wie die von Edelmetallen, reizen zu Täuschungen, indem man Funde oder höhere Gehalte durch „Impfen" oder „Salzen" (mit der „Goldpistole") an sich unhaltiger Böden und Gesteine mit der künstlichen Einbringung der gewünschten Metalle vortäuscht. In Australien und Transvaal täuschte man durch „Salzen" von Bohrkernen höhere Gehalte oder überhaupt Gold vor, so daß bei Schachtaufschlüssen die Gehalte viel geringer ausfielen oder (wie in Australien) eine Goldbergbaugesellschaft gegründet wurde, deren Aktien in London bereits gehandelt wurden, als sich herausstellte, daß kein reiches Gold-, sondern ein minderwertiges Kupfererzvorkommen vorlag (KRUSCH 1916).

Ein solcher, durch „Impfen" unternommener Täuschungsversuch ging im Dritten Reich bis zu GÖRING als Bevollmächtigten des Vierjahresplanes mit dem Ersuchen um Stellungnahme an die Preußische Geologische Landesanstalt. Die Bodenprobe, einem Schrebergarten in Berlin entstammend, hatte bereits die Staatliche Münze passiert, die einen merklichen Pt-

Gehalt festgestellt hatte. Pt im Spree-Alluvium gehörte zu den Vorkommen, die nicht sein können, weil es theoretisch nicht sein durfte. Eine Abschlämmung und Binocularuntersuchung ergab dann auch kleingehackten Platindraht, wodurch die Täuschung offenbar und die lagerstättenkundliche Absurdität in ihrer Richtigkeit bestätigt wurde.

Auch Salzbohrungen waren kein ungewöhnliches Täuschungsobjekt. Man verheimlichte das Einfallen der Schichten und gab nur die durchbohrte Mächtigkeit an, was bei den oft steil stehenden Schichten große Mächtigkeiten vortäuschte, weil selbst ein nur 50 cm starkes Kalisalzlager lange im Bohrprofil verblieb (KRUSCH 1916).

Braunkohlen gab man durch Trocknen einen höheren, oft auffälligen Heizwert, als wenn man sie grubenfeucht und verschlossen einsandte. Täuschungsversuche bei Goldseifen erfolgen durch Zusatz von Gold aus marinen Seifen (Goldkörner sind korrodiert und narbig) zu fluviatilen (Goldkörner sind glatt) Seifen und umgekehrt, durch Tränkung mit Goldsalzen und durch Zusatz von abgeraspelten Goldspiralen von Schmuckstücken, Versuche, die wohl der Vergangenheit angehören (KRUSCH 1916). Die Probenahme sollte man am besten selbst vornehmen.

Umgekehrt geben sich manche Finder von Mineralen und auffälligen Naturgebilden, von denen jährlich etwa 50 bei der Preußischen Geologischen Landesanstalt in Berlin vorsprachen, Selbsttäuschungen hin. Meistens waren es die goldgelb schillernden Blättchen von verwittertem Biotit („Katzengold"), Funken oder derbe Stücke von Schwefelkies, die für Gold gehalten, Schlacken, die als Erze angesprochen wurden, mißratene Glasflüsse, bizarre Feuersteine und andere Verkieselungen, in denen Knochen, Gesichter, Alraunefiguren u. a. gesehen und behutsam in Seidenpapier eingeschlagen oder schlicht in Zigarrenkisten verwahrt erwartungsvoll vorgezeigt wurden. Phantastische Deutungen hätten eher Glauben gefunden als die zutreffende, aber prosaische Erklärung willkürlicher Konfigurationen auf anorganischem Wege, so daß die Vorsprecher meist ungläubig, oft mißtrauisch und sogar feindselig, als ob man sie hintergehen wollte, die amtliche Stätte der Auskunft verließen.

Anlaß zu Unstimmigkeiten können fahrlässige oder unverschuldete Fehlbohrungen bilden. Da weichere Minerale (wie Salz und Kohle) als das Nebengestein im Bohrgut oft nicht auf-

fallen, sollte man die Bohrtätigkeit wegen des plötzlichen, rascheren Bohrfortschrittes unterbrechen. Erst in Gegenwart der Bergbehörde (bei Mutungsbohrungen) sollte die Bohrung als Kernbohrung weitergeführt werden, um einen Fund vorweisen zu können.
Zur Zeit der durch die lex GAMP (1906) angeregten Wettbohrungen gab es wiederholt betrügerische Kohlenfunde, die sich dank geologischer Unmöglichkeiten als Täuschungen erwiesen. In einigen Fällen wurde man angeblich im östlichsten Westfalen jenseits des Ausgehenden des Flözführenden fündig, aber nur weil Kesselkohle in die Bohrungen geworfen war. Kesselkohle mußte auch bei Serienbohrungen in einem Sattel- und Muldengebiet die Kohle vertreten, nur die gleichbleibenden Gasgehalte in Sätteln und Mulden machten stutzig. In einem anderen grotesken Fall legte man ein Pseudokarbonprofil vor, während in der fraglichen Tiefe nur Neo- und Mesozoikum anstand und die Kohlenproben schon vor der Fündigkeit mit Postpaket zur Post gegeben waren (KRUSCH 1916).
Gegen das Überbohren von Steinkohlenflözen schützt man sich (außer durch Brocken und Pulver von Kohle) durch die Beachtung verschiedener Anzeichen, marine und Wurzelhorizonte über bzw. unterm Flöz. Streitfälle können auch wegen zu geringer Kernlängen, besonders bei wenig widerstandsfähigen oder zertrümmerten Gesteinen entstehen. Man tut deshalb gut daran, ein Mindestkernausbringen im Bohrvertrag festzulegen.
Die Problematik der Wünschelrute und ihr umstrittener Ruf liegt in der geologischen Unkenntnis und Fahrlässigkeit mancher Wünschelrutengänger selbst. Ein Wünschelrutengänger braucht kein Geologe zu sein, muß aber mit geologischen Grundbegriffen vertraut sein, so daß er seine Rutenausschläge nicht als „Wasserader", Platin- und Kohlen-Vorkommen im Siegerland usw. oder als andere natürliche Unmöglichkeiten interpretiert. Denn der Wünschelruten-Effekt ist als physiologische Reizwirkung auf physikalische Unstetigkeiten im Untergrund eine Realität und reproduzierbar. Meine Erfahrungen mit Gutachten von Wünschelrutengängern waren im Einklang mit den von Geologen, Physikern, Biologen und Medizinern angestellten Versuchen überwiegend negativ. Aber ich war Augenzeuge, als Wünschelrutengänger unter Leitung von Prof. W. SCHÖNDORF, Hannover 1922 im Malm von Limmer bei Hannover Störungen und Kluftwasser geortet und mit verbundenen Augen bei er-

neuter Begehung reproduzierten. Ein unterirdischer Graben im Stadtgebiet von Hannover zeigte sich durch die Wünschelrute in der Hand von Ortsunkundigen sogar in einer fahrenden Straßenbahn an. Vielen Gegenstimmen zum Trotz kann ich einen Wünschelruten-Effekt (fast die Hälfte von Versuchspersonen reagierte mit der Wünschelrute) nicht leugnen, eine Interpretierung erfordert nur geologische Grundkenntnisse und eine auf Erfahrung gegründete vorsichtige Auswertung.

Es ist doch wohl die menschliche Unzulänglichkeit in der Interpretation, wenn wie bei der offiziellen Begehung des Siegerlandes durch Wünschelrutengänger auf Einladung der Preußischen Geologischen Landesanstalt 1923 utopische Interpretationen trotz aufgebotener vieler Spielarten der Wünschelrute (Zweiggabel, Metallrute, -spirale und -zylinder) auf Kohle, Platin, Wasser, wo keins war, gegeben wurden.

Als Differenzwerte sind die Wünschelruten-Ausschläge sehr empfindlich und bedürfen (wie geoelektrische Bohrlochmessungen) einer Eichung an einem erschlossenen oder mindestens allgemein bekannten Gesteinsprofil. Punktförmige Angaben der Wünschelrute sind an sich noch kein Beweis für ihre absolute Brauchbarkeit, wenn das Objekt (Erz, Kohle; Wasser in Schotterfluren, im Bausandstein usw.) eine ubiquitäre Verbreitung hat.

Zahlreich waren wenn nicht bewußte Täuschungen, so doch fahrlässige Irreführungen durch Wünschelrutengänger zum Schaden von Gemeinden, Firmen und Privaten. Je phantastischer die Voraussagen klangen, desto eher fanden sie Gehör und Geldgeber. Eine Gemeinde am nördlichen Harzrand wollte sich eine zentrale Wasserversorgung zulegen und wurde vom Wünschelrutengänger auf einen Bergsporn oberhalb des Dorfes verwiesen. Hier sollte in 78,15 m Tiefe eine vom Brocken her kommende, Täler und Höhen unterquerende „Wasserader" vorhanden sein, die artesisch aufsteigend das Dorf mit eigenem Gefälle versorgen würde. Das schmeichelte dem durch einen Lehrer besonders animierten Gemeindevorstand und dieser entschloß sich zu einer Brunnenbohrung von endgültigem, also großem Durchmesser, die durch die Niederbringung im Diabas besonders aufwendig war. Als über die angegebene Tiefe hinaus bis 90 m Teufe nur Tropfwasser anfiel, spielte der Wünschelrutengänger den überlegenen Experten. Er warf der Gemeinde vor, sie habe die „Wasserader" überbohrt und könne nun nicht mehr auf eine Wasserader rechnen. So geschröpft, bekam die Gemeinde

dennoch ihre Wasserversorgung aus ausgedehnten Kiesen eines aus dem Harz beim Dorf ins Vorland tretenden Flusses.
Eine ähnlich verlockende, durch Grundwasser mit eigenem Gefälle oberhalb des Versorgungsortes gekennzeichnete Situation veranlaßte eine kleine Stadt am Nordrand des Sauerlandes zu einem kostspieligen Stollenbau. Ein Wünschelrutengänger hatte einen halbinselartigen Bergrücken über der Stadt als Durchflußstelle eines vom Hochsauerland kommenden, Berge und Täler querenden Wasserstromes angegeben. Er sollte hier 70 m hoch überm Möhnetal bis 9—18 m unter der Tagesoberfläche aufsteigen und 500 bis 700 m³ täglich mit Gefälle zur Stadt liefern. Der im Querschnitt $1,8 \times 2,0$ m² messende Stollen war bereits 35 m im liegenden Karbontonschiefer vorgetrieben, als lediglich zufließendes Tropfwasser und (nach einem Gewitterregen) einmal 8 m³ Zufluß zu vermerken waren. Jetzt wandte sich die Stadt an den Geologen. Dieser konnte lediglich die Aussichtslosigkeit des Versuchsstollens feststellen. Denn der transgredierende (cenomane) Rüthener Sandstein setzt hier erst ein und umfaßt ein nur 1 km² großes Einzugsgebiet, das obendrein durch Nebentäler angezapft und dezimiert wird. Selbst durch die Verlängerung des Stollens auf 50 m würde man höchstens 30 anstelle der 700 m³ Wasser täglich gewinnen können.
Manche Wünschelruten-Angaben bestechen durch besondere (Schein-)Exaktheiten. So hatte die Brauerei in Bojanowo südlich von Posen auf ihrem Grundstück vergeblich nach Wasser gebohrt, bis ein Wünschelrutengänger eine ganz bestimmte Wasserader an einem Punkt auf dem Grundstück angab. Sie sollte in 44,25 m Tiefe von N nach S fließen und eine solche chemische Zusammensetzung aufweisen, wie sie der Herstellung von hellem Bier dienlich sei. Die Bohrung blieb wasserleer und konnte in dem hier verbreiteten und 120 m mächtigen Posener Ton schlechterdings auch nicht fündig werden. Erst tiefer erlauben Miozänsande eine Wasserentnahme.
Besonderes Pech hatte ein Wünschelrutengänger mit seiner Angabe einer höffigen Brunnenbohrung in Wielun an der oberen Warthe. In dem hier ausgebildeten mesozoischen Schollenmosaik gab es nur eine kaum 50 m breite Scholle aus Doggerton ohne Wasser inmitten sonst wasserreicher Schichten des Malm. Ausgerechnet diese hydrogeologisch sterile Scholle machte der Wünschelrutengänger namhaft, was der Stadt eine 80 m tiefe Fehlbohrung und der Geologie keine neue Erkenntnis eintrug.

Eine bereits in der Ausführung herostratische Tat war der Rat eines Wünschelrutengängers, in einem Zechsteingipszug am Harzrand ein Freibad anzulegen, was zu chronischen Undichtigkeiten führte.

Manchmal führt die Größenordnung eines eingespeisten Indikators zu nur vermeintlich richtigen Nachweisen. In der Lenne stand, wo sie den Massenkalkzug von Hohenlimburg quert, ein Schachtbrunnen für die städtische Wasserversorgung mit reichlichem Zufluß aus dem Spaltenwasser im Kalk. Ein 200 m oberhalb gelegener Friedhof sollte wegen gefährlicher Kommunikation des Talwassers unterm Friedhof mit dem Schachtbrunnen geschlossen werden. Dagegen erhob die Kirchengemeinde mit der Begründung Einspruch, daß bisher keine Grundwassergefährdung eingetreten sei. Der vom Gericht bestellte Gutachter versenkte auf dem Friedhofsgelände 20 kg Kochsalz und schloß, als der Salzgehalt des Schachtbrunnens sich nicht veränderte, auf eine Abdichtung gegen vom Friedhof kommendes Wasser. Auf dieser Basis ist jedoch der Beweis nicht zwingend, weil sich vom Friedhof nur eine geringe Wassermenge wegen der heterogenen (Lehm, Sand, Kies, Schotter) und absätzigen Talfüllung ausbreiten kann. Andererseits ist die Brunnenschüttung (70 l/sec) um drei Potenzen höher und ihre Schwankung an Cl-Gehalten (42 bis 64 mg/l) so groß, daß sich der Salzungsversuch gar nicht bemerkbar machte und machen konnte. Der Ausbau des Friedhofs begegnet daher keinen Bedenken, da die Talausfüllung keinen nennenswerten Durchfluß zum Schachtbrunnen gestattet; es sei denn, der oberhalb gelegene Friedhof erschiene hygienisch als ein möglicher Gefahrenherd.

Die Stadt Rawitsch in Polen mußte wegen ihrer zentralen Lage im Gebiet des Posener Tons auf die Wassergewinnung aus dem dem 9 km westlich liegenden Stauchmoränenzug des Warthestadiums mit beinahe in isoklinale Stauchfalten gelegtem Pleistozän ausweichen. Sie nahm dabei die völkerrechtliche Besonderheit in Kauf, ein im Ausland (Deutschland) liegendes Grundwasservorkommen in Anspruch zu nehmen, was trotz politischer Spannungen und Kriegsausbruch reibungslos verlief.

Ein Überbohren kann auch bei wasserführenden Schichten stattfinden, welche wegen der nachfolgenden Verrohrung verloren sind. Andererseits sollten außer Wasserzuflüssen, je nach Menge und Beschaffenheit, Spalten und grobkörnige Schichten dem Bohrmeister ein Signal sein.

Auch nicht zu ahnende Störungen der Wasserentnahme kommen vor. Eine Kreisstadt in der Kaschubei erlebte sie sogar in zweifacher Variierung. Das um die Jahrhundertwende errichtete Wasserwerk versagte infolge Verockerung der Brunnenfilter, so daß man die Wasserentnahme kurzerhand auf einen See am Stadtrand umstellte. Aber eines Tages versagte auch diese Quelle der Wasserversorgung, bis sich als Ursache herausstellte, daß die Kanalisation an der gleichen Stelle mündete und mit ihrem wachsenden Fäkalienberg die Entnahmestutzen für die Wasserversorgung verstopfte.

Umgekehrt können geologische Erscheinungen, weil bislang unbekannt, in den Verdacht geraten, ihre Entstehung künstlichen Manipulationen zu verdanken. So führte ein Grundwassertyp amtliche Sachverständige irre und konkretisierte sich zu einer falschen Stellungnahme in einem Rechtsstreit (MICHEL 1968).

Im Münsterland hat sich im Laufe der jüngeren geologischen Vergangenheit eine vertikale Zonengliederung von Grundwassertypen eingestellt. In höheren Bereichen sind verschiedene Erdalkaliwässer, in tieferen Bereichen chloridische Alkalitypen zu Hause. Eine 117 m tiefe Brunnenbohrung traf im nordöstlichen Münsterland bei Isselhorst ein derartiges alkalisches Grundwasser an, das der Brunneneigentümer in den Handel bringen wollte. Es entspann sich ein Rechtsstreit, in dem der Kläger behauptete, das angebliche Mineralwasser sei eine künstliche Lösung. Die Preußische Geologische Landesanstalt wurde bemüht, deren Chemiker das Fehlen freier Kohlensäure und die niedrigen Gehalte an K, Mg, S und Si feststellte und das Wasser deshalb als etwas „einzigartiges" qualifizierte. Der Landesgeologe schloß die Entstehungsmöglichkeit einer alkalischen Quelle aus und kam mit dem Chemiker zu dem Schluß, daß das Wasser „unmöglich natürlichen Ursprungs sein kann".

Alkalische Brunnenwässer waren schon 1905 in Westfalen bekannt und wurden 1927 auf „Seepflanzen früherer Epochen" zurückgeführt, in dem Rechtsstreit 1935 für unnatürlich erklärt, bis ihre Entstehung nach dem Kriege durch Ionenaustausch (Austausch der Calcium-Ionen im Poren- und Kluftraum toniger Mergel des oberflächennahen Grundwassers gegen die Na-Ionen des tieferen Grundwassers) geklärt wurde. Positiv zu vermerken ist der Sieg des Moralischen, denn im guten Glauben geschehene Irrtümer zeugen zwar nicht von fachlicher, aber von moralischer Unbescholtenheit.

Literatur:

Hesemann, J.: Über Geologie und Grundwasser in einer Stauchmoräne bei Rawitsch (Warthegau). Ber. Reichsamt f. Bodenforsch., Jgg. 1943. Berlin 1943
– Über die Grundwasserverhältnisse im Warthegau. Abh. Reichsamt Bodenforsch., 209. Berlin 1944
Krusch, P.: Gerichts- und Verwaltungsgeologie. Stuttgart 1916
Michel, G.: Grundwasser vom Natrium-Hydrogencarbonat-Chlorid-Typ im Nordosten des Münsterschen Beckens (Nordrhein-Westfalen). Bohrtechnik, Brunnenbau, Rohrleitungsbau, 19. Berlin 1968
Prokop, O. u. Wimmer, W.: Wünschelrute, Erdstrahlen, Radiästhesie. Geo-Taschenbücher, 2. Aufl., Stuttgart 1977

## 3.2 Vertragsverletzungen (Bohrungen, Lieferungen, Abbaugrenzen)

Bei allen Rohstoffen wirken sich ihre Eigenschaften und Qualität wegen der weiteren Verarbeitung, Konsistenz, etwaigen Aufschließung, Trennung von unerwünschten Bestandteilen und Verhüttung auf den Erlös aus. Deshalb sehen die Abnehmer auf genaue Angaben über Gehalte, erwünschte und unerwünschte Bestandteile, Verwachsungsgrad, Stückigkeit usw. und gewähren zwar Toleranzen, aber mit Zu- und Abschlägen. Für Rohstoffe haben sich daher Konditionen und Handelsmarken herausgebildet (z. B. für schwedische und spanische Eisenerze, Chromerze, Asbest, Schwerspat usw.), die vor allem auf chemischen Analysen, aber auch auf Herkunftsbezeichnungen beruhen. So färbte man Phosphate auch anderer Herkunft als grüne Ardennenphosphate grün ein, weil den Abnehmern grüne Phosphate vertraut waren. So sind Preiszuschläge (z. B. für Ag in Bleierzen) und Abzüge (für As, Cu, Pb, Se usw. als Beimengung in Bunt- und Edelmetallerzen) üblich und für prozentuale Gehalte festgelegt (Tab. 6). So sind Zuschläge (für Au, Ag, stellenweise Pb) und Abschläge (für As, Cu, Si, P, Ti meistens) üblich. Auch handelsübliche Gehalte sind prozentual festgelegt: Sb als Stückerz mit 60% Sb, Cr als Stückerz, 48% Cr, Bauxit als Al-Erz über 45%, als feuerfester Rohstoff kalziniert über 80% $Al_2O_3$, Flußspat je nach Verwendung 75—95% $CaF_2$. Man schließt deshalb Lieferungskontrakte ab, für die folgendes Muster genannt sei (Krusch 1916):

Angabe von Quali- und Quantität mit Gehaltsgarantie
Preis für 1 t Erz mit x% Metall cif Hafen
Zahlungsmodus
Gewichtsfeststellung, kaiamtlich am Entlöschungshafen
gemeinschaftliche Probenahme am Entlöschungshafen
Analyse durch ein bestimmtes Labor
Klausel bei Eintritt höherer Gewalt.
Trotzdem kann es Anlaß zu Differenzen geben. Der vereinbarte Mindestgehalt des Erzes wird nicht erreicht oder die Ladung wird wegen schädlicher Nebenbestandteile zurückgewiesen. Seitens der Grube wird deshalb die Lieferung ab Grube oder Heimathafen (cif) bevorzugt, weil das Risiko bei Beanstandungen wegen der Lager- und Rücktransportkosten am kleinsten (besonders bei Preisstürzen) ist.

Bei Glassanden geben überschrittene Toleranzen für die Gehalte von Fe, Mn und Ti Anlaß zu Beanstandungen, bei Feuerfestgesteinen die garantierte Feuerfestigkeit, bei Formsanden, deren natürliche Zusammensetzung oft nicht den gestellten Anforderungen entspricht oder ohne Streckung zu kostspielig ist. Bei Baurohstoffen vermißt man zuweilen die Klassierung von Sand und Kies durch exakte Aussiebung verschiedener Korngrößen und die Abtrennung von schädlichen (organischen, tonigen, kalkkonkretionären) Beimengungen. Die nicht berücksichtigte Frostgefährlichkeit von Sanden beim Straßenbau kann die Ursache für kostspielige Ersatzarbeiten sein.

Der unregelmäßige Verlauf und die Aufsplitterung einer Querstörung (Sprung) im Ruhrkarbon war die Ursache einer Gerichtsverhandlung. Eine Steinkohlengesellschaft beschuldigte ihre Nachbarin des unberechtigten Eindringens und Streckenauffahrens in ihr Feld, das durch einen Sprung begrenzt war. Tatsächlich war die Situation nach einer speziellen Streckenaufnahme durch die Aufsplitterung des Sprunges in Einzelstörungen unübersichtlich und das irrtümliche Auffahren über die Störung hinaus begreiflich, so daß beide Parteien einem Vergleich zustimmten.

Ein anderer Fall mit einem Formsand als Objekt gerichtlicher Auseinandersetzungen lag verwickelter. Ein Formsand vom Niederrhein stammte nicht aus dem lehmigen verwitterten Glaukonitsanden der oberen Schichten, sondern enthielt frischen Glaukonit aus einer Bohrung des unverwitterten Glaukonitsandes. Dieser konnte natürlich keine Formsandeigenschaften aufweisen, wurde daher beanstandet und erst nach Erteilung eines Patentes auf gemahlenen Glaukonit, der auch unverwittertem Glaukonitsand die spezifische bindige Konsistenz verlieh, fand die Beanstandung ihr gerichtliches Ende.

Manchmal sind Wortlaut und Auslegung eines Bohrvertrages bedeutungsvoller als die geologischen Verhältnisse. Eine Bohrfirma gab ein Angebot über eine 40 m tiefe Brunnenbohrung im ostwestfälischen Keuper ab mit einem festen Kostensatz für den laufenden Meter ausschließlich eines 40%igen Zuschlages bei Vorkommen von Felsen oder sonstigen harten Schichten. Der Auftraggeber errechnete daraus einen Gesamtpreis von 5000 DM und erteilte unter Mitteilung dieser Summe an die Bohrfirma den Auftrag. Die Bohrmannschaft bezeichnete die durchbohrten Schichten als weich und leicht bearbeitbar. Um so überraschter war der Auftraggeber über einen Zuschlag in Höhe von 754 DM und forderte eine geologische Stellungnahme an. Man muß sagen, daß die Bohrfirma den Auftraggeber in dem Glauben eines Bohrkostenbetrages von 5000 DM gelassen und sie darin durch die fehlende Zitierung von „Felsen" während der Bohrarbeiten bestärkt hat. Es erschien jedoch billig, der Bohrfirma für die tatsächlich durchbohrten festen Gesteinsschichten (wie der Hauptlettenkohlensandstein und kalkig-dolomitische Bänke des Unteren Keupers), wie sie im Weserbergland nun einmal vorhanden sind, eine gewisse Entschädigung über die normalen Bohrmeterpreise zu gewähren, zumal sie nicht außergewöhnlich hoch angesetzt waren. Allerdings dürften höchstens nur etwa 15 Bohrmeter bei dem Zuschlag Berücksichtigung finden, weil die festeren Gesteinseinlagerungen kaum die Hälfte der gesamten Schichtenfolge ausmachen und zudem teilweise nur wenig widerstandsfähig sind.

Die Vergabe eines Streckenabschnittes der Autobahn am Südrand des Ruhrgebietes an eine Tiefbaufirma führte zu einer Gerichtsverhandlung, weil die Firma nachträglich einen Zuschuß in Höhe einer sechsstelligen Zahl zur Bewältigung von nicht vermuteten besonders harten Gesteinsbänken verlangte. Die Ausschreibung hatte die Einlagerung von Kieselkalken und -schiefern im Unterkarbon nicht ausdrücklich berücksichtigt und war von einem Normalpreis für durch einen Räumer zu beseitigende Gesteine ausgegangen. Nun mußten die harten Gesteinsbänke durch aufwendige Sprengarbeit in zusätzlichen Arbeitsstunden gelöst werden. Sonderbarerweise wollte das

Gericht die Ermittlung der Arbeitsweise und des Aufwandes für die Beseitigung besonders harter Gesteine nicht nach dem gegenwärtigen, sondern nach dem Stand der Abraumgeräte vor 10 Jahren ausgerichtet wissen. Es hielt trotz des Einspruchs des Geologen, daß neue Arbeitsgeräte auch härtere Gesteinsbänke als vor 10 Jahren bewältigten, an dieser Bemessungsgrundlage fest. Das Gesteinsprofil ließ sich unschwer rekonstruieren, aber als Grundlage für eine richterliche Entscheidung für eine gar nicht vollzogene, da in der Technik zeitlich überholte Situation wohl nur bedingt verwenden. Der Einspruch bewirkte bei der vergebenden Behörde wegen des ungenau ausgeschriebenen Gesteinsprofils und bei der Tiefbaufirma wegen eines fehlenden Vorbehaltes für aufwendige Gesteinsarbeit eine Revision der Einsichten und führte zu einem Vergleich.

Die Geschäftsmoral ist bei Erzlieferungen mitunter angekränkelt. Bei Preisstürzen, aber auch Bluffversuchen pflegen sich die Beanstandungen wegen angeblicher kleiner Differenzen zu häufen. So wies ein Abnehmer eine Ladung Kupfererz wegen des unterschrittenen Minimalgehaltes zurück, wobei er wohl das Risiko der hohen Schiffs- und Bahnfrachtkosten bei der Rücknahme für den Verkäufer in Rechnung stellte. Die Grube war aber kapitalkräftig genug, um einen Prozeß anzustrengen und erlebte zu ihrer Überraschung, daß die Erzsendung bereits weiter verkauft, die fiktive Zurückweisung also lediglich zur Erzielung von Preisabschlägen gedacht war (KRUSCH 1916).

Letztlich war auch ein Preisabsinken für Wolfram der Grund für die Zurückweisung einer australischen Wolframitsendung mit 66,8% $WO_3$ wegen eines angeblichen Scheclitgehaltes, weil die gemeinsame Verhüttung von Wolframit und Scheelit schwierig ist und deshalb Preisabschläge bedingt. Sowohl die chemische als auch die magnetische und mineralogische Untersuchung ergab 2,5% Scheelit. Ein Sachverständiger wies darauf hin, daß es australischen scheelitfreien Wolframit nicht gäbe und daß 2,5% Scheelit die Verarbeitung nicht beeinträchtige, zumal der Wolframgehalt mit 66,8% höher als der vertraglich festgelegte Gehalt von 65% $WO_3$ sei. Nachdem das Gericht festgestellt hatte, daß der Abnehmer das gleiche Erz bisher mit Vorteil verwertet hatte, wurde die Beanstandung abgelehnt (KRUSCH 1916).

Bei Lieferungsverträgen wird die vorgegebene Leistungsfähigkeit absichtlich oder unbewußt überschätzt, so daß der Abnehmer, der sich mit seinen Verarbeitungsanlagen auf eine kontinuierliche

Belieferung eingerichtet hatte, finanziell geschädigt wird. Eine Schwefelkiesgrube mit mehreren Lagern hatte einen Lieferungsvertrag über 10000 t Schwefelkies jährlich mit mindestens 30% Schwefel auf 6 Jahre abgeschlossen, als sich bei einem Direktionswechsel herausstellte, daß die Gewerkschaft höchstens einen Bruchteil der zugesagten Menge liefern oder nur mit einer hohen Zubuße den Vertrag hätte erfüllen können. Sie bot daher dem Abnehmer eine jährliche Entschädigung von 10000 Mark an, was auf Grund eines geologischen Gutachtens auch beiderseits angenommen wurde (KRUSCH 1916).

Im pleistozänen Vereisungsgebiet beabsichtigte der Besitzer eines „Steinwerkes" auf Grund mehrerer in der geologischen Karte ausgewiesener Endmoränen seinen Betrieb durch eine parallele Gewinnungsanlage zu erweitern. Bei der Inangriffnahme sah er sich in seiner Vermutung getäuscht und holte ein geologisches Gutachten ein. Schürfe durch acht Endmoränenteilstücke ergaben jedoch entweder eine nur auf die Oberfläche beschränkte Bestreuung oder nur eine unwirtschaftliche Geschiebeanhäufung mit einem sechs- bis achtfachen Abraum. Seine Fehlbeurteilung ließ sich durch die als Endmoränen auf der geologischen Karte eingetragenen Eisrandlagen nicht rechtfertigen, da die geologische Karte alle genetisch einheitlichen Bildungen während einer längeren eiszeitlichen Stillstandslage als Endmoräne darstellt, also einen genetischen und keinen wirtschaftlichen Begriff oder lediglich Blockanhäufungen damit verbindet (KRUSCH 1916).

Änderungen der Mächtigkeit, im Streichen, Fallen und Teufeunterschiede können über die wirklichen Vorräte täuschen und die Einhaltung von Lieferverträgen, die Rentabilität und den Börsenkurs gefährden. Man tut deshalb gut daran, mindestens $1/5$ der Vorräte fertig zum Abbau vorgerichtet zu haben, damit eine angemessene Lieferzeit verbürgt ist. Man darf sich auch nicht durch die reichere Erzführung in der Oxydations- und Zementationszone über der gewöhnlich ärmeren primären Erzführung täuschen lassen. Auch eine starke eluviale Bestreuung, wie sie bei Wolframerzgängen mit ihrer harten Gangfüllung als Verwitterungsrückstand vorkommt, sollte über die meist geringe Erzführung der Gänge nicht hinwegtäuschen. Die subjektiv beeinflußte Probenahme bevorzugt oft die reichere Erzführung, ein falscher Eindruck, der durch Erzfälle, Bonanzas, Adelsvorschub usw. noch gesteigert werden kann. Auch ein Einschieben und wechselndes Einfallen einer Lagerstätte in einem Felde ist in den

Bereich der Möglichkeit zu ziehen, wenn, wie es vorgekommen ist (KRUSCH 1916), dadurch der tiefere Teil einer Lagerstätte ins Nachbarfeld fällt und die Lieferfähigkeit der Grube beeinträchtigt wird.

Literatur zu 3.1 und 3.2:

CALLOT, F.: Die Mineralstoffe der Welt. Produktion und Verbrauch. Essen 1976
DOLEZALEK, B.: Nutzbare Lockergesteine in Nordrhein-Westfalen. Krefeld 1978
GOCHT, W.: Handbuch der Metallmärkte. Berlin 1974
KRUSCH, P.: Gerichts- und Verwaltungsgeologie. Stuttgart 1916
LAFONT, ST. J. (Herausgeber): Industrial Mineral and Rocks. 4. Aufl., New York 1975
Metallgesellschaft Aktiengesellschaft: Metallstatistik 1964—1974. 62. Jahrgang Frankfurt/M. 1975
VOGLER, H.: Nutzbare Festgesteine in Nordrhein-Westfalen. Krefeld 1977
Zeitschriften:
Metal Bulletin, London
Metals Week, New York
American Metall Market
Engineering an Mining, New York
Metall, Berlin
Metall und Erz, Stuttgart
Skillings Mining Review, New York

## 3.3 Grundwasserschädigungen (Ölunfall, Immission, Entziehung)

Weitere Industrialisierung, höhere Ansprüche und Siedlungsdichte waren Ursachen für eine Gefährdung des Grundwassers. Das Gesetz zur Ordnung des Wasserhaushaltes vom 27. 7. 1957 als Rahmenvorschrift des Bundes sah deshalb über die Bestimmungen des preußischen Wassergesetzes vom 7. 4. 1913 hinaus einen besonderen Schutz des Grundwassers (Gesetz zum Schutz des Wasserhaushalts vom 27. 7. 1957, Wasserhaushaltsgesetz) vor. Daneben gelten bis zum Erlaß von Landeswassergesetzen Übergangsgesetze zur Ausführung des Wasserhaushaltsgesetzes (wie das für Nordrhein-Westfalen vom 24. 2. 1960). Vorschriften zum Schutz gegen Luftverunreinigung und zur Lärmbekämpfung haben der Bund mit seinem Gesetz zur Änderung der Gewerbeordnung und Ergänzung des BGB vom 22.12.1959 und (als Beispiel für ein Landesgesetz) Nordrhein-Westfalen durch das Gesetz zum Schutz vor Luftverunreinigung, Geräuschen und Erschütterungen (Immissionsschutzgesetz) vom 30.4.1962 erlassen. Kleine Emittenten sind davon nicht betroffen, wohl aber große Verursacher mit Aufbereitungsanlagen, Anlagen zur Lagerung, Verladung, Transport von Erz, Kohlen, Halden, außerdem Geräte mit merkbarem Geräuschpegel wie Ventilatoren, Preßluftwerkzeuge, Kompressoren und Rüttelapparate. Unter Bergaufsicht stehende Anlagen werden von der Bergbaubehörde, alle übrigen vom Gewerbeaufsichtsamt kontrolliert. Pegelmessungen für Geräusche sind den Kommunalbehörden auferlegt. Insgesamt gelten Zuwiderhandlungen als Verwaltungsunrecht und werden mit Geldbußen geahndet. Erwähnt sei auch das Gesetz über die Beseitigung von Abfällen vom 7.6.1972, wie es beispielsweise für Nordrhein-Westfalen erlassen ist.

Der Geologe ist angesichts dieser Rechtsvorschriften angesprochen, wenn der Boden oder Untergrund mit seinen Gesteinen und Bodenschätzen betroffen sind. Zu den häufigen Fällen zählen Ölunfälle, durch die Gewässer und Grundwasser gefährdet sind. Poröse und klüftige Gesteine begünstigen die Versickerung. Anzeichen für Umfang und Richtung ergeben sich aus dem oberflächlichen Gefälle und dem Schichteneinfallen und können durch Schürfe oder Bohrungen nachgeprüft und umgrenzt werden. Einige Beispiele mögen Situation und Behebung veranschaulichen.

In 7 m mächtigen Sanden und Kiesen der Niederterrasse des Rheins liefen 150 000 l Öl aus, ehe die Schadensstelle an einer Rohrleitung gefunden wurde. Das Öl war dem Gefälle zum Rhein folgend in 230 Tagen 130 m weit vorgedrungen. Aus Bohrungen wurden nach Steigerung der Pumpenleistung auf 8 bis 15 m³/h in 18 Monaten etwa 50 000 l Öl wiedergewonnen (SEMMLER 1970).

Ein undichter Öltank in Essen verlor 800 l Öl in 3 m mächtigem Pleistozän über turonem labiatus- Mergel. Das Grundwasser des Mergels folgte den Tälern des Stadtkerns, so daß Bohrungen im Gefälle des Grundwassers angesetzt werden konnten. Das Öl brauchte drei Monate für eine 110 m lange Wanderung und trennte sich dabei vom Grundwasser, indem es Klüfte im Mergel über dem Grundwasser besetzte. 330 Tage wurde mit dem Erfolg gepumpt, daß ölfreies Wasser in immer längeren Pausen gefördert wurde, so daß man auf endgültige Ölbeseitigung in vier Wochen hoffte (Semmler 1967).

3000 l Öl aus einem Tank nahmen ihren Weg durch die Verwitterungszone („Hoddel") des Karbons und traten auf 150 m Länge in einem tiefer liegenden Bach aus. Es dauerte über 18 Monate, bis das Öl in einem Ölabscheider gesammelt war und der „Hoddel" das Öl freigegeben hatte (Semmler 1967).

Schneller als Hilfsmaßnahmen war eine Ölversickerung aus einem undichten Tank über dem Grubengelände eines Steinkohlenbergwerkes mit zutagetretendem Karbon in Sattelstellung. Drei Bohrungen von je 15 m Tiefe erreichten das Öl nicht mehr, das auf Klüften offenen Grubenbauen oder dem alten Mann zugeflossen war (Semmler 1967).

Grundwasserverunreinigungen aus anderen Ursachen sind ebenso zahlreich wie mannigfaltig, wie Beeinträchtigungen durch Deponien, undichten Kläranlagen, Abwässer, Halden, pyrithaltige Bahndamm-Aufschüttungen usw. beweisen (Semmler 1960a).

Auch warmes Kühlwasser (20°) kann sich außer chemischen Veränderungen (Auslaugung von Bodenschichten) durch Erwärmung des Grundwassers auswirken. Es bildet einen Infiltrationskegel und verdrängt das kältere Grundwasser. Zugleich gibt das Kühlwasser Wärme an den durchströmten Grundwasserleiter ab, bis dieser die Einleitungstemperatur angenommen hat. Danach findet nur noch eine geringe Wärmeabgabe an die hangenden Bodenschichten statt. Die Aufwärmung des Grundwassers setzt sich stromabwärts so lange fort und ist erst beendet, wenn das aufgewärmte Grundwasser zum Vorfluter entwässert (E. u. H. Schneider 1974).

Gewollte Immissionen betreffen die Versenkung von Sole, Laugen und Chemikalien. Mit Erfolg hat man die Endlaugen der Kaliindustrie (teilweise 40%ig) jahrzehntelang, wenn nicht direkt in Schächte und ersoffene Salzbergwerke, mittels Schluckbrunnen (oft mehrere 100 und in USA bis 3600 m tief) in schluckfähige Gesteine (Gipshut, Plattendolomit, Trochitenkalk) versenkt (bis 20 Mio. m³/a). Voraussetzungen für die Versenkung sind große Verbreitung, Porosität und Permeabilität des Schluckgesteins. Die Einpressung hat wie die Grundwasserentnahme den Lagerstättendruck, unter dem das Kluft- und Porenwasser steht, zu überwinden und ist nach der Leistungsmenge je Zeiteinheit und Absenkung zu bemessen. Physikalisch-chemische Umsetzungen der versenkten Sole mit dem Speichergestein und dem Formationswasser sowie Mikroorganismen können die Poren verstopfen. Die Versenkung muß durch Beobachtungsbrunnen laufend überwacht werden.

Trotz jahrzehntelanger Einleitung kommt man in dichtbesiedelten Gebieten von Immissionen ab, um die Trinkwasserversorgung, Heilquellen, Land- und Forstwirtschaft durch Wiederaufsteigen der versenkten Laugen nicht zu gefährden. Der volksmäßige Vorrang muß entscheiden. Ein Ausweg über die Einleitung in Flüsse dürfte heute schwieriger als zuvor sein.

Das Einleiten von Abwasser in den tiefen Untergrund wird bei der Überlastung unserer Vorfluter mit Fremdstoffen als Ausweg erwogen. Es wird nach dem Abwasserabgabengesetz gegen Gebührenfreiheit dem Abwasserproduzenten zugestanden, wenn die Untergrundschichten für Trinkwasser ungeeignetes Grundwasser enthalten.

Sowohl das Grundwasser für Trinkwasserzwecke als auch Heilquellen sind gesetzlich geschützt. Der DVGW (Deutscher Verein des Gas- und Wasserfachs) hat 1961 Richtlinien für **Trinkwasserschutzgebiete** herausgegeben.

Die Bemessung und Gliederung der Schutzgebiete für Heilquellen richtet sich nach den Richtlinien für **Heilquellenschutzgebiete** von 1975. Die Bestimmungen sind spezifischer und schärfer gefaßt, weil außer der Beschaffenheit, Ergiebigkeit und des Typs der Heilquellen auch ihr Entstehungsherd und Wanderweg (manchmal mehrere 10 km) bei der Festsetzung der Schutzzonen Berücksichtigung finden müssen.

Diesen Vorschriften kann der Geologe oft nur mit verhältnismäßig großem Zeitaufwand für die Beschaffung von Unterlagen oder in nur unzureichendem Maße Folge leisten. Die Realisierungsmöglichkeit der **Kriterien für die Schutzzone** ist vom Gesetzgeber anscheinend übersehen worden. Die „parzellenscharfe" Festlegung der Schutzzonen seitens der Juristen und die 50-Tage-Linie für das Absterben von Bakterien (wenige überdauern bis zu 90 Tagen im Grundwasser!) der Hygieniker ist manchmal ebensowenig zu erfüllen, als „Verfahren zur Festlegung von Wasserschutzgebieten so schnell wie möglich einzuleiten und zügig durchzuführen sind". Nicht selten widerlegen Launen der Natur plausible Schlüsse aus der geologischen Interpretation mangelhafter Aufschlüsse. So erwiesen sich mächtige tonige Deckschichten doch als durchlässig und gefährdeten die

Schutzzone II, in einem anderen Fall war die Ergiebigkeit größer als das vermutete Einzugsgebiet leisten konnte, in einem weiteren Fall wurde ein Brunnen trotz seiner abdichtenden Deckschicht durch eine nur zu vermutende, besondere wasserwegsame Störung bakteriologisch verseucht (HAGELSKAMP u. MICHEL 1972). Bei Schadensfällen für die Grundwasserentnahme ist eine **Beweissicherung** durch Klärung der hydrogeologischen Verhältnisse oder zusätzliche Untersuchungen geboten, welche durch Protokolle von allen Beteiligten anerkannt werden. Eine Dokumentation vor der Verwirklichung von Vorhaben erleichtert eine reibungslose Abwicklung (KRAUSHAAR-MÜLLER 1971).

Literatur:

HAGELSKAMP, H. u. MICHEL, G.: Zur Problematik der Abgrenzung der Schutzzone in Kluftaquifers. Z. deutsch. geol. Ges., 123: 89—103, 6 Abb., Hannover 1972

HOPPE, W.: Grundlagen, Auswirkungen und Aussichten der Kaliabwasserversenkung im Werra-Kaligebiet. Geologie, 11: 1059—1086, 8 Abb., 8 Tab., Berlin 1962

KRAUSHAAR-MÜLLER, G.: Hydrologische Untersuchungen. Straße - Brücke - Tunnel. Berlin 1971

MICHEL, G.: Ist das Versenken von Sole in Heilquellenschutzgebieten zweckmäßig und zu verantworten? Heilbad und Kurort, 1977. Gütersloh 1977

SCHNEIDER, E. u. SCHNEIDER, H.: Aufwärmung des Grundwasserleiters durch Einleitung von Kühlwässern. Wasser u. Boden, 26: 337—340, 4 Abb., Hamburg 1974

SEMMLER, W.: Ölunfälle im Ruhrgebiet. Haus der Technik, Vortragsveröffentlichungen, 195: 41—52, 20 Abb., Essen 1967

– Ölunfall in lockeren Sedimenten. Haus der Technik, Vortragsveröffentlichungen, 266: 13—19, 7 Abb., Essen 1970

– Verdorbenes Grundwasser. Schlägel und Eisen, 1960: 534—541, 8 Abb., Düsseldorf 1960

## 3.4 Bergschäden (auch Pseudobergschäden) und ihre Abgeltung

In den meisten Ländern, so besonders hart im Allgemeinen Berggesetz für die preußischen Staaten vom 24.6.1865 (§ 148), wird der Bergwerksbesitzer dem Grundeigentümer gegenüber zum vollen Ersatz von Bergschäden verpflichtet „ohne Unterschied, ob der Betrieb unter dem beschädigten Grundstück stattgefunden hat oder nicht, ferner ganz gleichgültig, ob die Beschädigung vom Bergwerkbesitzer verschuldet ist, und ob sie vorausgesehen werden konnte oder nicht". Der ursächliche Zusammenhang zwischen Bergbau und Schäden an der Tagesoberfläche wird als Kriterium des Bergschadens betrachtet. In Streitfällen kann sich das Gericht Sachverständiger bedienen, deren Ansicht folgen oder sich ein eigenes Urteil bilden. Eine Berufungsmöglichkeit gibt es nur beim Landgericht, im weiteren Instanzenzug nur bei rein rechtlichen Zweifelsfragen.

Zur Ermittlung von Boden- und Gebirgsbewegungen bedient man sich markscheiderischer Feinnivellements mit Hilfe von Meßlinien oder seltener (bei gestörten Lagerungsverhältnissen und Pfeilerbau) von Flächenrosten. Messungen und Vermarkung sollte man tunlich, wie bei Grundwasserspiegelmessungen, vorher (hier vor Beginn des Bergbaus) ausführen, um unbeeinflußte Werte zu erhalten. Die Einwirkung von Abbauen auf die Erdoberfläche äußert sich in einem Senkungstrog in Form eines abgestumpften Kegels über dem Abbaufeld, dessen Seitenflächen mit der Waagerechten den Grenzwinkel bilden und den „Nullrand" markieren. Der Winkel zwischen der Waagerechten und dem steilen Schenkel zur Bruchkante über Tage im Zerrungsbereich ist der Bruchwinkel (Abb. 2).

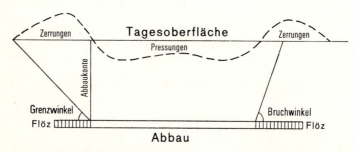

Abb. 2  Die Auswirkungen bergbaulicher Senkungen nach der Trogtheorie von LEHMANN

Bezüglich des Mechanismus der Bodenbewegung folgt man der Trogtheorie von LEHMANN, welche aus den fünf Bewegungselementen der Senkung, Verschiebung, Längenänderung, Schieflage und Krümmung Pressungen über dem Abbau und Zerrungen auf den Flanken bis zum Bruchwinkel erklärt. Man kann heute Vorausberechnungen der zu erwartenden Bewegungen anstellen, Abbauschäden an der Tagesoberfläche verhindern oder beherrschen. Über einfallenden Flözen wandert das Senkungsmaximum zum ansteigenden Flözflügel. Senkungen können bei Gesteinen mit hohem Durchbiegungsvermögen durch Gewölbebildung abgefangen werden, bis es durch die Vergrößerung der Abbaufläche zum Bruch kommt. Tektonisch spiegeln sich bei einem Grabenbruch die Zerrungen auf den Flanken durch Sprünge, die Pressungen in der Mitte durch Ver-, Auf- und Überschiebungen wider. Ist eine der Bewegungskomponenten, z. B. die Senkungskurve, bekannt, so kann man die übrigen Kurven für Schieflage, Krümmung, Verschiebung und Längenänderung bestimmen und die zu erwartenden Bewegungsvorgänge vorausberechnen. Man kann sie damit beherrschen und, wie z. B. dem Duisburger Hafenbecken mit seinen Schleusen, die erwünschte und notwendige gleichmäßige Absenkung bringen.

An der Tagesoberfläche bewirken Bergschäden Pressungs- und Zerrungsrisse an Gebäuden, Schäden an Rohrleitungen, Straßen und Bahnanlagen bis zu Trichterbildungen und klaffenden Spalten, können aber auch Grundwasserstörungen bedingen. Sie führen durch Wasserentziehung und Versumpfung zu Vegetationsschäden. Heute ereignen sich Bergschäden des Grundwassers in Gebieten mit bereits (durch Flußregulierungen, Kiesgewinnung, Wasserentnahmen durch Industrie und Gemeinden) gestörten Grundwasserverhältnissen. Man tut deshalb gut, sich über den status quo des Grundwasserstandes vor dem Beginn des Bergbaus zu informieren.

Wie bei der Wassergewinnung bildet sich bei Absenkungen durch Tage- und Tiefbau ein Absenkungstrichter, dessen Form von der Absenkungstiefe und der Durchlässigkeit der beanspruchten Schichten abhängt. Je gröber und klüftiger das Gestein, desto flacher und ausgedehnter sind die Trichterformen. Zur Ermittlung der Reichweite (R) des Trichters gibt es eine Formel $R = 3000 \times h$ (Absenkungstiefe) $\times \sqrt{k}$ (Durchlässigkeitsbeiwert in m/sec).

Mit der Grundwasserabsenkung ist auch eine Bodensenkung allein durch den Wasserentzug oder auch zusammen mit der Wegführung löslicher und feinkörniger Bestandteile verbunden. Auch hierbei werden die Pressungsbeträge um die Entnahmestelle durch die Zerrungen auf den Flanken des Absenkungstrichters kompensiert. Die Setzungskurve läßt sich berechnen (ROM 1939). Bei Bergschlägen und Senkungen können Bergschäden kostspielige Aufwendungen nach sich ziehen. Mit vorbeugenden Maßnahmen sucht man daher voraussichtlichen Senkungen und Bergschlägen zu begegnen. Pflaster- und Betonstraßen sucht man durch Fugen mit Plastikmasse gegen Verschiebungen zu sichern, Mauerwerk durch Dehnungsfugen, Leitungsrohre durch Sondermuffen, Überschieber, Flanschen und Gummidichtungen, Elektrokabel durch Einbringung von Windungen usw. Die Behebung von Kanalisationsschäden ist besonders aufwendig, wenn in krassen Fällen der Vorfluter mit neuem Gefälle versehen werden oder der gesunkene Teil durch eine Polderanlage und Pumpen entwässert werden muß. Bergschäden bei Eisenbahnen werden in leichten Fällen durch erneutes Schotterstopfen, in schwierigen Fällen durch Hebung des Bahnkörpers und Aufstockung von Brücken, früher durch Sicherheitspfeiler und später durch planmäßigen, „harmonischen" Abbau reguliert. Man strebt große streichende Baulängen an, vermeidet zeitliche Abbauunterbrechungen, sieht beim Abbau mehrerer Flöze auf eine Staffelung der Abbaugrenzen und versucht eine ausgleichende Deckung des jeweiligen Pressungs- und Dehnungsbereiches von benachbarten Senkungsmulden.

Ein 4 m mächtiges klastisches Quartär reichte aus, um Brunnen und Feldfrucht eines Bauernhofes mit Feuchtigkeit zu versorgen. Als jedoch ein Steinkohlenbergwerk 1959 einen Eisenbahneinschnitt im Gelände anlegte, versiegten die Brunnen und Mindererträge stellten sich ein, Erscheinungen, die man der Zeche anlastete. Aber aus einigen bereits einige Jahre vorher bestehenden Brunnen mit monatlicher Ablesung des Grundwasserstandes ergab sich ein Absinken des Grundwasserspiegels, bis alle Brunnen und 41 neue Bohrungen bis 5,4 m Tiefe trocken fielen. Da einige Beobachtungsbohrungen auch oberhalb des Einzugsgebietes standen, konnte der Eisenbahneinschnitt nicht die Ursache sein, sondern war vielmehr in der Niederschlagsarmut des Trockenjahres 1959/60 als ein scheinbarer Bergschaden zu suchen (SEMMLER 1961 b).

Anders waren dagegen starke Zerfallserscheinungen an Betonrohren einer städtischen Kanalisation zu erklären, für die ein Steinkohlenbergwerk wegen seiner sulfathaltigen Kokereiabwässer (nach § 148 des Allgemeinen Berggesetzes) haftbar gemacht werden sollte. Der aus Löß und sandiger Mittelterrasse bestehende Untergrund beförderte sowohl sulfathaltige Abwässer der ehemaligen Kokerei wie die neutralisierenden Wasseraustritte einer undichten Kläranlage, deren Zusammentreffen die Ursache komplizierte. Aber Chemismus und Wanderweg machten, wie Bohrungen darlegten, die betonaggressiven Abwässer aus der Kokerei als Bergschadenverursacher namhaft (SEMMLER 1960 b). Grundwasser kann aber durch undichte Kläranlagen, Deponien, Halden, pyrithaltige Bahndammaufschüttungen usw. beeinträchtigt werden (Beispiele bei SEMMLER 1960 a).

Zu Schäden an Straßen und Bauwerken führen auch Erschütterungen durch den Verkehr, durch Sprengungen sowie rotierende und stoßende Maschinen. Intensitätsmessungen sowie die seismische Registrierung künstlicher Sprengungen können Herd und Ausmaß der Erschütterung feststellen. Auch Schwingungsmesser sind konstruiert. Wiederholte Schwingungen verdichten einen Sandboden um ein Vielfaches rascher als eine einmalige statische Belastung und erzeugen auch viel höhere Setzungsbeträge. Sprengungen in Teufen über 60 m und über Entfernungen von mehr als 100 m vom Sprengpunkt verursachen keine Schäden an Bauwerken; nur bei sehr geringen Teufen und in Steinbruchbetrieben besteht die Gefahr von Schäden.

Die Normalsenkungskurve (Senkungstrog) hat die Form einer Sinuskurve, das heißt, die Senkung beschleunigt sich vor und verlangsamt sich nach einem Maximum. Nach dem Betrag der Senkung kann man durch Linienzüge für Bahn und Wasserstraßen, mit Punktnetzen für Ortschaften auch spezielle Schutzmaßnahmen bestimmen (Dammerhöhung für Kanäle und Flüsse, Aufstockung von Brücken usw). Absenkungsvorgänge machen sich (vereinfacht gesehen) an der Tagesoberfläche mit zunehmender Abteufe, Abbaufortschritt und Güte des Versatzes verzögernd bemerkbar. Die Senkungskurve paßt sich allgemein der Abbaukurve an. Die Absenkung erreicht nach NIEMCZYK (1949) innerhalb von zwei bis sechs Jahren ihren Höhepunkt und klingt nach zehn Jahren ab, während nach FRITZSCHE (1958) die Vollsenkung nach einem Jahr 75%, nach zwei Jahren 90% beträgt. Die Abgeltung von Bergschäden richtet sich für landwirtschaftliche Grundstücke bei Vollschaden nach dem entgangenen Reinertrag, bei Teilschaden nach dem Ausfall der jeweiligen Feldfrüchte und erschwerter Bodenbearbeitung. Bei Forstschäden bemißt sich die Abgeltung nach der Holzart, Klassifizierung des

Baumbestandes und dem Bestandsalter. Bleibende Schäden werden durch einen einmaligen Betrag des Minderwertertrages abgegolten.
Die Abgeltung von Bauwerksschäden bezieht sich auf ihre Beseitigung und eine Entschädigung wegen des Minderwertes, hervorgerufen durch erhöhte Unterhaltskosten, verkürzte Lebensdauer, Schieflage und verringerten Handelswert des Gebäudes. Im Waldenburger Kohlenrevier war der Gebäudewert durch die Instandsetzungsarbeiten sogar gestiegen, wie das Gericht gegenüber Minderwertansprüchen einiger Hausbesitzer befand.
Von mehreren Bergwerksbesitzern gemeinsam verursachte Bergschäden werden am einfachsten nach dem Verhältnis der durch die Abbaue mehrerer Bergwerke geschaffenen Hohlräume (Schadenraummeter) hinsichtlich der Kosten aufgeteilt.
Ringöfen versieht man mit Dehnungsfugen, Backöfen setzt man auf eine starke Eisenbetonplatte, zweckmäßige Fundamentierungen beziehen sich auch auf Dampfkesseleinmauerungen und metallurgische Öfen, besonders bei Koksofenbatterien, die am besten auf einen starken Eisenbetonrost gestellt werden. Schornsteine werden wegen der Stärke und Kleinheit der Fundamente selten von Bergschäden betroffen; kommt es aber zu Schiefstellungen über ein zulässiges Maß hinaus, so ist eine Teilabtragung nicht zu umgehen. Gebäudesicherungen gegen Bergschäden erfolgen, wenn nicht durch „harmonischen Abbau", durch Einflächen — (Betonrost über gewölbeartiger Auflagerungsfläche), Zweiflächen — (zweietagiges Balkenwerk) oder Dreipunktlagerung (Hauptträger im Dreiecksverband) sowie durch Bauwerksaufteilung mit Fugen und Gelenkverband. Darüber hinaus sind Einzelfundamentierungen bei Brücken, Hallen, Hochbauten usw. durch Streifen- und Plattenfundierungen, gegen Erschütterungen mit Luftschlitzen, geboten. Die Schädlichkeitsgrenze von Bodenbewegungen ist materialmäßig bedingt. Eine Schieflage (Setzungsunterschiede zweier Punkte) von Bauwerken wird bei Richtungsänderungen der Schieflage wegen Drehung und Verkantung gefährlich. Ziegelsteine können Längenänderungen von 0,1 bis 0,5 mm/a aushalten, wie sie auch durch Temperaturunterschiede zwischen Außen- und Innenwand von Hausmauern im Winter und im Zerrungsbereich von Absenkungen auftreten. Gebäude im Pressungsbereich von Senkungstrichtern sind dagegen gefährdet.
Die Erdkruste befindet sich in einer unaufhörlichen seismischen

Unruhe und einem Massenausgleichsstreben. Die Folge sind tektonische Schollenverschiebungen, deren Auswirkungen Bergschäden gleichen. Sie sind besonders in Erdbebengebieten (Island) häufig und kennzeichnend für labile Zonen (Mittelmeer-Mjösen-Zone, plattentektonischer Bereich in Kalifornien und Südamerika). Selbst in der Niederrheinischen Bucht summieren sie sich, wie Feinnivellements ergaben, an Verwerfungen in Jahrzehnten zu cm-Dimensionen. Andere Bodenbewegungen ergeben sich durch Schrumpfungen von Moor, Faulschlamm und Tonmergel durch Wasserverlust: umgekehrt kommt es durch Wasseraufnahme zu Aufwölbungen, Hangrutschungen, Fließerden, Erdfällen usw. In Zonen seismischer Aktivität, wie am Nieder- und Oberrhein, können sich Überschneidungen zwischen tektonischen Beben und Bergschlägen ergeben, deren Natur erst durch geologische Überlegungen zu klären ist. Zu bergschadenähnlichen Erscheinungen führen Senkungen durch Fluß- und Vorflutregulierungen, Frostschäden an Straßen und Wasserleitungen, Schäden an Gleisbettungen, Rißbildung an Feuerungen und wegen ungeeignetem Baugrund an Bauwerken, die in Bergbaugebieten oft dem Bergbau zur Last gelegt werden.

So machte eine Stadtverwaltung ein Steinkohlenbergwerk für den hohen Mangangehalt des Grundwassers (3 bis 7, vorübergehend 11 mg/l) verantwortlich, zumal der Bergbau Absenkungen um 237 cm in 26 Jahren im Wassergewinnungsgelände bewirkt hatte. Die Talfüllung des angrenzenden Vorfluters aus Sand, Kies und Auenlehm leitete, wie Bohrungen erwiesen, $CO_2$-haltige Abwässer einer Kläranlage weiter, welche den Mangangehalt der Talausfüllung in Nestern und Anflügen (bis 5300 mg/kg) in die Wassergewinnungsanlagen einspeisten. Sie führten, irregeleitet durch den örtlichen Zusammenfall von Bergbausenkungen und Wassergewinnungsgelände, einen Scheinbergschaden herbei (SEMMLER 1961a).

Die Gebirgsdruckforschung sucht schädliche Entspannungen des Gebirges zu vermeiden und die Senkungen infolge des Abbaus zu lenken. Die Gewölbetheorie mit der Verlagerung des Druckes auf den jeweiligen Abbaustoß und den nächsten Versatz als Widerlager erklärt die Abbauwirkungen wohl am einfachsten, wobei die Plattentheorie mit der Zentrierung des Druckes auf einen plattenförmigen Teilkörper wohl nur einen Teilvorgang betrifft. Mit dem Abbau bildet sich eine Senkungswelle, die sich in den Kohlenstoß hinein fortsetzt und als „Nutzdruck" der Abbaufolge für den Verhieb nicht unwillkommen ist. Dreiaxiale Kompressionsversuche mit verhinderter Seitenausdehnung gaben zwar über die Scherfestigkeit von Gesteinen Aufschluß und hielten Verformungen unter Kontrolle, ergaben jedoch nur Richtwerte. Für die Voraussage von Gebirgsschlägen und der Belastung des Grubenausbaues kamen sie zu spät oder bezogen sich auf ein nicht reproduzierbares Diskontinuum (HABETHA in BENTZ u. MARTINI 1969.)

Bei der Bergschadenermittlung auf Kulturflächen genügt nicht die Inaugenscheinnahme und Abschätzung etwaiger Ertragsdifferenzen, sondern exakte (bodenkundliche, agrikulturchemische und pflanzensoziologische) Untersuchungsmethoden sind unumgänglich, weil auch Nährstoffmangel, Schädlingswirkungen usw. ebenso wie Immissionsschäden die Ursache sein können (BERGE 1957).

Im ausländischen Bergrecht ist ebenfalls eine Entschädigung für Bergschäden mit der Maßgabe substantiiert, daß der Bergwerkseigentümer oder der Bergbautreibende haftet. Im französischen Bergrecht, beruhend auf dem Gesetz vom 21.4.1810 und im Code minier (Verordnung Nr. 56-838 am 20./21.8.1950 mit allen seitdem erlassenen Berggesetzen), sind Entschädigungen für Schürfarbeiten oder bei großen Schäden Zwangsankauf des beschädigten Grundstücks durch den Bergwerkseigentümer vorgesehen. Für Häuserschäden ist eine Sicherheit zu leisten. Entschädigungen sind auch für Schäden in der Nachbarschaft und für entzogenes Wasser zu leisten.

Bergschäden dürfen erst nach Geltendmachung von Ersatzansprüchen beseitigt werden. Für Schäden haftet der Nutzungsberechtigte, falls er nicht mit dem Bergwerksbesitzer identisch ist. Bei mehreren Bergwerksbesitzern wird von ihnen Ersatz proportional nach jeweiligem Schuldanteil geleistet. Sind nicht der Bergbau, sondern auch andere Verursacher beteiligt, so wird der Bergbautreibende nur für seinen Schuldanteil haftbar gemacht. Die Beweislast trägt der Geschädigte. Der Richter kann eine Naturalherstellung oder eine geldliche Entschädigung anordnen. Die Rechtslage über die Entschädigungspflicht des Bergwerktreibenden für Schäden an Verkehrsanlagen ist unklar. Für Mehraufwendungen wegen der Verkehrsanlagen erhält der Bergbautreibende eine Entschädigung.

In Belgien besteht eine Entschädigungspflicht des Bergbautreibenden, gegebenenfalls durch Sicherheitsleistung für Schäden infolge des Abbaus, die auch Personen betreffen können, bei mehreren Bergbautreibenden nach dem Grundsatz der anteiligen Haftung. Schadenansprüche verjähren 30 Jahre nach dem Aufhören der Bodenbewegungen. Bei Zahlungsunfähigkeit werden Zahlungen aus einem staatlichen Garantiefonds aus Mitteln der Konzessionäre geleistet.

In Luxemburg besteht ebenfalls eine Entschädigungspflicht. Werden Gebäude während des Bergbaus errichtet, so wird nur eine Entschädigung für die Wertminderung gezahlt. Auch Wasserentziehungen werden entschädigt. Ersatzpflichtig ist hier der Bergwerkseigentümer. Beweispflichtig ist der Geschädigte, was normalerweise von Sachverständigen übernommen wird.

In den Niederlanden ist der Bergbautreibende entschädigungspflichtig für die ursächlich auf Abbauarbeiten zurückgehenden Schäden.

Das japanische Bergschadenrecht ist durch das neue Berggesetz von 1950 geregelt und nimmt Rücksicht auf Besiedlung, Landwirtschaft (Reisanbau) und Verkehrsanlagen. Zur Beseitigung der aus dem Krieg verbliebenen Bergschäden gab es eine Haftung des Unternehmers unter Mitwirkung von Staat und Gemeinden mit einer gemeinsamen Kostenübernahme. Die berggesetzliche Haftung nach dem neuen Gesetz bezieht sich auf durch Abbau verursachte Bewegungen, auf Anfall von Grubenwasser, Halden und Rauchzuführung. Es besteht gesamtschuldnerische Haftung für mehrere Bergbautreibende bei vollem Schadenersatz oder gegen vorheriges Versprechen eines Schadenersatzes, der je nach Angemessenheit aber erhöht oder vermindert werden kann. Der Anspruch wird ins Grundbuch eingetragen. Richtlinien zur angemessenen Entschädigung sind vom Oberbergamt festgesetzt. Ist die Ersatzleistung für Bergschäden strittig, so wird der Anspruch als Privatrecht nach der Zivilprozeßordnung geltend gemacht. Es kann geschehen durch ein gerichtliches Vermittlungsverfahren oder durch Ausgleichsverfahren mit ernannten Vermittlern. Schäden an Verkehrsanlagen können durch Abbaueinschränkungen oder Sicherheitsvorkehrungen oder durch Aufhebung des Bergwerkeigentums abgegolten werden. Falls aber dem Bergwerkseigentümern Schäden entstehen, hat er Anspruch auf Entschädigung.

Auch in Großbritannien haftet der Bergwerksbesitzer für Bergschäden, hat aber ein Recht auf „Stützung", kann aber bei nicht beglichenen Bergschäden Betriebsverbot erwarten. Die Haftung gilt für Senkungsschäden, aber nicht für Quellenschwund. Auch sonst ist Haftung für Bergschäden üblich (Brasilien, Portugal, Spanien, Rumänien usw.).

Literatur:

BENTZ, A. u. MARTINI, H. J.: Lehrbuch der angewandten Geologie. II. Stuttgart 1969
BERGE, H.: Bodenkundliche, agrikulturchemische und pflanzensoziologische Methoden im Dienste der Bergschadenforschung. Mitt. Markscheidewesen, 64. (1957)
FRITZ, R.: Die Frage der Bergschäden im französischen Bergrecht. Bergfreiheit, 22: 402—409. Herne 1957a
– Das Bergschadenrecht in Belgien, den Niederlanden und Luxemburg. Bergfreiheit, 22: 457—463. Herne 1957 b
FUJIMOTO, T.: Das Bergschadenrecht in Japan. Bergfreiheit, 25: 313—320. Herne 1960
FRITZSCHE, C. H.: Lehrbuch der Bergbaukunde. II. 9. Aufl., Berlin 1958
ISAY, R.: Das Bergrecht der wichtigsten Kulturstaaten in rechtsvergleichender Darstellung. 120 S., Berlin 1929
LEHMANN, K.: Bewegungsvorgänge bei der Bildung von Pingen und Trögen. Glückauf, Essen 1919/20
NIEMCZYK, O.: Bergschadenkunde. Essen 1949
ROM, H.: Grundwasserabsenkungen und Bodenbewegungsvorgänge im Deckgebirge bei der Grundwasserentziehung. Diss.Techn. Universität, Berlin 1939
SEMMLER, W.: Mangan im Grundwasser als scheinbarer Bergschaden. Bergfreiheit, 26. Herne 1961a
– Die Trockenheit des Jahres 1959/60 als scheinbarer Bergschaden. Bergfreiheit, 26. Herne 1961b
SCHLÜTER, W.: Das Bergrecht in Frankreich, Belgien und Holland sowie in Luxemburg, Elsaß-Lothringen und Eupen-Malmedy. Glückauf, 77. Essen 1941
Kolloquium Clausthal-Zellerfeld 1971, Ingenieurmäßige Lagerstättenbearbeitung. Lagerstättenerfassung und -darstellung, Bodenbewegungen und Bergschäden, Ingenieurvermessung. 1, 314 S., 155 Abb., 1 Taf., Clausthal-Zellerfeld

## 3.5 Grubenunfälle durch Schlagwetter, Kohlenstaub, Gasausbrüche, Brände und Bergschläge

Steinkohlen, seltener Braunkohlen, enthalten je nach Inkohlungsgrad bis zu 45% flüchtige Bestandteile, vorwiegend Methan. Bei Zerklüftung oder Freilegung der Kohle durch den Abbau strömt Grubengas regelmäßig aus, was von dem „Gang" und „Krebsen" der Kohle, dem Abspringen von Kohleteilchen mit knisterndem Geräusch begleitet wird. Es sammelt sich an der Firste von Strecken, vor Ort, in geschlossenen Spalten, im alten Mann, in Aufhauen oder in Speichergesteinen, über Tage auch in Bunkern. Es kann auch in angefahrenen Störungen und Spalten plötzlich in Bläsern austreten. Gewissenhaft hat man auch Bläser zweiter Ordnung unterschieden, wenn es sich um Gasansammlungen auf Rissen und Spalten nach dem Setzen des aufgelagerten Gebirges im Gefolge des Abbaus handelt. Großes Porenvolumen, Kornzertrümmerung und Luftdruckschwankungen beschleunigen die Entgasung, was an der Parallelität von Gasentbindung und Barometerstand zu erkennen ist.

Ein explosionsfähiges Gas-Luftgemisch ist bei 5 bis 14% Methan vorhanden. Die Entzündungstemperatur liegt bei 650°, die Verbrennungstemperatur bei 2650°, sinkt aber nach dem $O_2$-Verbrauch rasch ab. Die Explosion ist mit einer starken Ausdehnung verbunden, die danach einer schlagartigen Volumenverminderung („Schlagwetter") weicht.

Der Schlagwettergefahr sucht man durch (in Frankreich besonders starke) Bewetterung, Gesteinsstaub- und Wasserschranken zu begegnen, die Anwesenheit von Grubengas durch Sicherheitslampen und Gaspfeifen erkennbar zu machen und als Alarmzeichen zu berücksichtigen. Die Hauptursachen gehen gerade auf das Geleucht (Erhitzung des Drahtkorbes der Sicherheitslampe durch schiefe Lage) und Sprengarbeit, weniger auf Grubenbrände und Funkenbildung zurück.

Als Ansammlung von Grubengas sieht man in Deutschland 1% (in England 2%) an und sucht die obere Grenze bei 0,7 oder 0,8% zu halten. Vorbeugend saugt man Grubengas durch Bohrlöcher aus vorgerichteten Flözen ab, fährt Strecken im Hangenden auf oder sammelt es in Gaskammern und -röschen, um es dann möglichst konzentriert der Verbrennung zuzuführen.

Die Grubengasbildung suchte man durch kartenmäßige Erfassung der Inkohlung und Grubengase im Grubengebäude zu verdeutlichen. Für das Ruhrkarbon hat sich, abgesehen von der Abhängigkeit des Inkohlungsgrades von der Versenkungstiefe und der (früher herrschenden) Gebirgstemperatur (teilweise durch Plutone aufgeheizt), ergeben, daß das durch Überschiebungen und Störungen zerlegte Gebirge Gesteinsschollen mit eigener Gasführung aufweist.

Die Schlagwetterexplosion auf Zeche Radbod bei Hamm in Westfalen im Jahre 1908, die 348 Menschen das Leben kostete, ereignete sich zwischen 700 bis 850 m Tiefe in Schichten von Gaskohlencharakter (34% flüchtige Bestandteile). Sie betraf alle Grubenbaue, wie sich aus der Zerstörung und dem Brand des hölzernen Ausbaus, aus Kokskrusten und -perlen, Brüchen und Auswurf von Kohlenstaub (örtlich von 100 t) ergab. Der ausziehende Wetterstrom enthielt 0,38% Methan, aber ein kräftiger Wetterstrom mit 17 m³ je Bergmann (gegenüber einem Mindestmaß von 3 m³) und eine Wasserberieselung vor Ort schienen geeignet zu sein, eine Explosionsgefahr zu bannen. Nach den Aufräumungsarbeiten entdeckte man mehr als 20 einander parallele, 3 bis 20 cm weit klaffende Spalten, welche beim Anfahren Hunderte von m³ Gas austreten ließen und die ganze Grube mit Schlagwettern anfüllten. Das Liegende beiderseits der Spalten war bis zu 1,5 m nach oben gewölbt, ein Beweis für die Nachhaltigkeit und das Volumen der aufgerissenen Spalten. Ein so plötzlicher und großer Gasausbruch spottete aller Vorsichtsmaßnahmen und schuf überall im Grubengebäude die Möglichkeit einer Explosion, welche wahrscheinlich durch eine schadhafte Lampe entzündet wurde. Die Strafkammer des Landgerichts Münster sah ein strafbares Verschulden am Unglück als nicht erwiesen an.

Manche Steinkohlenflöze sind nicht nur brüchig und grusig, sondern enthalten Kohlenstaub, der auch zur Selbstentzündung neigt, wie die Fettkohlenflöze der Zeche General Blumenthal in Recklinghausen und Ver. Carolinenglück bei Bochum. Beide Zechen erlebten auch kombinierte Schlagwetter-Kohlenstaubexplosionen (1896, 1898). Die Entgasung war mit 0,4 bzw. 0,14% Methan im ausziehenden Wetterstrom gering und führte doch auf der Zeche Carolinenglück an einem Handventilator zu einer örtlichen Schlagwetterexplosion, welche den überall in der Grube lagernden Kohlenstaub aufwirbelte und zu einer Staubexplosion in beinahe dem gesamten Grubenfeld mit verschiedenartigen Koksbildungen führte.

Eine andere gewaltsame Erscheinung in Kohlengruben sind plötzliche Ausbrüche von Grubengas. Beim Abbau und überhaupt bei der Freilegung von Kohlenflözen senkt sich das Hangende auf das Flöz und bewirkt neben einer Dezimierung der Kohle Gasausbrüche, die ein kompaktes Hangende (Sandstein im Steinkohlengebirge, Anhydrit im Kalisalzbergbau, Quarzit im südafrikanischen Goldbergbau usw.) begünstigt. Auch ein zu schneller Abbaufortschritt kann die Entgasung zu Ausbrüchen steigern, so daß entweder eine ganze Strebfront vorwärts bewegt oder unter Gasentwicklung ausgeworfen wird. In Belgien waren Gasausbrüche im Hangenden von Überschiebungen besonders häufig, während die Liegendpartien durch Druck und Bewegung bereits frühzeitig entgast wurden. Gasausbrüche sind örtlich begrenzt, fordern aber doch durch ihre Intensität und durch die Verbreitung von Grubengas ihre Opfer. Beim Abbau und Bohren entsteht Kohlenstaub, der sich überall in den Strecken absetzt. Eine Beseitigung ist unmöglich, wohl kann man die Explosionsgefahr durch Berieselung, Gesteinsstaub- und Wasserschranken (Kippgefäße mit Wasser) verhindern. Eine Kohlenstaubexplosion bedarf zweier Voraussetzungen, einer dichten Staubwolke und ihrer Aufwirbelung durch eine Sprengung oder einer Schlagwetterexplosion, dann aber eine dem Wetterstrom entgegenschlagende Flamme (weil dieser mehr Sauerstoff und Staub enthält).

Die Kohlenstaubexplosion auf dem Steinkohlenbergwerk Königin Luise bei Zabrcze/Hindenburg im Jahre 1903 wurde dadurch hervorgerufen, daß man Sprenglöcher statt mit Letten vorschriftswidrig mit Kohlenstaub besetzte. Beim Abtun der Schüsse entzündete sich der Kohlenstaub und wirbelte den jahrzehntelang abgelagerten Kohlenstaub in den Grubenbauen auf und brachte ihn auf der 340 m-Sohle 600 m weit zur Explosion mit verheerender Wirkung. Ein 1½ Zentner schweres Mauerstück wurde 20 m weit weggeschleudert und 23 Bergleute fanden durch Verbrennung den Tod.

Eine Verkettung unglücklicher Umstände — ein allerdings abgemauerter Grubenbrand, keine Sicherheitslampen und kein Sicherheitssprengstoff, mangelhafte Wetterführung und fehlender Bergeversatz — bewirkte die opferreichste Kohlenstaubexplosion in der nordfranzösischen Kohlengrube Courrières, der 1100 Menschenleben zum Opfer fielen (1906). Die Grube war schlagwetterfrei, so daß man sich, da auch Kohlenstaubexplosionen nur selten und schwach vorkamen, einer gewissen Sorglosigkeit überließ und das Grubengebäude von vier angrenzenden Zechen nicht durch Schranken trennte. So breitete sich die Explosion auf eine Länge von 3 km und eine Breite von 1,5 km über alle Grubenbaue von vier Zechen aus und forderte wegen der unvollkommenen Wetterführung noch manche Opfer durch Ersticken.

Durch die Atmung und die Oxydation von Holz und Kohle wird in der Grube $CO_2$ erzeugt, aber der $CO_2$-Gehalt der Grubenluft wird dadurch nur unwesentlich erhöht. Gefährlicher sind dagegen die $CO_2$-Ausbrüche, die sog. Bläser. In den betroffenen Gruben strömt $CO_2$ dauernd aus und entlädt sich, ausgelöst durch Sprengschüsse, durch Ausbrüche. Vorboten für Bläser ist auch ein stärkeres Ausströmen durch Bohrungen. Sie treten meistens als Nachhall vulkanischer Tätigkeit auf. Sie finden sich deshalb in Vulkangebieten (tertiärer Dazit, Mazarron bei Carthagena, 10 Jahre währende Exhalation und ein Gasausbruch mit 23 Menschenopfern), im niederschlesischen Kohlenrevier (Neurode, wo $CO_2$ hauptsächlich bei Sprengungen aus Spalten ausbrach und 100 t Kohlen auswarf) und im Steinkohlenbecken von Gard in der Languedoc, wo durch Sprengschüsse ein Ausbruch 4000 t Kohle und Staub auswarf, der sich auch über Tage absetzte und ein Gebiet von 200 m Durchmesser so mit Staub und $CO_2$ anfüllte, daß drei Arbeiter und Kleinvieh erstickten.

Unfälle durch $H_2S$, das aus dem alten Mann von Kohlengruben oder aus Stein- und Kalisalzen entweicht, sind selten. Indessen kamen sowohl auf westfälischen Kohlengruben als auch in Kaliwerken (Schacht Leopoldshall, $H_2S$ aus jüngerem Steinsalz) drei Tote vor.

Heiße Quellen (Comstock Lode) und junger Vulkanismus vermindern, alte Schilde (Witwatersrandbergbau) strecken die geothermische Tiefenstufe. Hat sie indessen nur eine unangenehme Temperatursteigerung zur Folge, so kann die Selbstentzündung von Kohle und Schwefelkies zu gefährlichen, meist schwelenden und unter der Oberfläche am heftigsten wütenden Bränden führen. Es genügt ein großes Oberflächenvolumen, also dezimierte Kohle und bei Schwefelkies eine sandige (Slupia Nowa im polnischen Mittelgebirge) oder feinkörnige Beschaffenheit, um sie durch Oxydation zur Selbstentzündung zu bringen. Zurückgebliebene Kohlenreste im alten Mann sind gewöhnlich hinreichend zermürbt, um eine große Oberfläche der Oxydation darzubieten, weshalb im alten Mann Grubenbrände besonders häufig ausbrechen. Besonders gefährlich ist, weil schwer feststellbar, die von brennendem Grubenholz genährte Bildung von CO. Als vorbeugende Maßnahme gegen Grubenbrände empfiehlt sich ein rasch eingebrachter und möglichst dichter Spülversatz. Bei Bränden von bereits größerer Ausdehnung bleibt nur ein Abdämmen durch Mauerung übrig.

## 3.5 Grubenunfälle

Auf der Steinkohlenzeche Fanny-Chassée bei Laurahütte brachen in den 2 bis 8 m mächtigen Flözen Caroline, Fanny und Glücksflöz mehrfach Brände aus. Holz- und Mauerdämme, auch mit Einleitung von Wasser hinter die Dämme fruchtete nichts, bis man dahinter kam, daß die die Flöze Fanny und Glücksflöz begleitenden Brandschiefer schwefelkiesreich waren und sich auf der Halde sogleich entzündeten. Jetzt ging man den Bränden mit verschiedenen Mitteln zu Leibe; man verkürzte den ausziehenden Wetterzug, vermehrte Zahl und Fortschritt der Abbaupunkte und schloß jeden Brandherd durch Mauerdämme ab, bis man den Abbau nach Erlöschen des Brandes fortsetzte.

Ein Grubenbrand auf Zeche „Unser Fritz" (Gelsenkirchen) brach 1899 in dem Bergeversatz eines zur Selbstentzündung neigenden Flözes aus, weil der alte Mann hier von einem nur schwachen Wetterstrom bestrichen wurde und so gerade die Selbstentzündung der Kohle begünstigte. Der Brand flackerte in gefährlicher Weise auf, die Brandgase füllten den Schacht und wurden einigen Bergleuten zum Verhängnis. Sie waren vor dem Brand gewarnt worden, betrachteten die Warnung aber nicht wie ihre Kameraden als Anlaß zur umgehenden Ausfahrt.

Auf der Blei-Zink-Erzgrube Stein V bei Marl war das südliche Erzmittel in Brand geraten (1944/45), weil sich das Erz mit „feinrieseligem" Schwefelkies entzündet hatte. Man schloß das ganze Erzmittel durch nicht weniger als 35 Dämme ab und ließ es bis zur Stillegung des Betriebes unbebaut.

Zu den häufigen, wenn auch ursächlich nicht ganz geklärten und vor allem nicht völlig vor der Auslösung beherrschten Erscheinungen gehören die Gebirgsschläge (angloamerikanisch „Bump"), die schlagartig mit explosionsartigem Knall und einer Luftdruckwelle Gesteinsabsprengungen in Steinbrüchen, Grubenbauen und Tunnels mit erdbebenartigen Erscheinungen an der Erdoberfläche verursachen. NIEMCZYK (1949) unterscheidet Spannungs- und Firstschläge. „Spannungsschläge" ereignen sich bei frischen Vortrieben mit Abschleudern von Gesteinsschollen mit nachträglicher Volumenvermehrung besonders beim Tunnelbau. „Firstschläge" werden durch latente Spannungen bei Überschreiten der Biegefestigkeit fester Gesteinsbänke (man spricht von einer Aufspeicherung von Biegespannungen im Hangenden) ausgelöst und kommen in allen Bergbauzweigen vor.

Eine vergleichende Analyse von Gebirgsschlägen ergibt, daß ein kompaktes, nicht klüftiges, aber festes Hangende bei längerer

Freilegung dem Gebirgsdruck durch plötzliche Abtrennung von Gesteinsschollen („Sargdeckel") an den Stollenwandungen nachgibt, wobei weniger feste Kohlenflöze staub- und grusförmig weggeschleudert wurden. Abbaue mit Kohleninseln und Restpfeilern, gleichzeitige Abbaufronten mehrerer Flöze mit der Abbaukantenwirkung und streckenreiche Durchörterung von Feldesteilen leisten Gebirgsschlägen Vorschub. Verhüten kann man sie nicht, sondern nur mildern. Auch Vollversatz soll keine Gewähr bieten, so daß dem englischen Rippenversatz der Vorzug gegeben wird. Eine harmonische Abbauführung mit bruchlosem Absetzen des Hangenden wäre anzustreben.

Bergschläge sind oft mit donnerartigem Grollen und mit Erschütterungen an der Erdoberfläche verbunden, die erdbebenartig Gebäude beschädigen und Bewohner erschrecken. Die beobachteten Bergschläge in Kohlen-, weniger in Erzgruben lassen sich in der Tat auf die plötzliche Auslösung von Druckspannungen zurückführen, wenn ein Sicherheitspfeiler mitten im Abbaufeld wachsenden Gebirgsdruck auffangen muß oder wenn eine weite Abbaufläche zu lange ohne Versatz bleibt und ein kompaktes Hangendes den wachsenden Druck nicht durch Risse oder Klüfte kompensieren kann. Aus diesem Grunde betreibt man einen vorherigen Abbau über oder unter dem gebirgsschlaggefährdeten „Schutzflöz", um bei diesen Rißbildungen und Entspannung auszulösen. Der Bruchbergbau soll ja zu großen Biegungsbeanspruchungen zuvorkommen.

Solche Druckspannungen und ihre Wirkungen deuten sich bei Gebirgsschlägen im Ruhrrevier (Zeche Recklinghausen I/II 1897, Zeche Shamrock I/II 1899) an, wo die Bereitschaft durch den kompakten 30 bis 60 m mächtigen Sandstein im Hangenden von Flöz Sonnenschein mit dem versatzlosen Abbau großer Feldesteile gegeben war (KRUSCH 1916). Die Bergschläge ereigneten sich in etwa 400 m Tiefe, die Sohle erlitt eine wellenförmige Bewegung, an Wand und First lösten sich Gesteinsschollen, Knall, Schlag und Staub folgten rasch aufeinander, wirbelten den Ausbau durcheinander, drückten Förderwagen beiseite und schleuderten Kohlebrocken 6 m weit, während über Tage Gebäudeschäden in einem Gebiet von 2 km Radius festzustellen waren. Ein anderer starker Bergschlag vom Stärkegrad 8 der MERCALLI-Skala auf der Karsten-Zentrum-Grube 1926 in Oberschlesien mit panikartiger Wirkung in 25 km Umkreis bei der Bevölkerung hatte die gleichen Lagerungsverhältnisse zur Voraussetzung

(2,2 m mächtiges Flöz, 727 m Teufe und 25 m mächtiger Sandstein als Hangendes).
Ein historischer Bergschlag wird von dem Erzbergwerk Rammelsberg (1795) berichtet, in dem die stehengebliebenen Ecken einer Strecke weggesprengt werden sollten und die beim Abbohren selbsttätig durch Bergschlag in die Strecke absprangen. In den Marmorbrüchen von Carrara kommt es nach der Rundumfreilegung großer Gesteinsblöcke zu Bergschlägen, die sich durch die Befreiung von allseitigem Druck entladen (Krusch 1916).
Bergschläge kommen bereits beim Vortrieb und in länger bestehenden Hohlbauten vor. Bei Tunnels vermutet man eine Zunahme der Häufigkeit und Intensität der Gebirgsschläge mit wachsender Überdeckung. Versuche, Gebirgsschläge durch Risse im Mikrogefüge vorherzusagen, blieben ohne Erfolg. Man muß sich also vor kompakten Hangendem als Bürge nur zu trügerischer Stabilität hüten und bei Vortrieb und Abbau Ausbau und Versatz möglichst rasch nachführen.

Literatur:

Fritzsche, C. H.: Lehrbuch der Bergbaukunde. II. 9. Aufl., Berlin 1958
Hoffmann, H.: Gebirgsschläge beim Steinkohlenbergbau und ihre Bekämpfung. Der Deutsche Steinkohlenbergbau, 2. Essen 1956
Hollender: Die Explosion auf der Steinkohlengrube Radbod I/II. Glückauf, Essen 1912
Krusch, P.: Gerichts- und Verwaltungsgeologie. Stuttgart 1916
Niemczyk, O.: Bergschadenkunde. Essen 1949
Patteisky, K.: Erläuterungen zur Grubengas- und Inkohlungskarte. Bochum 1951—1959
Stiny, J.: Tunnelbaugeologie. Wien 1950

## 3.6 Senkungen durch Entwässerung, Ausschwemmung und Auslaugung

Zu den verbreitetsten Vorgängen gehören Senkungen durch Entwässerung, Ausschwemmung oder Auslaugung. Torf, Faulschlamm und poröse Lockergesteine können durch Entwässerung schrumpfen und bei ungleichmäßiger Auflagerung weniger durch Größe als durch Ungleichmäßigkeit gefährliche Setzungen hervorrufen. Sie nötigen bei schweren Bauwerken (Gebäude, Straßen) zum Aushub oder Auskoffern der gefährdenden Schichten.

Ausschwemmungen können bei plötzlichem Austritt von artesischem Wasser wie bei dem Unglück in Schneidemühl (1893) vorkommen, wo Straßen und Häuser einstürzten. Hier hatte eine großkalibrige Bohrung in der Stadt artesisches Wasser angezapft, das den ausgedehnten nach Schneidemühl abfallenden Sander der Küddow erfüllte. Das Einzugsgebiet lag mehr als 140 m höher als die Stadt, so daß große Wassermassen gewaltsam austraten, Sand und Kies mitfortrissen und einen sich bedenklich erweiternden Einsturztrichter (2 ha großes Senkungsgebiet) verursachten. Man konnte der Wassermassen und des Einbruches nur schwer durch Verschluß des Bohrlochs Herr werden (KRUSCH 1916).

Eine Entwässerung kann zur Verminderung des Zusammenhaltes und der Standfestigkeit von wasserhaltigen Sanden führen, wie das Unglück beim Bau der Berliner Untergrundbahn am Brandenburger Tor zeigte. Die in Sanden stehende Baugrube stürzte nach der Entwässerung plötzlich zusammen.

Die Schwimmsandeinbrüche beim Schachtabteufen im Ruhrgebiet sind bekannt und konnten nur durch die Niederbringung von Gefrierschächten bewältigt werden. Tatenlos muß man dagegen die säkulare Auslaugung von Salzkörpern hinnehmen, wie sie im Bereich des Zechsteins, Röts, Muschelkalks, Keupers und Malms in Deutschland vor sich geht. Als Gegenmittel sollte man jede Störung und Entnahme des Grundwassers vermeiden, die den Salzspiegel verändern und der Subrosion Vorschub leisten. Die Folgen der Salzauslaugung äußern sich in Absenkungen des Gipshutes (Lüneburg) oder in den 10 m tiefen Erdfällen und Seen (Heiliges Meer) in der Umgebung des Schafberges bei Hopsten (Malmsalze), im Tertiär im Geiseltal, im Salzigen See bei Eisleben, Erdfall bei Bad Seebruch-Vlotho usw. Letztlich sind Solquellen sichtbare Zeichen von Subrosion. Auslaugungsformen stellen die Karstbildungen mit ihren Höhlen, Dolinen und Erdfällen dar, ohne daß man ihrer Fortbildung Einhalt gebieten könnte.

Die Schlagwetter- und Kohlenstaubexplosionen in Steinkohlenzechen haben sozusagen ihr Gegenstück in den Wassereinbrüchen und im Ersaufen von Kaliwerken. Über 20 ersoffene Kaliwerke innerhalb Deutschlands zählt allein FULDA (1937) auf, ungerechnet die nach der Stillegung ersoffenen Schächte. Gewöhnlich sind der Gips- oder Kainithut und die klüftigen Anhydritkomplexe in den Salzfolgen mit ihrer Soleführung die

Ursachen. Auch die Salztone mit ihrer weniger aus Ton als aus Anhydrit, Kalk und Dolomit sich rekrutierender Zusammensetzung und mit ihrem Kluftwasser sind gefährliche Horizonte. Salzton war auch der Anlaß für das Ersaufen der Schächte der Kaliwerke Aschersleben. Hier pflegte man den hangenden Salzton als schützende Decke gegen das wassererfüllte Deckgebirge auf seine ausreichende Mächtigkeit abzubohren, und gerade eine solche Bohrung öffnete dem Wasser den Weg.
Bei den Kaliwerken Vienenburg am Nordrand des Harzes mit ihrem steilstehenden Salzdiapir war der Kainithut der Wegbereiter für eindringende Wassermassen. Mit dem Abbau in 230 m Tiefe war man dem Kainithut mit 6 m Abstand bedenklich nahegekommen und war auch über einen Zufluß gesättigter Sole von 5 Sekundenliter aus dem Kainithut wegen seiner Konstanz über 40 Jahre nicht weiter beunruhigt. Aber als 1926 der Zufluß in halbgesättigte Sole umschlug, auf 70 Sekundenliter stieg und sich einen Weg bis zur zweiten Tiefbausohle in 318 m Tiefe bahnte, kamen Bedenken auf. Drei Jahre lang versuchte man verschiedene Abwehrarbeiten durchzuführen. Abfangstrecken im anstoßenden Buntsandstein halbierten zwar die Zuflußmenge, aber die eigentliche Zuflußstelle, ein ausgekesselter Hohlraum in einer Verwerfung von Buntsandstein gegen den Salzkörper, wurde nicht erreicht und auch Versuche, das Schachtgebäude durch Dämme zu isolieren, kamen nicht mehr zum Zuge. Die schwebende Buntsandsteinschicht über dem Salzspiegel brach unter dem Wasserdruck von 20 atü zusammen und die Wassermassen aus dem Gipshut drangen am 8.5.1930 in die Grubenbaue ein. Vier Wochen später waren die Grubenbaue vollgelaufen und ein trichterförmiger Tagesbruch mit 450 000 m³ eingebrochenem Gestein öffnete sich. Der Vorfall zeigt, daß die Abwehr bereits bedrohlich gewordener Zuflüsse in Kaliwerken wenig Aussicht auf Erfolg hat.
Eine Wasserentziehung in einem durch Erz- und Steinkohlenbergbau gestörten Gebiet war der Gegenstand eines durch einen sich geschädigt fühlenden Bauern angestrengten Musterprozesses. Das Erzbergwerk leitete das Grundwasser durch einen an der Zechsteinbasis verlaufenden (Permer) Stolln ab, der Steinkohlenbergbau förderte 22 m³ Wasser in der Minute und die Stadt Ibbenbüren entnahm 100 l/min aus dem Hectorschacht am Stolleneingang. Der Bauer hatte einen auf 19 m vertieften Brunnen in glaziären Sanden und Letten, der indessen 1937 versiegte. Die Sachlage war

leicht zu klären. Die Wasserentnahme durch die Stadt ist mit 100 l/min zu geringfügig, als daß sie eine Auswirkung hatte. Dagegen bewirkte 1937 ein Wassereinbruch mit 6 m³ minutlich im Steinkohlenbergwerk eine Spiegelsenkung im Hectorschacht um 3,4 m, die auch das hangende (nicht schwebende) Grundwasser und den Wasserstand im Brunnen des Bauern entsprechend absinken ließ. Solange die erhöhte Wasserförderung des Steinkohlenbergbaues andauert, ist mit einem Wiederanstieg des Grundwassers im Brunnen des Bauern nicht zu rechnen.

Literatur:

FULDA, E.: Das Ersaufen der Kaliwerke Vienenburg, Hannoversche Kaliwerke und Wilhelmshall-Oelsburg. — Z. Berg-, Hütten- u. Salinenwesen, 85: 139—150, 14 Abb., Berlin 1937
KRUSCH, P.: Gerichts- und Verwaltungsgeologie. Stuttgart 1916

## 3.7 Erdbeben, künstliche Erschütterungen, Rutschungen

Bei Erdbeben ist eine wichtige praktische Frage ihre Voraussehbarkeit. Sie kommen in stabilen Zonen, wozu die alten Schilde und Faltengebirge gehören, nicht vor, häufen sich aber in instabilen Zonen, in jungen Faltengebirgen, in Tiefseegräben, Lineamenten (wie die Mittelmeer-Mjösen-Zone, im ostafrikanischen Graben usw.) und im plattentektonischen Kontaktbereich von Ozean/Kontinent oder von Kontinent zu Kontinent (Nordafrika/Alpen, Karpaten, Balkan). Hier muß man mit wiederkehrenden Erdstößen rechnen und für Anlagen und Bauten mit erdbebensicheren Maßnahmen Vorsorge treffen. Objekte auf horizontalen und vertikalen Verschiebungsspalten überstehen deren Bewegungen selten und sollten ganz vermieden werden. Aus dem Intensitäts- und Häufigkeitsrhythmus historischer Erdbeben hat man Extrapolationen für Japan und Westdeutschland versucht. In Japan hat man eine seismische Unruhe als Vorzeichen vermutet und für den Niederrhein glaubt man eine periodische Wiederkehr von Beben geringer und mittlerer Stärke ableiten zu können (AHORNER 1970).

Rhythmische Stöße von Maschinen (Explosionsmaschinen, Brecher, Rüttler usw.) können sich bei lockerem und wasserhaltigem Gesteinsuntergrund über weite Entfernungen in Häusern und Wohnungen durch Pendelbewegungen, Mauerrisse, schwingende Gegenstände usw. bemerkbar machen und besonders nachts lästig fallen. In einem Fall (KRUSCH 1916) erteilten Gasmaschinen 125 m mächtigen Sand-, Kies- und Tonschichten Erschütterungen, die sich 900 bis 3000 m weit fühl- und sichtbar fortsetzten. Wasserhaltige Schichten (Schwimmsand) erwiesen sich als besonders gute Leiter, während fester Untergrund kaum Erschütterungen verbreitete. Als Abhilfe wurde eine Isolierwand oder eine Absenkung des Grundwasserspiegels empfohlen, um die Erschütterungen in ihrer Intensität zu mildern.

Rutschungen werden durch übersteile Böschungen, durch Ablösung an zum Hang hin einfallende Störungen oder Schichten mit prädestinierten tonigen Gleitbahnen ausgelöst, wobei Durchfeuchtung durch Regengüsse, Unterspülung oder Erschütterungen (Sprengungen) die Rutschung in Gang setzen können. Im Kölner Braunkohlenbergbau kam es zu Rutschungen an Störungen oder übersteilen Böschungen, deren Gleitbahn schaufelförmig die Störung verließ und eine mehrere 100000 m³ große Schuttmasse im Tagebau ausbreitete.

Die großartigste Rutschung war der pleistozäne Bergsturz von Flims in Graubünden, der eine 17 km lange Felswand im Malm des Rheintales zum Einsturz brachte, eine 52 km² große Schuttmasse hinterließ, den Rhein mit einem Rückstau von sieben Seen zeitweilig abdämmte.

Ein anderes lehrreiches Beispiel einer Rutschung bot der Bergrutsch in einem Bahneinschnitt von Rosengarten bei Frankfurt/Oder (DIENEMANN u. MICHAEL 1926). Der Einschnitt unterbrach eine zum Einschnitt hin einfallende Schichtenfolge zuoberst von glaziären Sanden und Geschiebelehm, darunter von Ton, der seinerseits von einer komplexen Serie aus Sand, Ton und Kalksteinen unterlagert wurde. Nachdem bereits in den pleistozänen Hangendschichten kleinere Rutschungen aufgetreten waren, lösten nach einer Vertiefung des Einschnittes mehrtägige Regengüsse in der wechselhaft aus Ton und Sand zusammengesetzten Schicht eine Rutschung aus, welche 150000 m³ staffelförmig in den Einschnitt gleiten ließ und dort sattelförmig aufstaute. Mit einer ausgedehnten Drainage in der komplexen präsumptiven Gleitmasse wurde künftigen Rutschungen vorgebeugt.

Rutschungen sind aus pleistozäner Zeit durch die periglazialen Fließerden bekannt und unter arktischen Bedingungen jederzeit möglich. Eine besondere Art von Rutschungen wird durch die Thixotropie wasserhaltiger Feinsande ausgelöst, deren Konsistenz bei Erschütterungen je nachdem in eine breiige oder feste Masse verwandelt werden kann (ACKERMANN 1948) und dann in freien Böschungen austritt.

Rutschungen aus vorquartärer Zeit sind durch die Herpolithe im Turon des Teutoburger Waldes und durch die Olistholithe (Blöcke von „Herzynkalk" im Graptolithenschiefer) im Silur des Ostharzes bekannt. Vulkankegel sind wegen ihrer Lockermassen mit steilen Böschungen (Drachenfels) zu Rutschungen prädestiniert.

Literatur:

ACKERMANN, E.: Quickerden und Fließbewegungen bei Erdrutschen. Z. deutsch. geol. Ges., 100: 427—466, 1 Taf., 13 Abb., 2 Tab., Stuttgart 1948
AHORNER, L., MURAWSKI, H. u. SCHNEIDER, G.: Die Verbreitung von schadensverursachenden Erdbeben auf dem Gebiet der Bundesrepublik Deutschland. Z. Geophysik, 36: 313—343, 6 Abb., 2 Tab., Würzburg 1970
DIENEMANN, W. u. MICHAEL, R.: Die Rutschungen im Eisenbahneinschnitt Rosengarten. Jb. preuß. geol. Landes-A., 47: 559—589, 12 Taf., Berlin 1926
KRUSCH, P.: Gerichts- und Verwaltungsgeologie. Stuttgart 1916
SCHNEIDER, G.: Erdbeben, Entstehung, Ausbreitung, Wirkung. 406 S., 100 Abb., 35 Tab., Stuttgart 1975
TSUNEJIRIKITAKE: Earthquake Prediction. 358 S., Amsterdam 1975

## 3.8 Schäden durch Verwitterung und Immission

Zum Schutze der Reinheit der Luft und zur Lärmbekämpfung haben Bund (Gesetz zum Schutz vor schädlichen Umwelteinwirkungen durch Luftverunreinigung, Geräusche, Erschütterungen und ähnliche Vorgänge vom 15. 3. 1974) und Länder (z. B. für Nordrhein-Westfalen Gesetz zum Schutz vor Luftverunreinigungen, Geräuschen und Erschütterungen — Immissionsschutzgesetz — vom 30. 4. 1962) Vorschriften erlassen. Im Gegensatz zur Tendenz der Gesetze mit der Absicht, sich weniger mit der Einwirkung von Schäden als vielmehr mit ihrer Verhinderung am Herd ihrer Entstehung zu befassen, richtet der Geologe sein Augenmerk in erster Linie auf die beschädigten Objekte, wobei er den Menschen als Patienten ärztlicher Behandlung überläßt. VDI-Richtlinien sehen die Begrenzung des Auswurfs der von technischen Anlagen ausgehenden Luftverunreinigung vor.

## 3.8 Schäden durch Verwitterung und Immission

Unwesentliche Beeinträchtigungen hat der Grundeigentümer zu dulden (§ 906 BGB) und bergbaulichen Anlagen gegenüber eine gesteigerte Duldungspflicht (§ 26 Gewerbeordnung, §§ 54, 58, 148 ABG) zu üben, aber entsprechend dem Gebot der „Rücksichtnahme". Bergbaulicherseits sind abschirmende, nach dem Stand der Technik zumutbare Maßnahmen zu treffen. Bei Brikettfabriken, Kokereien, Entstaubungen, Feuerungsanlagen usw. dürfen Immissionsgrenzwerte nicht überschritten werden (Verordnung vom 7.7.1971). Das Bundesgesetz zur Beseitigung von Abfällen vom 7.6.1972 sieht eigene Beseitigungspflicht von Abfällen und die Gestattung von Deponien seitens des Bergbaus vor.

Besonders schwierig, weil komplex und spezialklimatisch unterschiedlich, sind Schäden an natürlichen Bausteinen in Städten zu analysieren, was am Beispiel des Kölner Doms aufgezeigt sei. Die atmosphärischen Reaktionen sind edaphisch bedingt (Verbau von Trachyttuff, Andesit, Basalt, Rotliegend-, Keuper- und Unterkreide-Sandstein sowie Muschelkalk) und von der Exposition und dem zivilisatorischen Spezialklima abhängig. Die Temperatur war in den letzten 100 Jahren um einige Grad höher als in den Außenbezirken, wodurch die Lösungsfähigkeit der zirkulierenden Lösungen erhöht wurde. Ein „Bauwerksklima" sozusagen steuerte die Verwitterung, je nach Wetterseite und Bauwerksgliederung. Die Kanten, Profile und Simse waren ihr besonders durch mechanischen Abrieb, Frostwirkung usw. ausgesetzt. Im Regenschatten liegende Bauteile (wie Winkel zwischen Streben) waren, da ohne unmittelbare Wasserzufuhr, höherprozentigen Lösungen mit zermürbender Wirkung ausgesetzt, blätterten oder sandeten ab, neigten zu Ausblühungen (mit Mg- und Na-Sulfaten) und zur Hygroskopie. An den von Schlagregen betroffenen Bauteilen war der Zerfall wegen der nur abspülenden Wirkung am geringsten (KNETSCH 1952).

Der Klassiker der technischen Bausteineprüfung, HIRSCHWALD (1911, 1912) hat eine Klassifikation der Bausteine nach Verwitterungsfortschritt (heute beschleunigt!) je nach Alter (gestaffelt in 10, 20, 40, 60, 100 bis 1800 Jahren) und Tiefe (0, 1, 2, 3 und 4 cm) in sechs Klassen und mehreren Unterklassen aufgestellt, die einen gewissen Anhalt für die Beständigkeit und Verwendung abgeben. Die Klassifizierung bietet indessen keine absolute Gewähr, weil die Steinbrüche auch einmal unterschiedliche Gesteinsausbildungen liefern und weil die Exposition der jeweiligen Bauwerkteile verschiedene Reaktionen hervorruft. Bausteine verwittern anders als Gesteine in der freien Natur. Sie sind als Bauwerke gewissermaßen morphologische, Felsen vergleich- und angreifbare Extreme. Verwitterungsschäden können von schlechten Materialeigenschaften, äußeren Einflüssen (Regen, Rauchgase) und technischen Mißgriffen (unzweckmäßige Verwendung usw.; KIESLINGER 1932) herrühren.

Die einwirkenden Agenzien sind in der Hauptsache Feuchtigkeit, $CO_2$, und $SO_3$, weniger $NO_2$, $P_2O_5$, $NH_3$ und Ruß (Kohle und Teeröle), also im Sinne einer chemischen Umsetzung. Ihre Hauptwirkung besteht in einem Feuchtigkeitsrhythmus, indem die Randpartien der Bausteine abwechselnd feucht und trocken werden, was zusammen mit den genannten Agenzien durch Kapillarität und Diffusion wechselhaft zur Auslaugung, Krustenbildung und Ausblühung führt. Ruß wirkt dabei als Katalysator. Es sind sozusagen Mini-Tropfsteinbildungen („Zäpfchensinter"). Sie bestehen meist aus $CaCO_3$, seltener aus $CaSO_4$ und $MgSO_4$. Eine vierfache Gliederung der Randpartien ist die Folge: Außenkruste, verdichtete Innenkruste, ausgelaugte mürbe Zwischenschicht und das unverwitterte Gestein. Die Außenkruste kann ebenso einen Schutz bieten wie die Auslaugungszone eine Schwächezone darstellt, welche durch Regenschlag, Frost, Erschütterungen, Anstrich usw. zum Abblättern neigt. Eingebrachte Eisenteile verursachen durch Volumenvergrößerung ebenfalls Risse und Abblättern (Rostsprengung). Die Feuchtigkeit kann als Trägerin aggressiver Stoffe auch durch aufsteigende Grund- und absteigende Bruchfeuchtigkeit wirken.

Jedem Bauwerkteil ist je nach Wetterseite und Relief ein Mikroklima mit eigenem Verwitterungsverlauf eigen. Schäden durch Wind (Korrasion) und Brand (verhängnisvoll für Kalkstein und Marmor) kommen nicht so häufig vor wie die hauptsächlichen Schäden durch Feuchtigkeit als Trägerin von aggressiven Stoffen. Ihr gilt die Hauptabwehr; im Grunde aber gibt es kein Mittel gegen Verwitterung, so daß die beste Vorsorge die Auswahl guter Bausteine bleibt.

Literatur:

HIRSCHWALD, J.: Handbuch der technischen Gesteinsprüfung I. 387 S., 7 Taf.; II. 923 S., 7 Taf., 470 Abb., Berlin 1911, 1912

KIESLINGER, A.: Zerstörungen an Steinbauten. Ihre Ursachen und ihre Abwehr. 346 S., 291 Abb., 13 Taf., Leipzig 1932

KNETSCH, G.: Geologie am Kölner Dom. Geol. Rundschau, 40: 57—73, 10 Abb., Stuttgart 1952

## 3.9 Volkswirtschaftliche Prioritäten

In der räumlichen Enge der Gegenwart und vermutlich noch mehr in der Zukunft kommt es zur Konkurrenz des Vorranges in der Art der Bodennutzung. Durch das Planfeststellungsverfahren ist die Aufteilung des Bodens nach Abwägung aller Interessen aufgeteilt und gesetzlich festgelegt worden, aber es bleiben trotzdem noch manche Fälle, besonders auf Grund bestehender Rechte und Ausnutzung, mit unvereinbaren Ansprüchen übrig. So gerät die Inanspruchnahme von Land durch Besiedlung, Industrie, Verkehrswege und Naturschutz manchmal in Konflikt mit der Gewinnung von Bodenschätzen oder sogar zu einer konkurrierenden Ausbeutung verschiedener Bodenschätze. Die nachträgliche und gleichzeitige Gewinnung verschiedener Minerale (z. B. Kohlenflöze und Gangerze) ist berggesetzlich geregelt, kann aber in der Praxis wegen der unterschiedlichen Methoden des Abbaus und Gewichte bei der Förderung zu technischen Schwierigkeiten führen.

Mitunter ist es auch schwierig, Prioritäten bei Belangen des Naturschutzes und des Bergbaus zu setzen, wie es beim Tieftagebau im Hambacher Forst bei Düren der Fall war. Hier entschied der volkswirtschaftliche Wert eines großen Braunkohlenvorkommens über die Interessen von Naturschutz und Erholungsgebiet, zumal die ausgekohlte Landschaft rekultiviert werden wird. Auch die Auskiesung der zahlreichen Kiesgruben des Niederrheins kann das Landschaftsbild beeinträchtigen, wenn sie ungepflegt liegen bleiben und das zu Tage tretende Grundwasser der Gefahr der Verunreinigung aussetzen.

Schwieriger wird der Interessenausgleich bei großen und gleichwertigen Objekten, wie bei mächtigen Quarzsanden, welche gleichzeitig große Grundwasservorkommen in großen Bedarfsgebieten wie bei den Halterner Sanden vor den Toren des Ruhrgebietes, darstellen. Soll man der Wasser- oder der Sand-Kiesgewinnung bei dem Münsterländer Kiessandzug den Vorzug geben, der für das Münsterland für beide Zwecke die einzige Gewinnungsmöglichkeit darstellt? Eine ähnliche Interessenkollision besteht beim Warsteiner Kalksteinvorkommen. Es hat als Grundwasserspeicher im sonst wasserarmen Schiefergebiet und als hochwertiger Kalkstein in der Nähe der Beckumer Zementindustrie als Abnehmer seine zwiespältige volkswirtschaftliche Bedeutung.

Nicht zu übersehen sind andere Interessen, artikuliert durch Bürgerinitiativen, vielfach unausgewogen begründet und emotionell übersteigert, wie sie Protesten gegen die **Errichtung von Schächten** in der Hardt am Rande des Ruhrgebietes oder im Königsforst bei Köln zugrunde lagen, obwohl eine Beeinträchtigung der Erholungsgebiete durch die geplanten Schächte wegen ihres Charakters als Fahr- und Wetterschächte kaum ins Gewicht fallen würde. Das Bedürfnis nach natürlichen Landschaftsoasen wächst und kollidiert zunehmend mit der Planung von Kohlen- und Kernkraftwerken, Erdölraffinerien und anderen Großindustrien. Beide werden auf längere Sicht für lebensnotwendig erachtet, so daß ein Ausweg nur durch Ersatzstellung des einen oder anderen Objektes möglich erscheint. Weniger denn je sind verständliche emotionelle Einsprüche oder Autorität beanspruchende wirtschaftliche Prophezeiungen über bald erschöpfte Rohstoffreserven am Platze. Sachlich wäre ein widerstreitender Interessenausgleich wohl zu meistern, wenn er nicht in die verhängnisvolle politische Sphäre geriete.

Praktisch wirft jede Maßnahme des Umweltschutzes die Frage des volkswirtschaftlichen oder gesundheitlichen Vorranges auf, sei es die Einleitung von Sole und Abwasser in Untergrund oder Vorfluter, sei es von Rauch- und Gichtgasen in die Luft.

Literatur:

KOCH, M. u. MICHEL, G.: Grenzen der Grundwassernutzung durch Kalksteinabbau im Raum Warstein. Z. deutsch. geol. Ges., 128: 441—449, 3 Abb. Hannover 1977

## 3.10 Geologie als kriminelles oder beweissicherndes Indiz

Für die Aufklärung der **Beraubung von Postpaketen** gaben Paläontologie und Petrographie entscheidende Hinweise. Die Pakete waren auf dem Wege von Italien nach Frankreich und von Italien nach Belgien ihrer Juwelen beraubt worden. Wegen der Haftung galt es, das Land zu ermitteln, in dem die Beraubung geschehen war. Bei dem Paket aus Italien ergab ein Ziegelstein, der anstelle von Juwelen ins Paket eingelegt worden war, durch den anhaftenden Mörtel ein Indiz. Der Mörtel enthielt die

## 3.10 Geologie als kriminelles oder beweissicherndes Indiz

Foraminifere *Globotruncata* und bunte Mergelkalke der französischen Oberkreide in den Alpen, wodurch das Land, in dem die Beraubung erfolgt war, identifiziert war. Das Wertpaket von Italien nach Belgien über Frankreich enthielt einen Pflasterstein anstelle der Juwelen. Es war ein bekanntes Porphyroid in den Ardennen, dessen Pflasterstein erhebliche Abnutzung aufwies. Es lag nahe, ihn in der belgischen Grenzstation zu vermuten. Tatsächlich trug die Straße zum Güterbahnhof ein Pflaster aus dem Porphyroid und sogar das Loch, welches der entnommene Pflasterstein hinterlassen hatte, ließ sich ausmachen.

Die Petrographie half auch bei der Aufklärung eines Postdiebstahls. Ein Jagdgewehr wurde von Suhl nach Tiflis verschickt, wurde aber gegen Gesteine (Granit) und Zement ausgetauscht. Das Heimatgebiet des Granits ließ sich nicht bestimmen, wohl aber enthielt der Sand des Zements Muschelschalen aus dem Schwarzem Meer. Damit war der Beweis für den Diebstahl in Rußland erbracht (KRUSCH 1916).

Für die Lieferung von Dachschiefer meldeten sich auf eine Ausschreibung besonders großer Schieferplatten nicht die großen Schieferbetriebe in Thüringen, sondern nur eine kleine Firma reichte eine entsprechende Offerte ein. Der gelieferte Dachschiefer war zwar in einem thüringischen Schieferbahnhof verladen worden, aber durch seine reiche Schwefelkiesführung ungeeignet. Spiriferen sprachen für devonisches Alter, während die thüringischen Dachschiefer kulmisch sind. Nachprüfungen ergaben, daß der Lieferant die Schieferplatten waggonweise aus Frankreich bezogen und die Sendung mit Verladepapieren von einem Thüringer Bahnhof versehen hatte (KRUSCH 1916).

Bei einem Scheunenbrand sollte eine Bodenprobe den Brandstifter überführen. Ein Mann, der im trunkenen Zustande zu randalieren und Feuer zu legen pflegte, geriet in Verdacht. Anhaftender Boden an seinem Schuhwerk ergab neben Resten eines allgemein verbreiteten Bodens eine grünliche Substanz, welche zwar der mineralogischen Identifizierung trotzte, aber auf dem Gelände der Scheune vorkam und so den Täter überführte.

Ein Mineral kann dem Besitzer auch zu einem positiven, beweissichernden Indiz werden. Ein Flüchtling aus dem anderen Deutschland behauptete aus einem Uranbergbau im Erzgebirge geflüchtet zu sein und legte als Beweisstück einige Körner von Pechblende vor, welche tatsächlich auf den Uranerzgängen bei Annaberg usw. im Erzgebirge vorkommen.

Eine Typhusepidemie in Gelsenkirchen (1901) mit 350 Toten ging auf eine kriminelle, der Hygiene zuwiderlaufende Handlung des Leiters der Wasserwerke zurück. Er gestand, in Trockenzeiten bis zu einem Drittel des Wasserbedarfs unmittelbar aus der Ruhr entnommen zu haben. Zum Unglück führte ein Bach 300 m oberhalb der Entnahmestelle die Abwässer einer Siedlung in die Ruhr. Die Stadt wurde also zeitweise mit verdünntem, nichtdesinfiziertem Abwasser versorgt („verseucht", BORNEFF 1974). Die Sühne für die Opfer der Epidemie bestand in 1500 DM Geldstrafe auf Grund „fahrlässiger Lebensmittelfälschung".

Geologen, Physiker, Biologen und Mediziner sehen in der Wünschelrute und Geräten zur Abschirmung von Erdstrahlen untaugliche Mittel und belegen ihre strikte Ablehnung durch offensichtliche Mißerfolge bei zahlreichen Versuchen. Nach PROKOP und WIMMER (1977) ist die behördliche Wassersuche mit der Wünschelrute allenfalls Verschwendung öffentlicher Mittel sowie eine rechtswidrige Schädigung der Steuerzahler. Gerade behördliche Auftraggeber, welche kraft ihres Amtes, aber bar jeder Sachkenntnis Wünschelrutengänger beauftragen und mitunter selbst mit der Wünschelrute in der Hand kokettieren, müßten haftpflichtig gemacht werden.

Es gibt seitenlange Listen von Betrug und Täuschung durch Wünschelrutengänger (PROKOP u. WIMMER 1977). Die Rechtsprechung zieht § 263 des Strafgesetzbuches (Betrug) und § 4 des Gesetzes über den unlauteren Wettbewerb an. Dazu müssen vier objektive Gegebenheiten erfüllt sein: Täuschung, Irrtumserregung, Vermögensverfügung und -schädigung. Alle diese Merkmale müssen in kausalem Zusammenhang stehen und vorsätzlich ausgeübt sein, was meistens mit der Erklärung des Handelns im guten Glauben seitens der Gegenseite entkräftet wird.

Literatur:

BORNEFF, J.: Hygiene. 375 S., 40 Abb., 36 Tab., Stuttgart 1974
KRUSCH, P.: Gerichts- und Verwaltungsgeologie. 1916
PROKOP, O. u. WIMMER, W.: Wünschelrute, Erdstrahlen, Radiästhesie. 2. Aufl., 188 S., 18 Abb., 16 Tab., Stuttgart 1977

# 4. Repräsentanten der Gerichts- und Verwaltungsgeologie

## 4.1 Geologische Dienste

Die Industrialisierung einschließlich des vermehrten Bedarfs an Rohstoffen und die schutzbedürftige Landwirtschaft waren der Anlaß für eine staatliche Regelung der Erforschung, Inventur und kartenmäßigen Darstellung der Bodenschätze sowie des Grund und Bodens überhaupt. Von Anfang an fiel den geologischen Diensten eine Doppelaufgabe mit der Erstellung der geologischen Karte und ihrer praktischen Nutzbarmachung für Wirt- und Wissenschaft zu. Zu den satzungsgemäßen Aufgaben zählten auch die Veröffentlichung der erzielten Fortschritte in der Geologie sowie eine beratende Funktion, deren gutachtlichen Teil man zur Entlastung der geologischen Ämter mehr als bisher zweckmäßig frei beruflich tätigen Geologen überlassen sollte. Als Beispiel seien die satzungsgemäßen Aufgaben des Geologischen Landesamtes Nordrhein-Westfalen nach einer Verordnung von 1957 genannt:

1. Geologische Erforschung des Landes, insbesondere auf dem Gebiet der Lagerstättenkunde, Ingenieurgeologie, Bodenkunde und Geophysik sowie die Auswertung der Forschungsergebnisse
2. Herstellung von Karten auf den unter 1. genannten Gebieten
3. fachliche Beratung und Erstattung von Gutachten
4. Anlegung von Archiven, insbesondere einer Sammelstelle von Bohrergebnissen, und
5. Veröffentlichungen aus dem Aufgabenbereich des Amtes.

So wurden geologische Dienste (Amt, Anstalt, Comité, Kommission, Geozavod, Direktion, Department, Institut (o), Enstitüsü, Service, Servicio, Survey usw.) gegründet, zuerst 1830 in USA, 1835 in Großbritannien und 1846 von der Kolonialmacht in Indien. In Deutschland war es Bayern, das 1849 mit dem Oberbergamt liiert einen staatlichen geologischen Dienst ins Leben rief, während Preußen 1873 in Personalunion mit der Bergakademie folgte. Schließlich wurden in allen Ländern geologische Dienste (Anschriften in HESEMANN & SCHRÖDER: Vademecum 1972; neue Auflage im Druck) eingerichtet und auch die neu-

Tab. 13  Tätigkeitsgebiete einiger geologischer Staatsdienste

| Tätigkeitsgebiet | Hannover | Krefeld | Athen | Madrid | Israel | Bandung | USA | Südafrika |
|---|---|---|---|---|---|---|---|---|
| Kartierung | × | × | × | × | × | × | × | × |
| Aerophotogeologie | — | — | × | × | — | × | × | × |
| Paläontologie | × | × | × | × | × | × | × | × |
| Petrologie | × | × | × | × | × | × | × | × |
| Stratigraphie | × | × | × | × | × | × | × | × |
| Asterologie | — | — | — | — | — | — | × | — |
| Lagerstätten | × | × | × | × | × | × | × | × |
| Erdbeben | — | — | × | × | — | × | × | — |
| Vulkanologie | — | — | — | — | — | × | — | — |
| Isotopengeologie | × | — | — | — | — | — | × | × |
| Geophysik | × | — | × | × | × | — | × | × |
| Geochemie | × | × | — | — | × | — | × | × |
| Hydrogeologie | × | × | — | — | × | × | × | — |
| Marine Geologie | × | — | × | — | × | — | × | × |
| Mineralwasser | × | × | — | — | — | — | — | — |
| Ingenieurgeologie | × | × | × | × | × | × | × | × |
| Geochronologie | × | — | — | — | — | — | × | × |
| Laboratorien für Chemie, Sedimentologie, Mikropaläontologie usw. | × | × | × | × | × | × | × | × |
| Dokumentation, Bibliothek, Computer für Analysen und Informationen | × | × | × | × | × | × | × | × |
| Tätigkeit in Übersee | × | — | — | — | — | — | × | × |

Hannover, Bundesanstalt für Geowissenschaften und Rohstoffe, Bundesrepublik Deutschland
Krefeld, Geologisches Landesamt Nordrhein-Westfalen
Athen, National Institut for Geology and Mining Research
Madrid, Instituto geologico y minero de Espana
Israel, Geological Survey of Israel
Bandung, Departement Perindustriani Dasar, Djanstan Geologi
USA, United States geological Survey, Washington
Südafrika, Department of Mines, Pretoria

Tab. 14 Geologen- und Einwohnerzahl einiger Länder

| Geologische Staatsdienste | Zahl der Geologen | Techn. u. Verwaltungsangestellte | Bundes- und Landesgeologen je Einwohner |
|---|---|---|---|
| Bundesanstalt, Hannover | 170 | 380 | 105 000 |
| Landesamt Nordrhein-Westfalen | 90 | 160 | 188 000 |
| Schweden, Undersökning u. andere Dienste | 280 | 400 | 42 000 |
| UdSSR, Ministerium für Geologie | 20 000 | 200 000 | 12 000 |

gegründeten Staaten machten davon keine Ausnahme, sondern paßten sich mit neuen Methoden und Funktionen den Ansprüchen der Gegenwart an (Tab. 13).
In der Bundesrepublik Deutschland hat jedes Land mit Ausnahme von Bremen, das von Niedersachsen betreut wird, sein eigenes geologisches Landesamt. Wie in anderen Bundesstaaten (z. B. in den USA) gibt es eine für das gesamte deutsche Staatsgebiet zuständige Bundesanstalt für Geowissenschaften und Rohstoffe, die sich an der lagerstättenkundlichen Prospektion für die Rohstoffversorgung besonders im Ausland unter Weiterentwicklung geologischer Methoden beteiligen soll. Zu der Grundausstattung mit Geowissenschaften (Organisationsplan Tab. 13) kommen für jedes Amt nach Interessenlage Seismologie, Vulkanologie, Meeresgeologie, Astrophysik, Geochronologie usw. hinzu. Auch die lagerstättenkundlichen Objekte sind naturgemäß länderweise verschieden (Kohlen, Erdöl, Buntmetalle, U-Erze, Diamanten, Asbest usw.) und werden von größeren Ämtern (USA, Japan, Frankreich usw., Tab. 13) zur eigenen Rohstoffsicherung in Übersee und in Schelfgebieten verfolgt.
Die wichtigste Aufgabe, was das Bedürfnis nach Planungsunterlagen der öffentlichen Hand, der Wirtschaft und Universitäten anlangt, bleibt die geologische Karte neben Veröffentlichungen über die erzielten Fortschritte der Geologie (Jahrbuch, Annual, Annalen, Rapport, Bulletin, Manuel). In der flächenhaften Ausschließlichkeit und Informationsdichte, ermöglicht durch die

Versammlung von Geologen aller Disziplinen unter einem Dach, haben die Ämter ein Monopol in der geologischen Landesaufnahme, das ihnen auch andere Institute nicht streitig machen. Für Mitteleuropa (Deutschland, Niederlande, Österreich, Jugoslawien, Ungarn usw.) ist es die Karte 1 : 25000, für viele Länder (Schweden, Italien, Griechenland, Israel, Rumänien, Spanien, Südafrika usw.) die Karte 1 : 50000, während dünnbesiedelte Länder (Brasilien, Argentinien, Marokko, Ägypten, Algerien, Norwegen, Finnland, Australien usw.) Karten in Maßstäben zwischen 1 : 100000 und 1 : 200000 bevorzugen. Die USA haben eine Karte 1 : 62000, Großbritannien 1 : 63300 (Kohlenkarten 1 : 10580), Frankreich 1 : 80000 und 1 : 32000, Rußland 1 : 42000, wobei alle Länder kleinmaßstäbliche Übersichts- und großmaßstäbliche Spezialkarten herausgegeben haben. Geologische wie topographische Karten der Ostblockstaaten sind der Öffentlichkeit nicht zugänglich, ausgenommen kleinmaßstäbliche Übersichtskarten.

Neben der Erweiterung der qualitativen Aufgaben ist in der Bundesrepublik Deutschland auch eine quantitative Verschiebung der Schwerpunkte der Tätigkeit eingetreten. Waren in der Glanzzeit der Preußischen Geologischen Landesanstalt 1920 bis 1930 rund 80% der Geologen für die Kartierung eingesetzt und wurden jährlich 40 geologische Meßtischblätter außer verschiedenmaßstäblichen Übersichts- und Spezialkarten herausgebracht, so waren 1960—1970 umgekehrt 80% der Geologen mit praktischen Aufgaben (Begutachtungen, Planungsunterlagen) beschäftigt, und von geologischen Karten erschienen im gesamten Bundesgebiet jährlich kaum ein Dutzend. Allerdings ist der Mehraufwand für vermehrte Ansprüche einer- und Informationen andererseits zu berücksichtigen.

Die geologische Karte ist für den Geologen der Schlüssel zur Aussage über Gesteinsfolge und -ausbildung, über höffige nutzbare Minerale und Gesteine, über Grund- und Mineralwasser, über Baugrund und Bodennutzung und dient ihm auch als Anhalt für den Einsatz der nötigen Untersuchungsmethoden (Schürfe, Bohrungen, Geophysik, Geochemie, Versteinerungen usw.). Aber anstatt diese Grundlage als Quellen- und Auskunftswerk gerade für die öffentliche Hand, Wirtschaft und Hochschulen auf dem laufenden zu halten und nicht erst ad hoc auf jedes Verlangen zeitraubende Erhebungen anzustellen, schränkte man die Kartierung ein und oblag Auftragsarbeiten seitens der Landesplanungsbehörde, der Ministerien und der Landtage, Arbeiten, welche von der geologischen Substanz ohne hinreichende Ergänzung zehrten. Eine Selbständigkeit in der Erforschung und im Vorschlagwesen für Prospektionen bis zur Aufschlußreife für die Industrie wäre dienlicher als statistische und inventarische Zusammenstellungen, die dem Geologen nichts Neues bringen, aber die Wirtschaft auch nicht fördern. Bezeichnend für die Einschätzung der Geologie für die Volkswirtschaft ist die **personelle Ausstattung**: das kleine Schweden stellt einen Geologen für 42 000, Rußland für 12 000 Einwohner, die Bundesrepublik Deutschland dagegen für 105 000 Einwohner, ein Verhältnis, das auch nicht wesentlich günstiger durch die Einbeziehung der freiberuflich tätigen Geologen (Tab. 14) wird.

## 4.2 Bergbehörden

In der Bundesrepublik Deutschland gilt entsprechend dem Reichsgesetz vom 30. 9. 1942 eine Teilung der Bergbehörden in drei Instanzen (Ministerium, Oberbergamt und Bergämter). Inzwischen sind die Bergbehörden Ländersache geworden und unterstehen dem jeweiligen Wirtschaftsminister. Die regionale Zuständigkeit der Bergämter fällt nicht immer mit politischen Grenzen zusammen. Durch Staatsverträge ist die Zuständigkeit des Oberbergamtes Clausthal-Zellerfeld auf Schleswig-Holstein, Hamburg und Bremen ausgedehnt worden. Die Oberbergämter fungieren als Verleihungs- und Enteignungsbehörde für Bergwerkseigentum, erlassen Bergpolizeiverordnungen, konzessionieren Markscheider und vertreten den Fiskus in Prozessen. Die Bergämter üben die Bergpolizei und Gewerbeaufsicht über die Bergwerksanlagen aus, nehmen Mutungen entgegen und verleihen Bergwerkseigentum im Namen des Oberbergamtes, genehmigen Betriebspläne und entscheiden über die Anerkennung bestellter Aufsichtspersonen.

Die Bergbehörden in der DDR haben eine Spitze in der Obersten Bergbehörde in Leipzig beim Ministerrat mit sechs nachgeordneten Bezirksbehörden. Ihre Aufgaben sind sicherheitstechnische Überwachung, Festlegung von Bergbauschutzgebieten, Zulassung von Sprengmitteln, Konzessionierung von Markscheidern, Kontrolle stillgelegter Gruben und bergschadengefährdeter Gebiete, Weisungen an Hersteller- und Lieferbetriebe in sicherheitstechnischer Hinsicht, Bereitstellung von Mitteln zur Bekämpfung von Grubenbränden und Katastrophen. Die Tätigkeit wird vom obersten Leiter zusammen mit einem Kollegium ausgeübt. Der Obersten Bergbehörde sind eine Zentralstelle für das Grubenrettungswesen und ein Institut für Bergbausicherheit und Materialprüfungen mit wissenschaftlicher und technischer Ausrichtung nachgeordnet. Die Zuständigkeit der nachgeordneten Bergbehörde (8) ist sowohl territorial als auch nach Bergbauzweigen geregelt. So umfaßt die Bergbehörde in Staßfurt die Bezirke Magdeburg, Neubrandenburg, Potsdam, Schwerin und den Festlandssockel der Ostsee, fachlich die Erkundung und Förderung von Erdgas, die Erkundung und den Aufschluß von Speichergesteinen und unterirdischen Speichern, Niederbringung übertiefer Bohrungen (vor 100 Jahren schon Sache preußischer Behörden, jetzt der Geologischen Landesämter in der Bundesrepublik Deutschland) zur Erforschung der Erdkruste und die Bergaufsicht, wovon die SDAG Wismut ausgenommen ist.

Literatur:

Jahrbuch des deutschen Bergbaus. Verlag Glückauf, Essen. Erscheint jährlich
KRAUTSCHNEIDER, E.: Die Bergbaubehörden der Deutschen Demokratischen Republik. Bergbau, 29: 170—171. Hattingen 1978
– Der Aufbau der Bergbehörden in Deutschland. Bergfreiheit, 24: 255—257. Herne 1959

## 4.3 Sonstige Dienststellen des Bundes, der Länder, Kreise und Gemeinden

Mit Rohstofffragen befassen sich außer den europäischen Gemeinschaften folgende Dienststellen des Bundes und der Länder in der Bundesrepublik Deutschland.

Europäische Gemeinschaft für Kohle und Stahl in Luxemburg. Ihre Aufgabe besteht nach dem Vertrag vom 18. 4. 1951 in der Unterhaltung eines gemeinsamen (Binnen-)Marktes ohne Ein- und Ausfuhrzölle, Subventionen und Sonderlasten.

Europäische Wirtschaftsgemeinschaft (EWG) in Brüssel errichtet nach dem Vertrag vom 25.3.1957 einen gemeinsamen Markt und eine schrittweise Annäherung der Wirtschaftspolitik,

## 4.3 Dienststellen des Bundes, der Länder, Kreise und Gemeinden

Bildung einer Zollunion und gewährt freien Personen-, Dienstleistungs- und Kapitalverkehr. Die gemeinsame Politik auf dem Gebiet der Landwirtschaft wirkt sich hauptsächlich in einer durch Subventionen unterhaltenden Preispolitik aus.

Europäische Atomgemeinschaft in Brüssel (EURATOM) beabsichtigt gemeinsame Forschung, Sicherheitsmaßnahmen und Versorgung mit Erzen und Kernbrennstoffen sowie die Überwachung der Nutzung für friedliche Zwecke.

Das parlamentarische Organ für die europäischen Wirtschaftsgemeinschaften ist das europäische Parlament in Luxemburg, in dem die Bundesrepublik Deutschland 36 von 142 Sitzen einnimmt. Sie steuert zum Haushalt der EWG 28% der Einnahmen bei, zu dem von Euratom ebenfalls 28% und zu letzteren Forschungen und Investitionen 30% bei. Der Europäische Gerichtshof in Luxemburg sichert die Auslegung der Verträge.

Die europäische Investitionsbank in Brüssel hat die Aufgabe, Darlehen und Bürgschaften für die Finanzierung von Vorhaben in Entwicklungsländern zu gewähren.

Das Bundesministerium für Wirtschaft nimmt in der Unterabteilung Bergbau die Bergwirtschaft, Geologie und Forschung wahr, in der Unterabteilung Versorgungswirtschaft die Energie- und Wasserwirtschaft und in der Unterabteilung Eisen und Stahl die Rohstoffwirtschaft. Auch in den Fachbereichen anderer Bundesministerien und -Organe wird die Geologie berührt und sei jeweils stichwortartig gekennzeichnet: Bundesminister für Raumordnung, Städtebau und Bauwesen (Umwelt, Wasserwirtschaft, Abfallbeseitigung, Raumentwicklung, Naturschutz)

Bundesminister für Forschung und Technologie (Forschungsvorhaben, Koordinierung hinsichtlich Umwelt-, Strahlen- und Naturschutz, Landschaftspflege, Wasser- und Abfallwirtschaft)

Umweltbundesamt in Berlin (Aufbereitung des Standes von Wissenschaft und Technik, Planungshilfe, Koordinierung der Tätigkeiten im Umweltbereich, Datensammlung)

Bundesanstalt für Landeskunde und Raumordnung in Bonn (Vorrangfolgen für Wasserwirtschaft, Ziel- und Wirkungsprognose, Karten)

Physikalisch-technische Bundesanstalt in Berlin und Braunschweig (Mitarbeit an DIN-Normen, Sicherheitsregelungen, Boden- und Strahlenschutz, Kernkraftwerke)

Bundesanstalt für Naturschutz und Landschaftsökologie in Bonn (Forschung, Gewässerverschmutzung, Emission und Vegetation, Gebietsschutz)

Bundesanstalt für gewerbliche Wirtschaft in Eschborn (Altölbeseitigung, Strahlenschutz)

Bundesgesundheitsamt in Berlin (Reinhaltung von Wasser, Abfallbeseitigung, Strahlenschutz, Chemikalien in ihrer Wirkung auf die Umwelt)

Bundesanstalt für Gewässerkunde in Koblenz (Wasserwirtschaft, Messungen von Wasserstand, Abfluß, Geschiebe, Schwebstoffen, Temperatur und chemischer Zusammensetzung)

Bundesanstalt für Straßenwesen in Köln (Abgase, Tau- und Streusalz in ihrer Auswirkung, Straßenplanung)

Bundesanstalt für Wasserwirtschaft in Bonn (Umweltchemikalien, Aufsaugungsvermögen, Waschmittel in ihrer Auswirkung, Luftreinheit)

Der Bundesbeauftragte für den Steinkohlenbergbau und die Steinkohlenbergbaugebiete in Bonn

Bundesanstalt für Materialprüfung in Berlin (Überwachung von Abwässern, Abfallnutzung, Strahlenschutz, Umweltchemikalien)

Deutsches Hydrographisches Institut (Reinhaltung des Meeres, gesetzliche Mitarbeit) in Hamburg

Andere öffentliche Anstalten sind die Bundesbahn und die Rundfunkanstalten.

Während Bundesbehörden mehr eine Rahmenfunktion mit Weisungen und Koordinierungen (abgesehen von Vertragsschließungen) wahrnehmen, liegt der Schwerpunkt der Tätigkeit von Landesbehörden bei der Exekutive mit Genehmigungen, Kontrolle von Auflagen, Steuereintreibung usw. sowie bei speziellen Aufgaben, je konkreter, desto nachgeordneter die Behörden sind. Alle Bundesländer haben eine dreistufige Verwaltung mit Ministerien als oberste, mit Behörden und Regierungspräsidien als mittlere Dienststellen sowie als unterste Instanz die kommunalen Behörden. Mit Ausnahmen spezieller Einrichtungen ähneln sich Struktur und Aufgaben der Behörden der Länder, so daß hier stellvertretend die Behörden des Landes Nordrhein-Westfalen angeführt seien, soweit sie in Beziehung zur Geologie stehen.

## 4.3 Dienststellen des Bundes, der Länder, Kreise und Gemeinden

Staatskanzlei in Düsseldorf (Abfall- und Wasserwirtschaft, Landesentwicklungsplan, Naturschutz)

Ministerium für Wirtschaft, Mittelstand und Verkehr in Düsseldorf (Berg- und Energierecht, Berghoheit und Bergaufsicht, Energiepolitik, Bergtechnik, Geologie, Elektrizitäts-, Gas- und Wasserwirtschaft)

Ministerium für Ernährung, Land- und Forstwirtschaft (Flurbereinigung, Bodenschätzung, Rekultivierung, Wasserwirtschaft, Naturschutz)

Geologisches Landesamt Nordrhein-Westfalen in Krefeld (geologische Landeserforschung, geologische Karten, Beratung, Archive und Veröffentlichungen)

Landesoberbergamt in Dortmund (Entgegennahme von Mutungen, Verleihungen, Konzessionierung von Markscheidern, Bergpolizeiverordnung, Vertretung des Fiskus in Prozessen), nachgeordnet 12 Bergämter (Bergaufsicht, Entgegennahme von Mutungen, Betriebsplanprüfung, Grubensicherheit)

Landesamt für Wasser und Abfall in Düsseldorf (Wasserwirtschaft, Genehmigung für Entnahmen, Abfallwirtschaft, Strahlenschutz, Radioaktivität von Böden, Gewässern, Pflanzen) mit 7 Ämtern

Landesamt für Agrarordnung in Münster mit 14 Ämtern (Flurbereinigung, Bodenschutz und -verbesserung, Naturschutz, Landschaftspflege, Regionalplanungen, Umweltschutz)

Landesanstalt für Immissionsschutz in Essen (Reinhaltung der Luft, Umweltchemikalien)

Staatliches Materialprüfungsamt Nordrhein-Westfalen in Dortmund (Messen, Prüfen, Emissionen, Immissionen, Strahlenschutz)

Landesanstalt für Ökologie, Landschaftsentwicklung und Forstplanung Nordrhein-Westfalen in Düsseldorf (Bodennutzung, Wasserhaushalt, Bodenschutz und -nutzbarmachung, Landschaftspflege)

Amt für Umweltschutz in Köln (Abfallwirtschaft, Luftüberwachung, Naturschutz und Landschaftspflege)

Direktor der Landwirtschaftskammer Rheinland als Landesbeauftragter in Bonn (Ausbildung, forstliche Rahmenplanung, Umweltchemikalien und Pflanzenschutz)

Desgl., für Westfalen-Lippe in Münster

Siedlungsverband Ruhrkohlenbezirk in Essen (Abfallwirtschaft, Emissionenkontrolle, Naturschutz und Landschaftspflege)

Hygienisch-bakteriologisches Institut Nordrhein in Düsseldorf und Westfalen in Münster (Wasserwirtschaft, Chemie und Bakteriologie)

22 Gewerbeaufsichtsämter (Abfall-Überwachung, Strahlenschutz am Arbeitsplatz, Umgang mit radioaktiven Stoffen, Umweltschutz, Immissionsschutz, Mitarbeit am Standort für Kraftwerke und Flächennutzungsplänen)

Landesplanungsbehörde in Düsseldorf (Allgemeine Koordinierung von Umweltfragen, Landesplanungsrecht, Raumordnung und Landesplanung, Durchführung von Bodenentwicklungsprogrammen)

Institut für Gebietsplanung und Stadtentwicklung in Köln (Räumliche Entwicklung und Umweltschutz)

Landesamt für Datenverarbeitung und Statistik in Düsseldorf (Objekte: Wassergewinnung und -beschaffenheit, Abwasserherkunft und -menge, Abfallwirtschaft, Einwohnerzahl, Struktur- und Regiondatenbank)

Auch auf Kreis- und Gemeinde-Ebene gibt es Ämter (Planung, Tiefbau, Gesundheit, Mülldeponie) und eigene Gesellschaften (Wasserwerke), deren Geschäftsbereich in Beziehung zur Geologie steht.

Es gibt mithin kaum einen Lebensbereich, der nicht Gegenstand von Gesetzen, Erlassen und Verordnungen wäre und oft gleichzeitig in den Geschäftsbereich mehrerer Verwaltungsorgane fällt. Gewiß verlagert sich im Instanzenzug die Allgemeinregelung zum Einzelfall, aber mindestens die unteren Instanzen sind am Zustandekommen eines Verwaltungsaktes in einer zweistelligen Zahl beteiligt. So erscheinen zum Besprechungstermin beispielsweise zur Festsetzung eines Wasserschutzbezirkes nicht nur Vertreter des Wasserwerkes, sondern von zwölf Dienststellen (Geolog. Landesamt, Landesamt für Wasser und Abfall, Landesamt für

Ökologie, Landesplaner, Regierungspräsident, Kreismedizinalamt, Kreiskulturbauamt, Landschaftsverband, Landesstraßenbauamt, Gewerbeaufsichtsamt und die Ingenieurfirma. Der Kreis erweitert sich zur Versammlung, wenn eine Dienststelle mehrere Delegierte entsendet oder die Interessen noch anderer Dienststellen (Bundeswehr, Bahn, Post, Autobahnamt, Landwirtschaftskammer, Bergamt usw.) berührt werden.

Weitere öffentliche Einrichtungen sind Kreisämter, Gemeinden und höhere Gemeindeverbände. Zu letzteren gehören Landschaftsverbände (z. B. in Nordrhein-Westfalen die Verbände Rheinland und Westfalen-Lippe), Bezirksverbände und „Landschaft" (z. B. Oldenburg). Neben überregionaler Sozialfürsorge gehören in ihren Geschäftsbereich Beteiligung an Planungsvorhaben, Naturparks, Betrieb von Straßen, technische Vorschriften für den Straßenbau (Merkblätter) und Landschaftspläne. Außerdem gibt es gesetzliche Zweckverbände (Siedlungsverband Ruhrkohlenbezirk, Landesverband Lippe, Verband Großraum Braunschweig). Die Kreisämter und Gemeinden pflegen Ämter für Planung, Tiefbau, Gesundheit und Mülldeponie zu besitzen, deren Aufgaben die Geologie berühren.

Literatur:

Umweltbundesamt (Herausgeber): Umplis. Informations- und Dokumentationssystem Umwelt. Behördenverzeichnis Umwelt, Stand 1977. 938 S., Berlin 1978

## 4.4 Gerichtswesen

Das deutsche Gerichtswesen ist im Grundsatz durch einen dreistufigen Instanzenzug gekennzeichnet. Zieht man die nichtstaatliche Schiedsgerichtsbarkeit in Betracht, so wäre damit noch eine allfällige Vorstufe gegeben.

Nach der Zuständigkeit lassen sich die ordentliche Gerichtsbarkeit, die Arbeits-, Sozial- und Verwaltungsgerichtsbarkeit unterscheiden. Den ordentlichen Gerichten ist die Straf- und Zivilrechtspflege zugewiesen. Die ordentlichen Gerichte gliedern sich in Amts-, Land- und Oberlandesgerichte sowie den Bundesgerichtshof. Der Amtsrichter spricht als Einzelrichter Recht, bei den übrigen Instanzen entscheiden Kollegialgerichte.

Die Wahrung der staatlichen Interessen in der Rechtspflege geschieht durch die Staatsanwaltschaft. Sie betreibt die Vorermittlungen bei kriminellen Handlungen, erhebt und führt die Anklage durch. Die Staatsanwaltschaft ist hierarchisch aufgebaut, d. h. der einzelne Staatsanwalt handelt immer als Vertreter des Behördenchefs. Die Staatsanwaltschaft gliedert sich in die Bundesanwaltschaft am Sitz des BGH auf Bundesebene und auf Landesebene in die Generalstaatsanwaltschaften am Sitz der Oberlandesgerichte. Der Generalstaatsanwaltschaft unterstehen die Leitenden Oberstaatsanwälte am Sitz der einzelnen Landgerichte. Die Generalstaatsanwaltschaft ist gegenüber den einzelnen Staatsanwaltschaften weisungsbefugt. Die Bundesanwaltschaft hat keine Weisungsbefugnis nach unten, da die Landesjustiz selbständig ist. Für Fälle im Bereich des Handelsrechts sind Kammern bei den ordentlichen Gerichten eingerichtet. Die Arbeitsgerichte, ebenfalls dreistufig, befassen sich mit Streitigkeiten zwischen Arbeitgeber und Arbeitnehmer, Tariffragen, Streitfällen mit Betriebs- und Personalrat sowie mit Differenzen im Arbeits- und Lehrverhältnis. Den Sozialgerichten liegen Streitfälle in der Fürsorge, Versorgung, Invalidität usw. ob.

Die Schiedsgerichtsbarkeit ist eine nichtstaatliche Einrichtung. Bei dem Schiedsvertrag kommen die Parteien überein, die Entscheidung von Rechtsstreitigkeiten einem Schiedsgericht zu übertragen. Die Parteien können einen Schiedsvertrag nur über Gegenstände schließen, über den sie auch einen Vergleich hätten schließen können. Ein Schiedsvertrag über künftige Rechtsstreitigkeiten darf sich nur auf ein bestimmtes Rechtsverhältnis und daraus entspringende Rechtsstreitigkeiten beziehen. Beim Schiedsgerichtsverfahren dürfen Zeugen zwar vernommen, aber nicht vereidigt werden, der Schiedsspruch selbst ist zu begründen.

Unter Verwaltung versteht man die handelnde Staatsgewalt zum Vollzug der Gesetze, Planfeststellung, durch Rechtsverordnung, Satzung, allgemeine Anordnungen und im Einzelfall durch Verwaltungs-, Realakt oder Dienstbefehl, konkretisiert durch Gebote und Verbote, Mitteilungen, Zahlungen und Betrieb öffentlicher Einrichtungen. Dabei besteht ein Dualismus des staatlichen Handelns nach öffentlichem (hoheitlichem) und privatem Recht, wie er z. B. in der Energieversorgung zum Ausdruck kommt. Die Verwaltungsakte ergehen nach freiem („kann") und gebundenem („soll") Ermessen. Jeder dieser Akte ist vom Bürger im Prinzip anfechtbar und zwar mit Hilfe von fünf

## 4.4 Gerichtswesen

Klagearten: Anfechtungs-, Verpflichtungs-, Leistungs- und Feststellungsklage sowie Normenkontrollverfahren und Vollstreckungsgegenklage. Verwaltungsakte sind bei Fehlerhaftigkeit anfechtbar, Rechtsnormen nichtig.

Hervorzuheben wäre, daß Enteignungen nur durch Gesetz oder auf Grund eines Gesetzes erfolgen dürfen. Dabei bewirkt die Enteignung eine Beeinträchtigung vermögenswerter Rechte, eine „Aufopferung" eine Beeinträchtigung nicht vermögenswerter Rechte (Leben, Gesundheit). Einen Beurteilungsspielraum gibt es nicht bei der Feststellung von Tatsachen oder bei Auslegung des Rechtsbegriffs.

Solche Streitfälle auf dem Gebiet des öffentlichen Rechtes fallen in die Zuständigkeit Verwaltungsgerichte. Sie regeln die Einsprüche der Bürger gegen Verwaltungsakte von staatlichen und kommunalen Behörden und sind auch für Kompetenzkonflikte von Behörden untereinander zuständig.

Das bürgerliche Recht wird durch das Bürgerliche Gesetzbuch für das Deutsche Reich vom 1.1.1900 außer einem Einführungsgesetz mit 218 Artikeln in 2385 §§ behandelt. Es hat deutsche und römische Rechtsgüter verarbeitet und behandelt, abgesehen von den der Landesgesetzgebung vorbehaltenen Gegenständen (Wasser-, Bergrecht usw.) Sachen-, Familien- und Erbrecht sowie das Recht der Schuldverhältnisse.

Die Zivilprozeßordnung (ZPO) ist das Gesetzbuch für den Zivilprozeß vom 1.1.1900 (Novellierung 1924) und behandelt die Zuständigkeit der Gerichte, Instanz (nach Streitwert, beim Landgericht Anwaltszwang), Rechtsmittel (Beschwerde, Berufung und Revision) und regelt Klagen im Prozeßwege.

Die Strafprozeßordnung (StPO) von 1877 (allgem. deutsches Strafgesetzbuch 1928) behandelt die gerichtliche Untersuchung und Bestrafung von Verbrechen durch Ermittlungsverfahren, Anklageschrift, Hauptverhandlung und Urteil mit Strafmaß.

Literatur:

Eschrich, G. & Schwind, H. G.: Adressenfibel der deutschen Justiz. München 1963

Püttner, G.: Allgemeines Verwaltungsrecht. Ein Studienbuch. 3. Aufl., 171 S., Düsseldorf 1975

Wolff, H. J.: Verwaltungsrecht I. 9. Aufl., 623 S., München 1974

– Verwaltungsrecht II. Organisations- und Dienstrecht. 4. Aufl. 620 S. München 1976

## 4.5 Hochschul- und Forschungsinstitute, wissenschaftliche Verbände und Gesellschaften

### 4.5.1 Hochschulen

Die Hochschulen haben ihre geologischen und mineralogischen Institute durch Einrichtung von Lehrstühlen für die zu Einzelwissenschaften gewordenen Teilgebiete der Geologie erweitert. So hat jedes Institut seine Forschungsschwerpunkte, die Grundfächer nicht ausgenommen. Folgende geologische Forschungsrichtungen werden an Hochschulen der Bundesrepublik Deutschland gepflegt:

Allgemeine Geologie
Angewandte Geologie
Baugrundgeologie
Biostratigraphie
Bodenkunde
Bohrlochmessungen
Eiszeitenforschung
Erdbebengeologie
Erdölgeologie
Evolutionsforschung
Faziesuntersuchungen
Gefügekunde
Geochemie
Historische Geologie
Hydrogeologie
Ingenieurgeologie
Korallengeologie
Luftbildgeologie
Meeresgeologie
Mikropaläontologie
Montangeologie
Paläobotanik
Paläokologie
Paläontologie
Paläozoologie
Palynologie
Präkambrium
Quartärgeologie
Regionale Geologie des In- und Auslandes
Sedimentologie
Sedimentpetrographie
Technische Geologie
Tektonik

Die mineralogischen Institute nehmen folgende Spezialgebiete wahr:

Angewandte Mineralogie
Angewandte Gesteinskunde
Edelsteinkunde
Elektronenmikroskopie
Explorationsgeochemie
Gesteine des Ozeanbodens
Hochdruckpetrologie
Keramische Untersuchungen
Kristallchemie
Kristallographie
Lagerstättenkunde
Mineralsynthese
Neutronenbewegung
Pegmatite
Petrologie
Rohstoffkunde
Sedimentpetrographie
Spektralanalyse
Strukturforschung
Thermodynamik
Tonmineralogie
Umweltgeochemie
Vulkanologie

## 4.5.2 Wissenschaftliche Verbände

Deutsche Forschungsgemeinschaft in Bonn - Bad Godesberg (Zentrale Selbstverwaltung zur Förderung der Forschung)

Max-Planck-Gesellschaft in München (Forschung durch eigene Institute, z. B. für Biochemie, Strukturforschung, Chemie/ Kosmochemie, Eisen- und Festkörperforschung, ausländisches öffentliches und Völker-Recht)

Arbeitsgemeinschaft industrieller Forschungsvereinigung (Dachgesellschaft zur Förderung industrieller Forschung) in Köln

Stiftung Volkswagenwerk in Hannover (Förderung von Wissenschaft und Technik in Forschung und Lehre nach zeitlich begrenzten Schwerpunkten)

Stifterverband für die deutsche Wissenschaft in Essen (Forschungsprogramm mit Schwerpunkten)

Wissenschaftliche Akademien in Göttingen, Heidelberg, Mainz, München, Düsseldorf und Leopoldina in Halle mit Sektionen und Publikationen)

Bergbauforschung GmbH, Essen

Fachnormenausschuß Bergbau (Faberg) (Normung von Einrichtungen, Geräten, Kohlensorten) in Essen

Kaliforschungs-Institut, Hannover

Torfinstitut in Hannover (Technische Mooruntersuchungen, Gutachten)

Verein deutsche Eisenhüttenleute, Düsseldorf

Westfälische Berggewerkschaftskasse, Bochum, (technische Prüfungs- und Forschungsanstalten, Geophysik, Geologie, Hydrogeologie, Wasserwirtschaft, Bergschulen)

Bergbaubücherei des Steinkohlenbergbauvereins (Technik, Wirtschaft, Recht des Bergbaus, Naturwissenschaften) in Essen

Literatur für die Abschnitte 4.5.1 und 4.5.2:

Stifterverband für die deutsche Wissenschaft (Herausgeber): Vademecum deutscher Lehr- und Forschungsstätten. 7. Aufl., 1572 S., Essen 1978

Umweltbundesamt (Herausgeber): Umplis. Informations- und Dokumentationssystem Umwelt. Behördenverzeichnis Umwelt, Stand 1977. 938 S. Berlin 1978

Jahrbuch des Vereins Gas- und Wasserfachmänner, Jahrgang 1977/78. 492 S. München

## 4.5.3 Geologische Gesellschaften sowie Vereine und ihre Zeitschriften

Das öffentliche und literarische Forum wird von geologischen Gesellschaften von überregionalem Charakter gebildet. Auf Tagungen, Kongressen, Vortragsveranstaltungen, „Symposien" und von ihnen herausgegebenen Zeitschriften werden Fakten, Experimente, Interpretationen und Hypothesen, oft auch eine Dokumentation der Neuerscheinungen wiedergegeben. Auch örtliche Fachvereinigungen veranstalten Tagungen und geben meistens eine eigene Zeitschrift heraus. Ihre Zahl ist indessen zu groß und ihr Inhalt gewöhnlich regional begrenzt, so daß hier nur eine Auswahl zitiert wird.

Deutsche geologische Gesellschaft, Hannover (Zeitschrift der deutschen Gesellschaft)
Geologische Vereinigung, Mendig (Geologische Rundschau)
Deutsche Mineralogische Gesellschaft, Stuttgart (Fortschritte der Mineralogie)
Paläontologische Gesellschaft, Stuttgart (Paläontologische Zeitschrift)
Deutsche Gesellschaft für Mineralölwissenschaften und Kohlechemie, Erdgas, Petroleum, Hamburg (Erdöl und Kohle, Erdgas, Petrochemie)
„Glückauf", Essen
„Braunkohle", Düsseldorf
Österreichische Gesellschaft für Geomechanik, Wien (Felsmechanik)
Verein des Gas- und Wasserfaches usw., München (Wasser, Abwasser)
Geologische Bundesanstalt, Wien (Verhandlungen)
Bundesanstalt für Geowissenschaften und Rohstoffe, Hannover (Geologisches Jahrbuch)
Deutsche Quartärvereinigung, Öhringen (Eiszeitalter und Gegenwart)
„Brunnenbau, Bau von Wasserwerken, Rohrleitungen", Berlin
„Erdkunde", Bonn
Gesellschaft für geologische Wissenschaften, Ostberlin (Zeitschrift für geologische Wissenschaften)
„Zeitschrift für angewandte Geologie", Ostberlin
International Union of geological Sciences, Haarlem (Geol. Newsletter)
Société géologique, Krakau (Rocznik polskiego Towarzystwa geologicznego)
„Paläogeography — Climatological Ecology", Amsterdam
The Geologists' Association, London (Proceedings)
The geological Society, London/Edinburgh (Journal of Geology)
„Neues Jahrbuch für Geologie, Paläontologie, Monatshefte, Abhandlungen; desgl. für Mineralogie", Stuttgart
Société géologique de France, Paris (Bulletin)
„Bulletin du Bureau de Recherches et Minieres", Paris
„Engineering Geology", Amsterdam
The Institution of civil Engineers, London (Géotechnique)

The paleontologica Association, London (Paleontonlogy)
The geochemical Society and the meteoritical Society, Oxford (Geochimica et Cosmochimica Acta), Oxford
„Contributions to Mineralogy and Petrology", Berlin
„Geoexploration", Amsterdam
The Society for geological applied to Mineral Deposits, Berlin (Mineralium Deposita)
Royal geological and mining Society of the Netherlands, Amsterdam (Geologie en Mijnbouw)
The international Association of Sedimentologists, Oxford (Sedimentology)
The Geologists' Association, London (Proceedings)
The geological Society of Sweden, Stockholm (Geologiska Föreningens Förhandlingar)
Geological Survey of Great Britain, London (Bulletin)
„Giornale di Geologia", Bologna
Ungarische geologische Gesellschaft, Budapest (Földtani Kozlösny)
„Geological Magazine", Cambridge
Polska Akademia geologiczna, Warschau (Komitet Nauk geologicznych)
„Journal of Hydrology" Amsterdam
„American Journal of Science", New Haven, Conn.
The american Association of Petroleum Geologists, Stillwater, Ok. (Bulletin)
„The Journal of Geology", Chicago
„Geological Magazine", Cambridge
Geological Society of America, Boulder, Co (Bulletin)
The Society of Exploration geophysicists, Tulsa, Ok (Geophysics)
The Society of economics Geoloigists, Lancaster Pa (Economic Geology)
The Society of economic Paleontologists and Mineralogists the paleontological Society, Tulsa Ok (Journal of Paleontology)
„Soil Science", Baltimore, Maryland

## 4.6 Fachvereinigungen

Jeder Wirtschaftszweig hat seine organisatorische und berufliche Vertretung, die seine Interessen wahrnimmt und auch Auskunft über Betriebe, Produktion und Preise geben kann. Oft ist auch eine Fachbücherei vorhanden.

Fachverband für Eisenerzbergbau (Düsseldorf), für Metallerzbergbau (Düsseldorf), Kaliverein (Hannover), Erdölgewinnung (Hannover), Asphalt (Hannover), Flußspatgruben (München), Feuerfeste Industrie (Bonn), Schieferindustrie (Koblenz), Steine und Erden (Neuwied), deutsche Torfwirtschaft (Oldenburg), Bundesverband Kies-, Sand- und Mörtelindustrie (Duisburg), Bundesverband Kalksandsteinindustrie (Hannover), Interessengemeinschaft

Kieselgur (Hützel), Bundesverband der deutschen Kalkindustrie (Köln), Bundesverband Steine und Erden (Frankfurt/M.). Wirtschaftsverband Asbestzement (Berlin), Verband rheinischer Bims- und Leichtbetonwerke (Neuwied), Bundesverband Natursteinindustrie (Bonn), Bundesverband der deutschen Zementindustrie (Köln), Bundesverband der deutschen Ziegelindustrie (Bonn), Bundesverband der Jura-Marmorbruchbesitzer (Pappenheim) Deutscher Verband für Wasserwirtschaft (Berlin), Nordwestdeutscher Wasserwirtschaftsverband (Essen), Emschergenossenschaft (Essen), Ruhrverband (Essen), Ruhrtalsperrenverein (Essen), Lippeverband (Dortmund) und Großer Erftverband (Kierdorf), Verein deutscher Gas- und Wasserfachmänner (Eschborn)

Literatur:

HOPPENSTEDT: Verbände, Behörden, Organisationen der Wirtschaft. 772 S., Darmstadt 1977

# 5. Berggesetzgebung

## 5.1 Bundesrepublik Deutschland

Nach dem länderweise gültigen Bergrecht auf der Erde lassen sich fünf Rechtskreise unterscheiden:
1. deutsches Bergrecht
2. englisches Bergrecht nach dem common law
3. französisches Bergrecht nach dem Code Napoléon von 1810
4. Bergrecht des Ostblocks
5. Bergrecht der Entwicklungsländer.

Sie unterscheiden sich hauptsächlich durch die Bindung oder Trennung von Grund- und Bergwerkseigentum, durch Staatsvorbehalte für Bodenschätze, Bergbaufreiheit, durch Abbauberechtigung im Konzessionswege oder durch Verleihungen, durch staatliche Zwangskapitalbeteiligung und Abgabenpflicht. In der Bundesrepublik Deutschland gibt es kein einheitliches Bundesberggesetz, obwohl man sich der Notwendigkeit bewußt ist und auch Entwürfe von verschiedener Seite vorliegen (Entwurf ARNDT 1889, ISAY 1954, Musterentwurf eines Landesberggesetzes des Länderausschusses 1956, Entwurf der IGBE 1964, Referentenentwurf des BWM 1973). Statt dessen gelten die alten Ländergesetze, teilweise mit Zusätzen und Novellierungen, fort. So gilt das Allgemeine Berggesetz für die Preußischen Staaten vom 24.6.1865 mit den Nebengesetzen über die Beaufsichtigung von unterirdischen Mineralgewinnungsbetrieben und Tiefbohrungen vom 18.12.1933, zur Erschließung von Erdöl und anderen Bodenschätzen vom 12.5.1934, das Phosphoritgesetz vom 16.10.1934 und das Gesetz über die Berechtigung zur Aufsuchung und Gewinnung von Erdöl und verwandten Bodenschätzen vom 13.12.1934 fort ebenso wie die Berggesetze der übrigen Bundesländer teilweise mit Neufassungen (KRAUTSCHNEIDER 1958).

Als früheres Reichs- und gegenwärtiges Bundesrecht gelten die drei Gesetze zur Erschließung von Bodenschätzen vom 1.12.1936, über die Zulegung von Bergwerksfeldern vom 25.3.1938 und die Verordnung über die Aufsuchung und Gewinnung mineralischer Bodenschätze vom 31.12.1934 (Silvesterverordnung) fort.

Das deutsche Bergrecht ist eine Kombination von Bergbaufreiheit und Konzessionssystem. Es gilt der Grundsatz der **Bergbaufreiheit**, also die Loslösung des Bergwerkeigentums vom Grundbesitz und das einem jeden zustehende Recht auf Aufsuchen und Gewinnung von Bodenschätzen. Die Verfügungsberechtigung ist allerdings für die meisten Metalle, für Erdöl und Erdgas durch Staatsvorbehalt wieder eingeschränkt, praktisch jedoch nur formal, insofern als daß das Abbaurecht dem Finder mit Vorrecht verliehen werden kann. Steine und Erden, Torf, Kieselgur usw. gehören dagegen dem Grundeigentümer und unterliegen der Bergaufsicht nur bei Gewinnung im Tiefbau.

Der **Erwerb von Bergwerkseigentum** passiert folgende Stadien. Nach dem Schürfen, das der Grundeigentümer gegen Entschädigung gestatten muß, bei Fündigkeit Einlegung der Mutung mit Situationsriß, für die bei Konkurrenz die zeitliche Priorität gilt. Die Fundesbesichtigung entscheidet über die Bauwürdigkeit des Vorkommens (Nachweis „in solcher Menge und Beschaffenheit, daß eine zur wirtschaftlichen Verwertung führende bergmännische Gewinnung möglich erscheint", § 15 ABG) und ist die Grundlage für die Verleihung von Bergwerkseigentum für ein Feld von beliebigem Umriß und maximaler (2,2 Mio. m²) Fläche bis zur ewigen Teufe.

Die **Verleihung** gilt für gefundene und gemutete Minerale. Sind mehrere Muter beteiligt, so hat der Bergwerkseigentümer, welche die Minerale bergtechnisch und bergpolizeilich gemeinsam gewinnen kann, das Vorrecht zur Gewinnung. Nicht gemutete Begleitminerale müssen dem Grundeigentümer auf Antrag gegen Erstattung der Gewinnkosten herausgegeben werden. Das verliehene Bergwerkseigentum wird ins Grundbuch eingetragen und kann durch Auflassung veräußert werden, auch einer Feldesteilung, einem Feldesaustausch oder einer Konsolidierung unterworfen werden, aber nicht ohne staatliche Genehmigung. Das erschrotene Wasser kann benutzt, die Nutzung bei Nichtbenutzung an Dritte verliehen werden. Das Oberbergamt kann dem Bergwerksbesitzer aus Gründen des öffentlichen Interesses eine Betriebspflicht auferlegen. Das Bergwerkseigentum endet durch Verzicht.

Da die nutzbaren Minerale „sich nicht erneuernde Hilfsquellen" darstellen und ihre Gewinnungsstellen ortsgebunden sind, wird ihnen vor mancher anderer Oberflächennutzung die größere wirtschaftliche Bedeutung beigemessen. Aber auch andere öffentliche Anlagen wie die öffentlichen Verkehrsanstalten sind in ihrer volkswirtschaftlichen Bedeutung gewachsen und bezüglich Oberflächeneinwirkung empfindlicher geworden. Eine gegenseitige Rücksichtnahme als Grundlage der Kollisionsregelung empfiehlt sich daher (WESTERMANN 1966).

Für Bergschäden (Wasserentziehung, Versumpfung, Gebäude- und Vegetationsschäden, Senkungen und Spalten) haftet der Bergbautreibende, „ohne Unterschied, ob der Betrieb unter dem beschädigten Grundstück stattgefunden hat oder nicht". Mehrere Bergbautreibende haften als Gesamtschuldner. Die Entschädigungsbeträge können Millionenhöhe erreichen (z. B. gegenüber der Bundesbahn oder bei Verlegung des Vorfluters) und kostspielige Aufwendungen für Straßenverlegungen, Brückenbauten, Instandsetzung von Gebäuden usw. bedingen. Substanzverluste und betriebliche Erschwerungen entstehen den Zechen durch Sicherheitspfeiler für Straßen, Kanäle, Schleusen usw. (WESTERMANN 1966).

Neben den üblichen Handelsgesellschaften gibt es im Bergbau eine spezifische Kapitalgesellschaftsform, die Gewerkschaft. Es ist eine Kapitalgesellschaft mit Anteilen (Kuxen), börsengängigen Wertpapieren und mit Stimmrecht. Es besteht keine persönliche Haftung für Schulden, sondern die Ausstattung des Bergwerkes wird durch Zubußen bewerkstelligt. Geschäftlich wird die Gewerkschaft durch den Repräsentanten vertreten. Die Sozialversicherung des Bergbaus ist durch das Knappschaftsrecht geregelt.

Das Allgemeine preußische Berggesetz (AGB) vom 24. 6. 1865 schließt die folgenden Minerale vom Verfügungsrecht des Grundeigentümers aus

Gold, Silber, Quecksilber, Eisen mit Ausnahme der Raseneisenerze, Blei, Kupfer, Zinn, Zink, Kobalt, Nickel, Arsenik, Mangan, Antimon und Schwefel, gediegen und als Erze;
Alaun- und Vitriolerze;
Steinkohle, Braunkohle und Graphit;
Steinsalz, Kali-, Magnesia- und Borsalze nebst den mit diesen Salzen auf der nämlichen Lagerstätte vorkommenden Salzen und Solquellen.

Alle anderen Minerale gehören, mit Ausnahme der in späteren Gesetzen aufgeführten Minerale wie Erdöl und Erdgas, Asphalt, Ölsand, Phosphat, Uran- und Thorium-Minerale, dem Grundeigentümer, also z. B. Strontianit, Edelsteine, Steine und Erden sowie Platinminerale.

Nachträglich sind Uran- und (mit Ausnahme von Bayern) Thorium-Minerale in die Liste der allgemeinen Bergbaufreiheit aufgenommen. Die Aufsuchung und Gewinnung steht also dem Staate zu, der sie sich aber erst selbst verleihen muß (unechter Staatsvorbehalt). Lediglich Bayern hat sich das Recht zur Aufsuchung und Gewinnung vorbehalten (echter Staatsvorbehalt). Im Sinne einer einheitlichen Verwaltungspraxis wird aber die Erlaubnis zur privaten Aufsuchung erteilt, wegen der hohen geologischen und geophysikalischen Untersuchungskosten meistens im Konsortialvertrag. Billigerweise wird dem Schürfer auch das Recht zur Gewinnung gegen Förderzins überlassen, der einen Betriebsplan einzureichen hat.

Auch die Aufsuchung und Gewinnung von Erdöl ist dem Staat vorbehalten, in den Bundesländern bis auf Preußen in den Jahren 1904—1929, in Preußen durch die Erdölverordnung vom 13. 12. 1934 (echter Staatsvorbehalt). Beginn und Umfang der Arbeiten müssen dem zuständigen geologischen Landesamt angezeigt und die Untersuchungsergebnisse mitgeteilt werden. Die Einholung einer Bohrerlaubnis und die Zuteilung eines Konzessionsgebietes auf vertraglicher Grundlage sind die nächsten Schritte. Das Konzessionsgebiet muß durch Pflichtbohrungen aufgeschlossen werden; bei Fündigkeit können Gewinnungsfelder für 30 Jahre beantragt werden, wobei eine befristete Ausbeutungfrist besteht. Es gilt das Betriebsplanverfahren. In Niedersachsen ist eine Verordnung über Tiefbohrungen sowie über die Gewinnung von Erdöl und Erdgas vom 17. 7. 1953 erlassen. Die Gewinnungsfelder sind, länderweise verschieden, 2 bis 4,4 Mio. m$^2$ groß.

Beginn und Einstellung von Bergbaubetrieben müssen angezeigt werden. Ein verantwortlicher geprüfter Betriebsleiter muß eingesetzt und ein genehmigter Betriebsplan und laufend ergänztes Grubenbild geführt werden. Unfälle bedürfen der Anzeige, im übrigen herrscht bergpolizeiliche Aufsicht.

Das zersplitterte Baurecht ist durch das Bundesgesetz vom 23. 6. 1960 und für Nordrhein-Westfalen (für andere Bundesländer analog) durch die Bauordnung vom 25. 6. 1962 bereinigt worden. Die Grundlage für die städtebauliche Planung sind der

Flächennutzungsplan als Vorbereitung für den Bauplan und der Bebauungsplan als verbindlicher Bauleitplan. Dabei werden auch Interessen des Bergbaus berücksichtigt, also Flächen für Aufschüttungen und Gewinnungsbetriebe. Aber auch Flächen, unter denen Bergbau umgeht oder betrieben worden war, werden ausgewiesen, um den Grundeigentümer vor Schaden zu bewahren. Andererseits können Flächen laut Bebauungsplan zur Gewinnung von Bodenschätzen enteignet werden. Die Bauordnung sieht auch sachgemäßes Bauen, also auch für bergbauliche Anlagen vor (KRAUTSCHNEIDER 1963).
Kernbrennstoffe und ihre Ausgangsstoffe unterliegen dem Atomgesetz vom 23.12.1953. Es ist durch die Strahlenschutzordnung vom 13.4.1960 ergänzt worden, welche die Genehmigung und Anzeigepflicht sowie Schutzvorschriften für den Umgang mit radioaktiven Stoffen vorsieht. Radioaktive Abfälle müssen Sammelstellen zugeführt werden. In Nordrhein-Westfalen ist in Ausführungsverordnungen vom 6.4 und 11.10.1960 festgelegt worden, daß das Landesoberbergamt den Umgang mit und die Aufbewahrung von radioaktiven Stoffen in Bergwerken und die zulässige Konzentration radioaktiver Abwässer beaufsichtigt.

Literatur:

BRASSERT, H.: Das Allgemeine Berggesetz vom 24.6.1865. Bonn 1888
EBEL, H.: Preußisches allgemeines Berggesetz. (1963)
HELLER, W. u. LEHMANN, W.: Deutsche Berggesetze. Essen 1978
KRAUTSCHNEIDER, E.: Das Erdölrecht mit besonderer Berücksichtigung im Lande Nordrhein-Westfalen. Bergfreiheit, 22: 263—266. Herne 1957
– Welche bergrechtlichen Bestimmungen gelten in der Bundesrepublik Deutschland? Bergfreiheit, 23: 55—57. Herne 1958
– Das bereinigte Bergrecht im Lande Nordrhein-Westfalen. Bergfreiheit, 27: 181—183. Herne 1962
– Hundert Jahre Allgemeines Berggesetz. Bergfreiheit, 30: 261—266. Herne 1965
– Bergbau und Baurecht. Bergfreiheit, 28. Essen 1963
WILLECKE u. TURNER: Grundriß des Bergrechts. 2. Aufl. (1970)

## 5.2 Industrieländer

Die Berggesetzgebung in den Industrieländern hat sich seit der ersten Gesetzgebung in den Grundzügen (die Länder des Ost-

blocks ausgenommen) wenig verändert, so daß hier im wesentlichen der Darstellung von Isay (1929) gefolgt wird.
In Großbritannien gehören Minerale (base mines) zum Grundbesitz als Bergwerke (mines oder quarries) mit Trennung von Mineralen an der Oberfläche oder unter Tage. Gold und Silber sind „mines royal". Im öffentlichen Interesse werden Minerale an Dritte verliehen, nach Fündigkeit, Feldabstecken, Besitzergreifung (location) und Eintragung (pegging) ins öffentliche Register, danach behördliche Verleihung (patent, crown grant) mit vollem Eigentum (fee simple) oder nur mit Nutzungserlaubnis (Pacht, lease) mit festem Zins (dead renf) und Förderabgabe (royalty). Haftung für Bergschäden, Bergpolizei, strenge Vorschriften für Kohlengruben, Errichtung von Tagesanlagen nach Enteignung des Grundeigentümers, Aufsicht über mehr als 20 Fuß tiefe Steinbrüche.
In den Ländern des Commonwealth gehörten Minerale ebenfalls zum Grundeigentum und konnten bis auf die mines royal (Au, Ag) gegen Jahresgebühr (mines licence, prospecting licence, free mines certificate) beschürft werden. Die Besitzergreifung eines Feldes (claim) erfolgte durch Fund (discovery), Markierung der Fundstelle (location) und Feldesabsteckung (staking out) und schließlich Eintragung ins amtliche Register (record). Nicht bearbeitete Claims galten als auflässig. Die Verleihung geschah als Eigentum (fee simple) oder Pacht (lease) auf die Dauer von 15 bis 30 Jahre. Es galten Betriebspflicht und Sicherheitsvorschriften.
Speziell in Kanada ist das Bergrecht (Land-)Provinzrecht. Das Bergbauministerium (Min. of natural Ressource) erteilt Lizenzen und Konzessionen und führt die Bergaufsicht. Die Prospektlizenz gilt für ein Jahr und für ein Gebiet von 200 acres oder 0,8 km². Innerhalb von 12 Monaten muß ein claim abgesteckt sein, wonach der Schürfer für weitere 12 Monate Schürf- und Entwicklungslizenz unter bestimmten Auflagen an Investitionen erwerben kann. Die nächste Stufe ist die Verleihung vorläufiger Bergbaurechte (mining leasing) für zwei Jahre zur bergbaulichen Vorbereitung. Danach wird die Bergbaukonzession (mining concession) erteilt. Alle Lizenzen sind gebührenpflichtig, können verfallen oder widerrufen werden und verpflichten zur Entrichtung von Steuern und Abgaben sowie zur Haftung von Bergschäden. Explorationslizenzen für Erdöl und Erdgas sind fünf Jahre gültig und werden bei Fündigkeit durch Förderrechte für 20 Jahre abgelöst.

## 5.2 Industrieländer

In Frankreich unterschied man nach dem Code Napoléon (1810) drei Mineralklassen:
Mines, vom Verfügungsrecht des Grundeigentümers ausgeschlossen. Metalle, Arsen, Schwefel, Alaun, Vitriolerze, Kohle, Bitumen, Petroleum, Erdgas, Stein- und Kalisalze
Minières, zum Grundeigentum gehörig. Untertagegewinnung nach „Permission". Raseneisenerze, Pyrit, Aluminate, Torf
Carrières, zum Grundeigentum gehörig. Ausbeutung nach Anzeige bei Ortspolizeibehörde, bei Tiefbau Bergpolizei. Steine, Sand, Kies, Kaolin und Ton.
Der Grundeigentümer hat Schürfrecht (Droit de Recherches), auch Dritten kann Schürferlaubnis gewährt werden (Permission de Recherches). Konzession erlaubt Abbau, Beteiligung von Staat und Arbeiten am Reingewinn und Garantie von Mindestlöhnen. Finder ohne Anspruch auf Konzession, Einspruchsfrist gegen Konzessionsgesuche. Eine Feldessteuer (redevance fixe) und eine Abgabe vom Reinertrag (redevance proportionelle) werden erhoben, ebenso eine Entschädigung an den Grundeigentümer wegen Rechtsverlust infolge des Abbaus. Es besteht Betriebspflicht, Bestellung eines Betriebsleiters, Führung eines Grubenbildes und Tagebuches sowie Bergaufsicht.
In den französischen Kolonien erfolgt die berggesetzliche Regelung nach dem Vorbild des Mutterlandes. Als Minerale gelten Mines (2 bis 8 Klassen, oft mit Staatsvorbehalt) und Carrieres. Nach Schürferlaubnis und Konzession Ausbeutungserlaubnis oder dreijährige Probezeit nach regelmäßigem Bergbau.
In Belgien und Luxemburg gilt das Napoléon-Gesetz von 1810.
In Luxemburg sind die oolithischen Eisenerze Staatseigentum, die im Konzessionswege gegen Vergütung abgegeben werden. In Belgien können dem Staat vorbehaltene Felder verliehen werden, bei Konzessionen hat der Grundeigentümer Vorrang.
In der Schweiz ist das Bergrecht nach französischem Vorbild geregelt; in Graubünden herrscht Grundeigentümerbergbau, sonst gilt Kantonsrecht.
In Italien ist das Bergrecht von 1927 anstelle der Provinzialrechte getreten. Es sieht Bergwerke (Miniere, kein Vorzugsrecht des Grundeigentümers, Vergebung von Konzessionen) und Steinbrüche (cave) vor, welche letztere dem Grundeigentümer zustehen, bei Nichtausnutzung aber an Dritte verliehen werden können. Schürferlaubnis, Konzessionssystem, Finder ohne An-

spruch auf Verleihung, Betriebspflicht, Bestellung eines Betriebsleiters, Bergschadenrecht.
In Schweden und Finnland ist der Grundeigentümer am Betrieb und zur Hälfte an Gewinn und Verlust beteiligt.
In Spanien gehören Baustoffe dem Grundeigentümer, ebenso Seifen, Raseneisenerze, Torf und Kaolin; sie können gegen Entschädigung an Dritte übertragen werden. Für Erze, Salze und Bitumina bedarf es Konzessionen. Minerale an der Oberfläche (suelo) können Privat- oder Staatseigentum sein, Minerale im Untergrund (subsuelo) Staatseigentum bis in ewige Teufe. Schürfarbeiten bis zu 10 m Länge und Tiefe sind frei. Nach Fund Feldesvermessung, Konzession nur an Spanier im Umfang von vier Massen (pertenencia, 100 m im Geviert). Feldessteuer, Förderabgabe, Bergschadenregelung und Bergpolizei.
Das portugiesische Bergrecht ähnelt dem französischen; Minerale sind Staatseigentum, die Steinbrüche (Pedreiras) gehören zum Grundeigentum. Nach Anmeldung des Fundes Absteckung eines Schlagkreises, Schürferlaubnis (Licenca para pesquisos) mit Betriebspflicht. Bei Fündigkeit Antrag auf Konzession, Erteilung nach Aufgebot, Nachweis von Geldmitteln, technische Eignung, kein Raubbau, Betriebskontinuität, Entschädigung Dritter, Abgabe an Grundeigentümer.
Die türkische Berggesetzgebung schließt sich an die französische von 1810 mit ihren Bergwerken, Gräbereien und Steinbrüchen an. Bergwerkseigentum an Mineralen wird durch Konzession erworben, der Schürfer hat jedoch bei Fündigkeit keinen Anspruch auf Verleihung, wohl auf Entschädigung. Schürferlaubnis mit Betriebspflicht innerhalb zweier Jahre nach Konzessionserteilung. Verpflichtungen: Lastenheft, Förderabgabe, Feldessteuer, Betriebsleiter, Bergpolizei, Betriebsplan, Grubenbild. Schutz der Arbeiter gegen Ausbeutung.
In den USA lehnt sich die bergrechtliche Gesetzgebung des Bundes und der Staaten an das „common Law" an, das dem Grundeigentümer die Minerale bis in die ewige Teufe zuspricht und dem wirtschaftlich Interessierten durch Pacht (Lease, ausschließliches Eigentumsrecht) oder Lizenz (nicht ausschließlich) überläßt. Neue Gesetze sehen die Trennung des Eigentums von Mineralen an der Tagesoberfläche und im Untergrund vor. Für Erdöl und Erdgas besteht nur ein Aneignungsrecht, für Phosphate, Nitrate, Kalisalze, Erdöl, Erdgas, Asphalt, Kohle, Ölschiefer und Schwefel Staatsvorbehalt. Sie sind vom Belegungs-

gesetz ausgenommen. Sand und Kies unterstehen den Innenministerien.

Der Kontinentalschelf ist bis auf die den Ländern vorbehaltene Dreimeilenzone Bundeseigentum.

Man kann Grund- und Bergwerkseigentum (patented mining claim) oder lediglich Bergwerkseigentum (unpatented mining claim) erwerben. Erwerb von Bergwerkseigentum auf Bundesland geschieht durch Mineralfund (discovery), Besitzergreifung (location) und Eintragung des Feldes (recordation) entweder für ein Gangfeld (lode claim) oder ein Längenfeld (placer claim). Die Besitzergreifung bedingt Anschlag, Belegungsnotiz (location notice), Aufschlußarbeiten (discovery shaft) und Feldesmarkierung (boundary marking). Es besteht Betriebspflicht (assessment work) und eine Bauhaftung für jährliche Aufwendungen. Danach hat der Titelinhaber Anspruch auf Eintragung ins Landbüro und auf die Verleihungsurkunde durch das Bundeslandamt in Washington gegen einen Kaufpreis je acre, bei konkurrierenden Anträgen (adverse claim) durch Gerichtsentscheidung.

Der Erwerb von Bergwerkseigentum auf Staatenland erfolgt durch Feldesbelegung mit Notiz und Eintragung, teils mit Anspruch auf Verpachtung, aber nirgends Übertragung des Feldes zu vollem Eigentum. Auf mineralhöffigen Gebieten Schürferlaubnis, bei bekannten Vorkommen Versteigerung. Nach Pachtende Pflicht zur Rekultivierung, während der Pachtzeit (5 bis 20 Jahre) jährlicher Pachtzins (annual rental) und Förderabgabe (royalties); Bedingungen für die Betriebsführung: achtstündige Arbeitszeit, Sicherheit, kein Raubbau (waste) und Produktionspreise im öffentlichen Interesse, sonst Widerruf.

Es gibt Ackerbauland (agricultural land) und Bergwerksland (mineralland), wo mit Nutzen Bergbau betrieben werden kann. Der Bergwerkseigentümer genießt wegen des öffentlichen Interesses gewöhnlich Vorrecht gegenüber dem Grundeigentümer, ist ihm gegenüber aber zur Gefährdungshaftung (liability without fault) verpflichtet.

Zum Schutz von Erdöl- und Erdgaslagerstätten sind Gesetze erlassen. Sie sollen Mineralverlust (waste) verhindern, die Zahl der Bohrungen beschränken, Bohrarbeiten überwachen, Produktionsbeschränkung auf die zweckmäßigste Fördermenge verbürgen und die wechselseitigen Rechte verschiedener Mineraleigentümer an einer Lagerstätte wegen des Nachfließens (correlative rights) regeln. Den Bundesstaaten obliegen Betriebsaufsicht und Bergpolizei.

In Polen mit ursprünglich deutschem, österreichischem und russischem Bergrecht herrscht Bergfreiheit. Nach Fundanzeige und Besichtigung Verleihung mit Förderabgabe, für beibrechende Minerale Mutungsvorrecht, Bergschadenrecht.

In der UdSSR waren Minerale nach der Bergordnung von 1927 Staatseigentum, es herrschte aber Schürf- und Bergbaufreiheit, für Ausländer auf Grund besonderer Erlaubnis. Radioaktive Minerale unterlagen dem Staatsmonopol. Für Torf, Baustoffe, Mergel und Phosphorit bestand Bergfreiheit. Bekannte Lagerstätten waren Staatseigentum. Das Gewinnungsrecht an neuen Lagerstätten passierte drei Stufen: Fund, Aufschließung und Verleihung mit Aufwendung bestimmter Summen jährlich. Erfolgreicher Aufschluß bedingt Verleihung einer Konzession für Maximalfeld, falls nicht Staatseigentum, nur für ein Mineral, so daß Dritte für beibrechende Minerale Konzessionen erhalten können. Betriebspflicht für Konzessionsinhaber, Feldessteuer, Förderabgabe, Mindestinvestition.

In Jugoslawien System der Schürf- und Bergfreiheit, Mutung und Verleihung. Schürfberechtigung bis fünf Jahre, Gewinnungsrecht 50 Jahre, Feldessteuer, Abgabe vom Reingewinn und staatliche Aktienbeteiligung.

Das bulgarische Bergrecht unterscheidet Bergwerke und Steinbrüche. Die Bergwerke sind dem Grundeigentümer entzogen und basieren auf drei Mineralklassen: Bitumina, Salze und sonstige Minerale; die Verleihung geschieht nach Klassen. Schürfberechtigung, nach Fund Konzessionserteilung, wobei der Finder Anspruch auf Verleihung hat. Feldessteuer und Förderabgabe.

In Rumänien ist das Bergrecht nach etlichen Mineralklassen bezüglich Dauer und Feldesgröße der Konzessionen differenziert. Nach Prospektionserlaubnis für allgemeine Untersuchungen und Schürferlaubnis für Aufschließung mit Betriebspflicht und Abgabe Erteilung der Konzession an Aktiengesellschaften mit 60% einheimischem Kapital. Die Konzession begründet ein Liegenschaftsrecht für 20 bis 50 Jahre. Es besteht Betriebspflicht. Vorlage eines Betriebsplanes und Zustimmung zu jeder Einrichtung, Haftung für Bergschäden.

Literaturübersicht siehe unter 5.3

## 5.3 Entwicklungsländer

Die Prospektion und Gewinnung von Rohstoffen in den Entwicklungsländern steht im Zeichen einer Interessenkoordinierung der auf Autonomie, Erhöhung des Bruttosozialproduktes, Verminderung der Arbeitslosigkeit, Bildungsreform und Strukturverbesserung bedachten Länder und der an Produktivität, Rentabilität und Investitionssicherheit gelegenen Bergbauunternehmen. Die Bergbauverträge bieten ein vielfältiges Spektrum privater Vereinbarung, nationaler gesetzlicher Regelung und völkerrechtlicher Übereinkunft (KIRCHNER 1977). Das Vertragsmuster „Equatoria" (KIRCHNER 1977) mag als Beispiel gelten.

Danach erfolgt nach der Prospektionslizenz die Gründung einer Kapitalgesellschaft, an der der Rohstoffstaat anfangs mit 10% beteiligt ist, seine Beteiligung jährlich um 2% durch Ankauf vergrößert und deren Betriebskapital durch ein achtfaches Darlehen des Grundkapitals durch Bankenbürgschaften erhöht wird. 10 Jahre lang muß das Produkt der Gesellschaft zum Marktpreis abgenommen werden. Weitere Verpflichtungen betreffen Umweltschutz, Wiederherstellung der Landschaft, Beschäftigung und Ausbildung von Einheimischen, Information über den Betrieb, Steuern, Abgaben, Zölle und Anerkennung einer Schiedsklausel, die durch das Centre for the Settlement of Investment Disputes (ICID) wahrgenommen werden kann.

Die Bodenschätze sind nach der **Berggesetzgebung der Entwicklungsländer** nicht Teil des Grundeigentums, sondern unterliegen dem Verfügungsrecht des Rohstoffstaates. Die Minerale, ausgenommen Steine und Sande, sind einschließlich nichtmetallischer Salze kategorisiert. Für radioaktive Minerale und Edelmetalle gelten besondere Bestimmungen, wobei Beratung und Betreuung nicht ausgeschlossen sind.

Voraussetzung für eine **Bergbauberechtigung** sind Qualifizierung (Egibility) des Antragstellers (Investor), Nachweis technischer und finanzieller Leistungsfähigkeit, Gründung von Gesellschaften nach Landesrecht und inländische Beteiligung.

Nach der Erteilung der Bergbauberechtigung vollziehen sich die **Phasen der Exploration und Exploitation** gewöhnlich in folgendem Rahmen:

Prospektion und Aufsuchen, Schürfe über ein bis vier Jahre, Pachtzinsen an Grundeigentümer, über größere Gebiete

Exploration (Erforschen, Erschließen) kleinerer Gebiete über drei bis fünf Jahre, gegen Berichterstattung, Probenablieferung, Sicherheiten

Abbau (Mining), Hauptkonzession nach Fund, Priorität als explorierender Investor, auch Option bei günstigeren Anbietern, Entdeckungsurkunde (Certificate of Discovery), Lagerung (Storing), Aufbereitung (Processing), Transport (Moving) und Veräußerung (Marketing).

Die Erlaubnis wird nach Arbeitsplan gewährt; es gibt Fristenverlängerungen, Mindestaufwendungen werden vorgeschrieben und die Zahl der Lizenzen ist begrenzt. Am Ende der Exploration und Abgabe einer Wirtschaftlichkeitsstudie (Feasibility-Report) Vergabe gegen Vorauszahlungen und Sicherheiten auf 20 bis 30 Jahre mit Verlängerungsmöglichkeit. Gefundene weitere Minerale erfordern neue Abbauberechtigung. Fristen für Aufnahme des Abbaus, kein Raubbau, Mindestinvestitionen und -Produktion sowie Berichterstattung.

Für die Vertragsgestaltung ist in romanistisch geprägten Rechtsordnungen (Code Napoléon 1810) die Berggesetzgebung mit dem Hoheitsakt der Konzessionierung maßgebend. Die Inkorporation erfolgt auf privatrechtlicher Grundlage und die Vertragsgestaltung ist weniger detailliert. Bei der Common-Law-Tradition steht das Vertragselement im Vordergrund mit allen gesetzlichen Einzelheiten und bildet den Hoheitsakt der Inkorporation. Es gibt verschiedene Arten der Inkorporation (gesellschaftliche Beteiligungsformen):

Joint Venture: vertraglicher Zusammenschluß zu gemeinsamer Unternehmung unter gemeinsamem Mitteleinsatz und Ergebnisanteil — allgemeine Kooperation

Konzession: Abrede zwischen Investor und Rohstoffstaat, Wahrnehmung des Betriebes durch Investor

Dienstleistungsvertrag (Contract of Work): Wahrnehmung des Betriebes durch Rohstoffstaat und Investor und Aufbringung aller Mittel, eingeschränkte oder totale Verwertungs- und Vermarktungsrechte

Qualifizierte Konzession: Gewinnteilung, Produktionsteilungsabkommen, Einkommensbesteuerung, Ankauf von Produkten im Rohstoffstaat (local Purshase) und Einstellung einheimischer Arbeitnehmer (local Employment), Kontrolle, starker Regierungseinfluß, Beeinflussung von Preisbildung und Quantität des Exports.

Das Aushandeln von Investitionsverträgen liegt grundsätzlich beim Fachminister des Rohstoffstaates, auf Ministerialebene, unter Berücksichtigung der Gesetzgebung und unter Hinzuziehung von Fachleuten (Ministerien für Finanzen und Planung, Äußeres, Industrie, Energie, Inneres, Fremdenverkehr und Handel, Generaldirektor für Schatz- und Kreditwesen, des Entwicklungsfonds und der Zentralbank).
Das Bergbauvorhaben steht unter Kontrolle des Bureau of Mines (Bergamt). Höher entwickelte Rohstoffstaaten haben eigene Erschließungsgesellschaften, auch mit Direktionsrechten und Partnerschaften mit ausländischen Gesellschaften. Außerdem sind dank guter Verbindungen und Ausschließlichkeitsrechten auch fremde Erschließungsgesellschaften und Einzelberater in freier Mitarbeit tätig. Einzelinvestoren gibt es für seltene Metalle; aber gewöhnlich sind die Objekte so groß, daß ein Konsortium Aufsuchung und Gewinnung in die Hand nimmt.
Als Beispiel der Berggesetzgebung eines Rohstoffstaates sei das das Bergbaudekret von 1937 ablösende Berggesetz von Zaire angeführt. Danach sind die Bodenschätze bis auf Gesteine und Sand nationales Eigentum. Für Kohlenwasserstoffe, spaltbare Minerale und Mineralquellen gelten Sonderbestimmungen. Bergrechtliche Verträge können nur juristische Personen schließen. Die namentliche Prospektionserlaubnis (Certificat de prospection) und eine persönliche Schürflizenz (Permis de Recherche) ist mit keinerlei Auflagen verknüpft und kann nach Vorlage eines Schürfprogramms für eine Lizenz von 5 m im Quadrat (Höchstzahl 200 Lizenzen für eine Person) für zwei Jahre mit dreimaliger Erneuerung für geochemische und geophysikalische Untersuchungen nebst Probenahme vergeben werden. Die Konzession für Abbau wird auf 30 Jahre erteilt und kann erneuert werden. Kleinvorkommen können durch zairische Genossenschaften kurzfristig ausgebeutet werden. Mit der Konzession sind Abgaben von der Produktion, für Schürfe, Gewinne und Inhaber herkömmlicher Rechte verbunden. Die Schürflizenzen können auf 5000, für Kohlenwasserstoffe auf 50000 km² erweitert werden. Für geologische Informationen wird zehn Jahre lang Vertraulichkeit gewährt. Betriebspflicht innerhalb von drei Jahren, kein Raubbau und keine Gefährdung der Sicherheit. Die Gebühren für Lizenzerteilungen bestehen in einer Abgabe je ha, in einer Abgabe eines Teiles der Produkte als Untergrundsteuer und einer Provision für die Wiederaufnahme. Die Bergbaudurchführungs-

verordnung vom 23.9.1967 behandelt Antragsformulare, Betriebsanmeldung und -schließung sowie die Unfallmeldung.
Ein zweites Beispiel sei mit Peru angeführt. Nach dem allgemeinen Berggesetz vom 8.6.1971 sind die mineralischen Rohstoffe Staatseigentum. Staatlicher Bergbau oder Erteilung von Explorations- und Abbaukonzessionen sind vorgesehen, ebenso gemischte Kapitalgesellschaften mit staatlicher, peruanischer und ausländischer Beteiligung. Kleinere Schürfarbeiten sind nur anmeldepflichtig, aber auflagenfrei. Für bestimmte Gebiete und Bodenschätze gelten Staatsvorbehalte. Die Abbaukonzessionen verpflichten zu Mindestproduktionen und -investitionen (GOCHT 1978). Nationalistische Strömungen kennzeichnen das Bergrecht in Zaire, Sambia und Indonesien, während das brasilianische und indonesische Bergrecht Verstaatlichungstendenzen aufweist (HARMS et alii 1977). Preise und Produktion von Erdöl werden weitgehend von der OPEC (Organization of Petroleum exporting Countries) bestimmt. Während in der Bundesrepublik Deutschland die Förderabgabe 5% vom Bruttowert ausmacht, bewegt sie sich in Europa zwischen 2,5 bis 21%, sonst zwischen 12 und 20%, dazu kommt vielfach noch eine Gewinnsteuer (bis 85%).
Mehrere internationale Organisationen fördern die Erschließung und Verwertung von Bodenschätzen in Entwicklungsländern. Die UN haben sich der Souveränität von Rohstoffreserven der Entwicklungsländer durch Resolutionen angenommen. Die Commission and Centre on Transnational Corporations (CTC) soll einen Verhandlungskodex ausarbeiten. Das Centre on natural Resources, Transport and Energy der UN befaßt sich mit einem langfristigen Programm geologischer Kartierung, Prospektion und Erfassung von „Ressources" in Entwicklungsländern. Es gibt regionale Wirtschaftskommissionen der UN für Afrika, Asien usw. zur Unterstützung der Entwicklungsländer bei Planungen, das UN Development (UNDP) übernimmt die technische Beratung vor der Investitionsphase.
Die UN industrial Organisation fördert die industrielle Entwicklung durch Studien, technische Hilfe und Ausbildung von Fachkräften, die UN Food an Agriculture Organisation (FAO) z. B. durch Wassererschließung, die UN educational scientific an cultural Organisation (UNESCO) durch Erstellung geologischer Karten, Bewertung von Rohstoffen und Forschungseinrichtungen. Die UN Conference on Trade and Development (UNCTAD) treibt wirtschaftspolitische Rohstoffstudien (für Fe, Mn, $P_2O_5$,

Sn usw.), die internationale Atomenergieagentur ist in der Lagerstättenforschung und Berichterstattung für U und Th tätig. Investitionen werden von wenigen, international tätigen Unternehmen vorgenommen, meistens wirken nationale Förderungseinrichtungen unter Zuhilfenahme der Weltbank mit. Diese, internationale Bank für Wiederaufbau und Entwicklung in Washington, gibt (meist als Katalysator für weitere Kredite) Kredite zur Rohstoffgewinnung und Infrastruktur nach Vorlage eines detaillierten Finanzplanes. Außerdem übernehmen regionale Entwicklungsbanken für Asien, Afrika usw., getragen von Mitgliedstaaten und industrialisierten Ländern die Refinanzierung durch den Kapitalmarkt. Schließlich sind internationale, regionale und nationale Banken für Finanzierungen in Entwicklungsländern tätig. Da Auslandsinvestitionen überschaubarer als Entwicklungsfinanzierungen sind, werden sie auf das internationale Geschäft mit Anleihen und Krediten umgestellt. Die Verschuldung der Entwicklungsländer setzt der Finanzierung Grenzen. Rohstoffinteressen werden durch internationale Produzentenkartelle und Rohstoffabkommen für metallische Rohstoffe (Cu, Sn, Fe, Bauxit usw.) beeinflußt.

Der internationale Investitionsschutz wird verschieden gehandhabt und ist teilweise fragwürdig. Die völkergewohnheitsrechtliche Situation ist unsicher. Nach OECD sollen bei Enteignungen rechtmäßige Verfahren eingehalten werden. Investitionsversicherungen geschehen in Deutschland durch Garantien, in USA nach Garantien der Rohstoffstaaten mit politischem und kommerziellem Risiko, in Großbritannien mit kalkuliertem politischen Risiko. Die nationale Gerichtsbarkeit gewährt bei Enteignungen einen zu großen Ermessensspielraum. Es gibt auch private Streitschlichtungsorganisationen (American Arbitration Assoication), sonst bleiben der Internationale Gerichtshof in Den Haag und wirtschaftlicher Boykott als letzte Mittel.

Es haben sich verschiedene Methoden und Riten bei Verhandlungen und Vertragsfunktionen herausgebildet:

Expliziertes (unmittelbares) Verhandeln zwischen Investor und Rohstoffland über Prospektion, Exploration, Förderung usw., danach Vertrag

Impliziertes (informelles, mittelbares) Verhandeln; unverbindliche Prämissen über Investition, mit nicht fixierten Drohungen und Versprechungen je nach Machtverhältnissen

Vertragsfunktion. Vertrag als Ergebnis der Bandbreite zwischen Machtsituation und Rechtsbestimmungen. Das Planungsbedürfnis beider Seiten führt zur Vertragsformulierung.

In Deutschland schließt die Bundesregierung Investitionsförderungsverträge mit völkerrechtlichem Schutz für die Kapitalanlage und als Vorstadium für Musterverträge ab. Diese sehen vor: Bundesgarantien für Kapitalanlagen bei Inländerbehandlung, Meistbegünstigung, Enteignungsschutz, freier Transfer, Rechtsübergang im Garantiefall auf Bund, Schiedsgericht. Die Abschlüsse werden zunehmend schwieriger. Der Bund gewährt unverzinsliche Zuschüsse für Prospektion und Verwertungsstudien, bei Fehlschlag Übernahme der Explorationskosten bis 75%. Finanzierungsbeiträge durch Kreditanstalt für Wiederaufbau in Frankfurt/M., deutsche Gesellschaft für wirtschaftliche Zusammenarbeit in Köln, Exportkredite durch Ausfuhrkreditanstalt, technische Hilfe durch Bundesanstalt für Außenhandelsinformation und Bundesanstalt für Geowissenschaften und Rohstoffe.

An der Erschließung und Gewinnung von Rohstoffen im Ausland sind Regierung und Parlament mit Ausschüssen, Unternehmen und Banken beteiligt. Eine Interessenvertretung und Information geschieht durch den Bundesverband der deutschen Industrie, durch den Deutschen Industrie- und Handelstag sowie durch die ausländischen Handelskammern. Erschließende Wirtschaftsunternehmen sind Explorations- und Bergbau GmbH, Metallgesellschaft, Bayer, VAW, Fr. Krupp Rohstoffe, Klöckner-Werke, Salzgitter AG, Urangesellschaft, Degussa, Demag, Deminex und Consulting-Gesellschaften. Auch frei beruflich tätige Geologen prospektieren und können in sich den Erfahrungsschatz eines Teams vereinigen.

Die Kreditanstalt für Wiederaufbau finanziert Rohstoffinvestitionen, die Deutsche Entwicklungshilfegesellschaft gewährt finanzielle und informative Unterstützung, die Gesellschaft für technische Zusammenarbeit organisiert die technische Entwicklungshilfe und die Hermes-Versicherung übernimmt Versicherungsgarantien.

Die Versorgung mit spaltbaren Rohstoffen ist Aufgabe der europäischen Atomgemeinschaft (Euratom). Es ist eine Anstalt des öffentlichen Rechts außerhalb der EG und übt außer der Versorgung mit Kernbrennstoffen eine Kontrolle über die

## 5.3 Entwicklungsländer

Verwendung aus. Es handelt sich um Pluton 239, U 233, U 235, U 238 (zu 0,7% in U 235) und Thorium. Außer der Lagerung hat die Agentur ein Vorkaufsrecht und achtet auf Exportverbot von spaltbaren Stoffen.

In der Bundesrepublik Deutschland ist der Umgang mit radioaktiven Stoffen genehmigungspflichtig (Atomgesetz vom 23. 12. 1959) und der Strahlenschutz gesetzlich geregelt. Genehmigung und Überwachung geschieht durch das Wirtschaftsministerium und die Bergämter (in Nordrhein-Westfalen).

Literatur:

Bischoff, G. u. Gocht, W. (Herausgeber): Das Energiehandbuch. 2. Aufl., 309 S., 166 Abb., 96 Tab., Braunschweig 1976

Callot, F.: Die Mineralwirtschaft der Welt. Produktion und Verbrauch. Essen 1976

Ely: Summary of Mining and Petroleum Laws the World. U. S. Department of the Interior (US-Bureau of Mines). 5 Bände, Washington 1970—1974

Krautschneider, E.: Bergbau und Atomrecht. Bergfreiheit, 27: 282—285. Herne 1962

Fischer, p: Die internationale Konzession. Wien 1974

Grosche, G.: Deutsche Direktinvestitionen in Entwicklungsländern. Ziele und Maßnahmen der deutschen Förderungspolitik. Diss., Köln 1974

Harms, H., Gerberding, A., Pommerening, G. & Stodieck, H.: Berggesetzgebung und Rohstoffpolitik in Entwicklungsländern unter Berücksichtigung nationaler Schwerpunkte (Brasilien, Peru, Sambia, Zaire, Indonesien). -Inst. zur Erforsch. technologischer Entwicklungslinien. 150 S. Hamburg 1977

Isay, R.: Das Bergrecht der wichtigsten Kulturstaaten in rechtsvergleichender Darstellung. 120 S., Berlin 1929

Kirchner, Ch. et alii: Rohstofferschließungsvorhaben in Entwicklungsländern. Stud. zum internat. Rohstoffrecht, I. 413 S., Frankfurt/M. 1977

Kongo, demokratische Republik: Das Berggesetz vom 11.5.1967. Köln 1970

Krüger, K.: Machtfaktoren der Weltwirtschaft. Berlin 1974

Mulack, G.: Rechtsprobleme der Erdölkonzessionsabkommen im Nahen Osten. Göttingen 1972

Mulder, J. B.: Die Beziehungen der bundesstaatlichen und einzelstaatlichen berggesetzlichen und den Bergbau betreffenden Regelungen in den Vereinigten Staaten von Amerika. Diss., 249 S., Clausthal 1968

Nierenberg, G.: The Art of Negotiating. New York 1968

Petersmann, E. U.: Wirtschaftsintegrationsrecht und Investitionsrecht in Entwicklungsländern. Baden-Baden 1974

Smith, D. N. u. Wells jr., L. T.: Negotiating Third World Mineral Agreements: Promises as Prologue. Cambridge Mass. 1975

Svoboda, K. J.: Die Rechtsgrundlagen der Versorgung mit Erzen, Ausgangsstoffen und besonderen spaltbaren Stoffen in der Europäischen Atomgemeinschaft. Diss., 128 S., Universität Mainz 1968

## 5.4 Meeresgrund und Meeresraum

Das Bergrecht zur Aufsuchung und zum Abbau mineralischer Rohstoffe vom Meeresgrund und Meeresuntergrund ist nur teilweise klar fixiert und geregelt und selbst das nur durch einen Teil der Staaten. Lediglich die seewärtige Ausdehnung der Hoheit auf vorgelagerte Meeresräume von mehr und mehr Staaten setzt eine Rechtsordnung, obwohl sie weder de lege lata noch de lege ferenda begründet ist. Mehrere Küstenstaaten (Argentinien, Brasilien, Ecuador, Guinea, Island, Kolumbien, Panama, Peru, Uruguay) haben ihre Hoheitsansprüche über ein 200 Seemeilen breites Küstenmeer ausgedehnt.

Die Rohstoffe auf hoher See gelten als res nullius, werden aber schon durch die wachsende technische Ausbeutungsmöglichkeit bald Eigentumsobjekte werden. Ein internationales **Übereinkommen** über den Festlandsockel vom 29. 4. 1958 ist von 35 Staaten ratifiziert. Es bezieht sich auf alle anorganischen, chemisch und physikalisch homogenen Substanzen im Urzustand und auf living Resources (Erdöl, Erdgas) und andere organische Verbindungen. Es sieht Hoheitsrechte zur Erforschung und Ausbeutung des Meeresgrundes bis 200 m Tiefe oder bis zur technisch möglichen Ausbeutungstiefe vor, was bei dem fortschreitenden Stand der Technik die Einbeziehung der Hohen See oder Tiefsee bedeutet. Kabel und Rohrleitungen dürfen verlegt und Anlagen mit einer 500 m breiten Sicherheitszone errichtet werden.

Ein internationales **Abkommen** über das Küstenmeer und die Anschlußzone vom 29. 4. 1958 bemißt die Breite des Küstenmeeres nach der Niedrigwasserlinie entlang der Küste, wobei als Inseln natürlich entstandenes Land gilt, das sich bei Flut über Wasser erhebt. Die Anschlußzone erstreckt sich bis 12 Seemeilen über die Basislinie des Küstenmeeres hinaus und erlaubt eine Kontrollbefugnis des Küstenstaates. Binnenschelfe (Nord- und Ostsee, Persischer Golf) gelten als Festlandsockel. Die geologische Grenze zwischen Festlandsockel und Tiefsee ist durch die sog. Kontinentalblocklinie gekennzeichnet, die vor dem Kontinentalhang in etwa 3 000 m Tiefe verläuft. Der Ausbeutungsbereich der Hoheitsrechte ist, wie schon erwähnt, nach der Tiefe durch die Technik überholt. Sie bevorzugt die 13 großen Küsten- und technisch am weitesten entwickelten Staaten, läßt die Binnenstaaten aber ohne Chance. Die Einsetzung einer Meeresbodenbehörde für die Gewinnung von Rohstoffen auf hoher See im Interesse der benachteiligten Staaten hat wohl kaum Aussicht auf Verwirklichung. Gegenüberliegende Staaten grenzen den Festlandsockel im gegenseitigen Einvernehmen ab oder legen als Grenzlinie eine Linie mit gleicher und kleinster Entfernung zur Küste zugrunde. Der Festlandsockel umfaßt den Schelfbereich (200 m unter Wasser 40 Seemeilen im Durchschnitt breit, vor Südamerika schmaler) und den Kontinentalhang (1 200 bis 3 500 m Tiefe).

Die Nutzung von gelösten Stoffen im Meerwasser ist bei Anteilen an der jährlichen Weltproduktion für Kochsalz mit 30, für Mg mit 60 und für Br mit 70% groß und wird (auch bei Ausdehnung auf Süßwasser und Uran) wegen ihres Charakters als res nullius und wegen der großen Vorräte kaum einer gesetzlichen Bewirtschaftung bedürfen. Die Versenkung von Abfall und besonders von radioaktiven Stoffen erfordert eine gesetzliche Regelung.

Meeresforschung wird von den großen Industrienationen betrieben:

USA — National Council on marine Resources and Engineering Development

Frankreich — Universitäten und Centre national pour l'Exploitation des Océans sowie Industrielle Organisation Technocéan

Japan — Council for Ocean Science and Technology

Deutschland — Deutsche Kommission für Ozeanographie

Literatur:

DENK, D. u. RITSCHEL, W.: Meeresbergbau auf Kobalt, Kupfer, Mangan und Nickel. Bergbau — Rohstoffe — Energie, 6, 108 S., 12 Abb., Essen 1973
KAUSCH, P.: Der Meeresbergbau im Völkerrecht. Essen 1970
NEF, U. CH: Das Recht zum Abbau mineralischer Rohstoffe vom Meeresgrund und Meeresuntergrund unter besonderer Berücksichtigung der Stellung der Schweiz. 136 S., 3 Abb., Diss., Zürich 1974

# 6. Wasserrecht der Bundesrepublik Deutschland

## 6.1 Wasserhaushaltsgesetz

Das Wasserhaushaltsgesetz (Gesetz zur Ordnung des Wasserhaushalts, WHG) in der Fassung vom 16.10.1976 und das Abwasserabgabengesetz (Gesetz über Abgaben für das Einleiten von Abwasser in Gewässer) vom 13.9.1976 regeln den Wasserhaushalt (oder gleichbedeutend mit Wasserwirtschaft) der Bundesrepublik Deutschland. Sie lösen die bis 1937 erlassenen Ländergesetze (für Baden, Bayern, Preußen usw.) als Rahmengesetze ab und sind durch die Vorschriften der Länder ergänzt worden. Einzig das Wasserverbandsrecht und die Erste Wasserverbandsordnung von 1937 bestehen noch als fortgeltendes Reichsrecht. Das Wasserhaushaltsgesetz unterscheidet drei **Kategorien von Gewässern**: oberirdische Gewässer, Küstengewässer und Grundwasser. Auch Heil- und Solquellen unterliegen (ausgenommen die unter das Bergrecht fallenden Solquellen in Baden-Württemberg und Nordrhein-Westfalen) dem WHG. Als Grundwasser wird das gesamte unterirdische Wasser, soweit nicht in Rohren gefaßt und als Ausfüllung zeitweiliger Baggerseen, ohne Rücksicht auf die Herkunft, und das Kapillarwasser angesehen. Auch Teiche und mit Wasser „bespannte" Grundstücke, die mit oberirdischen Gewässern nur durch künstliche Vorrichtungen in Verbindung stehen, gehören nicht zum Grundwasser.

Das gegenwärtige Wasserrecht ist als juristisches Instrumentarium zur Reinhaltung der Gewässer gedacht, welche durch die **„Benutzung"** gefährdet werden kann. Unter Benutzung versteht man das Einbringen und Einleiten von Stoffen in Gewässer sowie das Entnehmen und Ableiten von Gewässern und das Aufstauen und die Absenkung von Gewässern. Auch die Entnahme fester Stoffe aus dem Gewässerbett (Schlamm, Sand, Kies, Steine) für nichtwasserwirtschaftliche Zwecke gilt als Benutzung und ist genehmigungspflichtig. Davon ausgenommen sind Stoffe für Düngung, versprühte Pflanzenschutzmittel, genehmigungspflichtig sind dagegen das Versickern und Einleiten häuslicher und verregneter Abwässer, ebenso das Verpressen von Bohrschlamm in den Boden, was dem Einleiten ins Grundwasser gleichgesetzt wird. Genehmigungspflichtige Benutzungen des Grundwassers sind außerdem

Bohrungen auf (auch artesisches) Wasser mit der Absicht auf dauerndes Zutageleiten

Dauerpumpversuche

Freilegung von Grundwasser bei Baggerungen und tieferen Aufgrabungen, auch oberhalb des Grundwasserspiegels, wenn mit der Entfernung der schützenden Deckschicht auch nur die theoretische Möglichkeit einer Schädigung verbunden ist

Verfüllen einer Sand- oder Kiesgrube im Grundwasserbereich oder dicht über dem Grundwasserspiegel

Aufstauen, Absenken oder Umleiten von Grundwasser durch Spundwände, Mauern, usw., die hierfür bestimmt und geeignet sind

Erschließen von Grundwasser im Bergbau.

Weder Erlaubnis noch Bewilligung bedarf die Wasserbenutzung für Haushalt, Hofbetrieb, Viehtränken und Bodenentwässerung. Ebenso sind qualifizierte altrechtliche Benutzungen genehmigungsfrei, falls Landesgesetze und das Gemeinwohl ihnen nicht entgegenstehen und die Anlagen den Anforderungen entsprechen.

Rohrleitungen zum Befördern wassergefährdender Stoffe (flüssige Mineralölprodukte, Teeröle, Acetylen usw. nach der Verordnung über wassergefährdende Stoffe bei der Beförderung in Rohrleitungsanlagen vom 19.12.1973, geändert durch Verordnung vom 5.4.1976) sind genehmigungspflichtig und unterliegen Auflagen und Bedingungen. Das WHG regelt auch die Beschaffenheit, Aufstellung und Unterhaltung von Anlagen zum Lagern, Abfüllen und Umschlagen wassergefährdender Stoffe.

Wie bei anderen Bodenschätzen das Grundeigentum nicht zu ihrer Verfügung berechtigt, so schließt es auch (abgesehen vom Hausbedarf) die Gewässerbenutzung nicht ein. Diese bedarf einer Erlaubnis oder Bewilligung. Die Erlaubnis gewährt widerrufliche Befugnisse zur Benutzung zu einem bestimmten Zweck, die Bewilligung räumt nach einem förmlichen Verfahren dem Antragsteller ebenfalls die Benutzung zu einem bestimmten Zweck ein, gibt ihm jedoch den Status einer gesicherten Rechtsstellung für ein Vorhaben.

Erlaubnis und Bewilligung können von Auflagen abhängig gemacht werden: Zustandsbeobachtungen vor- und nachher, Bestellung eines verantwortlichen Betriebsbeauftragten, gegebenenfalls Kostenbeteiligung für Maßnahmen und Einhaltung der Rechtsvorschriften. Erlaubnis und Bewilligung sind Ermessensentscheidungen. Sie können versagt werden, wenn das Wohl der Allgemeinheit (z. B. bei öffentlicher Wasserversorung) oder der Landschaftsschutz beeinträchtigt werden oder die wirtschaftlichen Verhältnisse des Unternehmers bedenklich erscheinen. Beim Zusammentreffen mehrerer Anträge wird ein Ausgleich durch Auflagen versucht oder dem Objekt mit dem größten Nutzen fürs Allgemeinwohl der Vorzug gegeben. Es gibt noch andere Rangkriterien, so z. B. das der Ortsgebundenheit. Genehmigungen werden bei Erschleichung, Nichtausübung, Zweckänderung oder wiederholten Verstößen hinfällig. Auflagen können bei Nichtvoraussehbarkeit nachträglich gemacht werden. Rücknahmen der Bewilligung und Widerruf der Erlaubnis sind, bei Bestands- und Investitionsschutz, möglich, wenn das Allgemeinwohl geschädigt wird, die Nachweise unzureichend sind oder die Nichtbenutzung über drei Jahre hinaus ausgedehnt wird. Gegen die Entscheidungen ist Anfechtungsklage (Beschränkung auf Nebenbestimmungen) oder Verpflichtungsklage (Infragestellung von Erlaubnis oder Bewilligung) möglich. Bei Einwendungen sehen Landesgesetze Einschränkungen je nach Zumutbarkeit und materieller Schwere vor; geringfügige Nachteile bleiben dagegen unberücksichtigt.

Das WHG will mit Hilfe wasserwirtschaftlicher Rahmenpläne Vorsorge für die Wasserbewirtschaftung treffen. In ihnen werden die Nutzungen, Merkmale der Gewässer und Maßnahmen zu deren Erhaltung unter laufender Anpassung festgelegt, wobei für Planungsgebiete eine dreijährige Veränderungssperre vorgesehen ist. Entscheidende Behörden bei Planfeststellungsverfahren sind Planfeststellungs- oder Bergbehörden. Die Führung von Wasserbüchern mit Erlaubnissen, Bewilligungen, Wasserschutz- und Überschwemmungsgebieten sowie mit alten Wasserrechten ist in Teil V des WHG verfügt worden.

Bei Störungen oder Gefährdungen der wasserwirtschaftlichen Ordnung sind die Wasserbehörden (in Nordrhein-Westfalen ausdrücklich als Sonderordnungsbehörden ermächtigt) zum repressiven, ordnungsbehördlichen Einschreiten befugt. Gründe zum Einschreiten sind: unbefugte Benutzung, Verstoß gegen Verbote, Versagen oder fehlerhaftes Bedienen einer Tankanlage, verunglückter Tankwagen usw. Sind sofortige Abhilfemaßnah-

men erforderlich, können sie durch unmittelbaren Vollzug (Ausbaggern von ausgelaufenem Öl) ins Werk gesetzt werden.
Bei Gefährdung von Leben und Gesundheit, z. B. bei öffentlichen Wasserversorgungen, Heilquellen usw., sind **Geldstrafen** und mehrjähriger Freiheitsentzug vorgesehen, wobei auch der Versuch strafbar ist. Vorsätzliche Ordnungswidrigkeiten, Fahrlässigkeit und Benutzung ohne Erlaubnis werden mit hohen Geldstrafen (bis 100000 DM) geahndet.

Für die Wasserversorgung besonders wichtige Gebiete können durch Erlaß einer besonderen öffentlich-rechtlichen Nutzungsordnung zu **Wasserschutzgebieten** erklärt werden. Die Festsetzung von Wasserschutzgebieten als Rechtsverordnung wird mit der kartographischen Beschreibung der Grundstücke und Örtlichkeiten verkündet. Bei der Ablehnung von Anträgen auf Wasserschutzgebiete gibt es keine Klagemöglichkeit, sondern eine Überprüfung durch verwaltungsgerichtliche Normenkontrolle ist möglich; in einigen Ländern Stattgabe eines Einspruches als anfechtbaren Vollzugsakt (Versagung einer Genehmigung).

Wasserschutzgebiete sollen das Grundwasser vor nachteiligen Einwirkungen zum Wohl der Allgemeinheit schützen, es anreichern und das schädliche Abfließen von Niederschlagswasser verhüten. Ihre **Festsetzung** ist deshalb mit Auflagen verbunden, welche der Freiheit des Eigentums des einzelnen situationsbedingte Beschränkungen auferlegen. Die enteignende Wirkung kann bei besonderen Nachteilen des Betroffenen durch eine Entschädigungsmöglichkeit gemildert werden.

Der Schutz des Grundwassers soll durch **Zonen** mit stufenweise verschärften Auflagen gewahrt werden. Praktisch legt man für Trinkwasserentnahmen und Trinkwassertalsperren die Richtlinien des Vereins von Gas- und Wasserfachmännern zugrunde, welche auf technischen Regeln und Erfahrungssätzen beruhen. Bei **Trinkwasserschutzzonen** unterscheidet man die drei Zonen mit dem

Fassungsbereich in der unmittelbaren Umgebung der Fassung
Engere Schutzzone für den Schutz pathogener Keime
Weitere Schutzzone für den Schutz vor Verunreinigungen, die durch die Reinigungswirkung des Untergrundes nicht beseitigt werden.

In der Fassungszone sollen alle unmittelbaren Verunreinigungen ausgeschlossen sein; hier treffen alle Einschränkungen für die Zonen II und III zu

In der Zone II müssen unterbleiben: Kies-, Sand- und Tongruben, Bebauung, Stallungen, Gewerbebetriebe, Transport gefährdeter Flüssigkeiten, Düngung, Wagenwaschen, Bergbau, Zelten, Park und Sportplätze, Lagerung von Öl usw. Die Fläche soll so bemessen sein, daß das Absterben pathogener Keime nach 50 Tagen im Grundwasser erfolgt

In der Zone III ist kein Platz für Siedlungen und gewerbliche Anlagen ohne Kanalisation, Behälter für Öl usw. mit mehr als 10 m³, Tankstellen, Flugplätze, militärische Anlagen, Ölleitungen, Müllkippen, neue Friedhöfe, Sickergruben, Einleiten von Kühlwasser, gegebenenfalls Zone IIIa

gegebenenfalls Zone III (oder bei Aufteilung Zone IIIb) frei von Abwasserversenkung, radioaktiven Stoffen, chemisch auslaugbaren Stoffen (Salze), Öl, Teer usw. und deren Leitungen, abwassergefährlichen Betrieben. Für Zone IIIa sind Ausweitungen bis 2, für Zone IIIb über 2 km vorgesehen.

Für den praktizierenden Geologen ist die Abgrenzung der Schutzzonen nicht ganz unproblematisch. Die Abschätzung des Einzugsgebietes wird desto schwieriger, je mehr der Untergrund geologisch zerstückelt ist, Kluftwasser und Bewegung um so weniger zu erfassen sind, desto mehr sich die hydrogeologischen Verhältnisse einem Karstsystem nähern. Die Basierung der Schutzzonen II auf der 50 Tage-Linie der Verweildauer von Bakterien läßt eine parzellenscharfe Abgrenzung besonders problematisch erscheinen (HAGELSKAMP u. MICHEL 1972).

Bei Trinkwassertalsperren unterscheidet man ebenfalls drei Zonen mit ähnlichen Auflagen:

I. Stauraum, Uferzone von mindestens 100 m Breite und Vorbecken. Untersagt sind hier Bootsverkehr und Wassersport, Baden, Fahrverkehr, landwirtschaftliche Nutzung, Verwendung chemischer Pflanzenschutzmittel und Düngung

II. Engere Schutzzone mit Beschränkungen wie bei Zone für Trinkwasser, doch ohne Friedhöfe

III. Weitere Schutzzone mit Auflagen, welche Schutz vor weitreichenden, schwer abbaubaren chemischen und radioaktiven Verunreinigungen und vor eine Eutrophierung begünstigende Faktoren bieten. Die land- und forstwirtschaftliche Nutzung ist beschränkt. Siedlungen und Abführung von Schadstoffen sowie die Anlage von Fischteichen müssen unterbleiben.

Auch supra- und internationale sowie zwischenstaatliche Regelungen des Wasserrechts gibt es. So hat die Europäische Wirtschaftsgemeinschaft (EG) Richtlinien zur Harmonisierung der Wasserrechtsvorschriften, über Güteanforderungen und Einleiten gefährlicher Stoffe (graue und schwarze Listen) erlassen. Andere Richtlinien beziehen sich auf die Umweltverträglichkeit von Detergentien, Altöl und überhaupt Abfall. Es gibt auch internationale Übereinkommen bezüglich der Meeresverschmutzung von Oslo und London, denen aber längst nicht alle Länder beigetreten sind, und (nach Unterzeichnung) über die Belastung des Rheins in chemischer und thermischer Beziehung.

## 6.2 Abwasserabgabengesetz

Das Gesetz über Abgaben für das Einleiten von Abwasser in Gewässer (Abwasserabgabengesetz) vom 13. 9. 1976 hat sich zwei Zwecke zum Ziel gesetzt; Schutz der Gewässer gegen Verunreinigung gegen Gebührenerhebung und Verwendung der Gebühren zur Verbesserung der Gewässergüte, Anlegung von Rückhaltebecken, Talsperren, Abwasserkanälen usw. Für das Einleiten von Abwasser (Schmutz- und Niederschlagswasser im Bereich bebauter und befestigter Flächen) in Gewässer und das Verbringen in den Untergrund werden Abgaben erhoben. Die Höhe der Abgabe richtet sich nach Schädlichkeit, Art und Menge der Giftigkeit. Die Bewertungsgrundlage geht von „Schadeinheiten" in cbm-Jahresmengen für absetzbare Stoffe mit organischem Anteil, in kg-Jahresmengen für oxidierbare Stoffe, in g-Jahresmengen für Quecksilber und Cadmium sowie in 1000 m$^3$-Jahresabwassermengen bezüglich der Giftigkeit für Fische aus. Sie berücksichtigt bereits vorbelastete Gewässer und unterscheidet bei den Schadeinheiten Regel- und nichtüberschreitbare Höchstwerte. Durch den Bergbau entstandene oberirdische Schmutzwässer unterliegen keiner Abgabe beim Einleiten.

Für die Abgabe besteht eine Erklärungspflicht. Die Abgabe für verschmutzte Niederschlagswässer wird pauschaliert. Die Abgabesätze je Schadeinheit werden ab 1.1.1981 erhoben und steigen von 12 auf 40 DM im Jahre 1986 an. Ordnungswidrigkeiten werden mit Geldstrafen bis 500000 DM geahndet.

## Literatur zu 6.1 und 6.2:

BARTSCH, E.: Bergbau und neues Wasserrecht in Nordrhein-Westfalen. Z. f. Wasserrecht, Köln 1963

BREUER, R.: Öffentliches und privates Wasserrecht. Schriftenreihe der Neuen jur. Wochenschrift, 24: 233 S., München 1976

DVGW-Regelwerk: Arbeitsblatt W 101: Richtlinien für Trinkwasserschutzgebiete, 1. Teil: Schutzgebiete für Grundwasser. Frankfurt/M. 1961

DVGW-Regelwerk: Technische Regeln, Arbeitsblatt W 102. Richtlinien für Trinkwassertalsperren. Franfurt/M. 1975

HAGELSKAMP, H. u. MICHEL, G.: Zur Problematik der Schutzzone II in Kluftaquifers. Z. deutsch. geol. Ges., 123. Hannover 1972

ROTH, H.: Wasserhaushaltsgesetz. Abwasserabgabengesetz. Textausgabe mit Einführung. Wasserrecht und Wasserwirtschaft, 17: 127 S., Berlin 1977

SOKOLL, G.: Die Festsetzung von Wasserschutzgebieten und ihre Rechtswirkungen. Jur. Dissertation, Münster 1965

## 7. Gesetz zur Ordnung von Abgrabungen
(Abgrabungsgesetz)

Das Abgrabungsgesetz von Nordrhein-Westfalen vom 21.11.1972 ist gewissermaßen eine Ergänzung des Berggesetzes wegen der Gewinnung oberirdischer Bodenschätze, welche dem Verfügungsrecht des Grundeigentümers unterliegen. Es mag auch als Beispiel für ähnliche „Ordnungen" anderer Bundesländer angeführt sein. Die oberirdische Gewinnung von Bodenschätzen ist danach, soweit sie über den eigenen Bedarf geringen Umfanges hinausgeht, genehmigungspflichtig und verpflichtet zur Herstellung des Geländes nach der „Abgrabung". Bodenschätze im Sinne dieses Gesetzes sind Kies, Sand, Kalkstein, Dolomit, Torf usw., also der größte Teil der Steine und Erden. Voraussetzungen für die Genehmigung sind das Einverständnis des Grundeigentümers, die Gewähr, daß das „Wirkungsgefüge" der Landschaft nicht durch Eingriffe in Tier- und Pflanzenwelt, in Grundwasserverhältnisse, Klima und Boden nachhaltig geschädigt wird. Ausreichende Zufahrtswege müssen vorhanden sein und das Ortsbild darf nicht verunstaltet werden.

Der Antrag auf Genehmigung muß eine Beschreibung und zeichnerische Erläuterungen (Abgrabungsplan) enthalten. Die Genehmigung erfolgt in schriftlicher Form durch den Regierungspräsidenten bzw. die Landesbaubehörde Ruhr für ein bestimmtes Gebiet und für bestimmte Bodenschätze. Während der Antrag läuft, können auch Teilgenehmigungen ausgesprochen werden. Die Genehmigung erlischt, wenn nicht innerhalb von drei Jahren nach Antragstellung mit der Abgrabung begonnen wird; sie kann auch bei gegebenen Anlässen widerrufen werden. Für die Genehmigung ist eine Sicherheitsleistung zu stellen. Zuwiderhandlungen ziehen den Widerruf der Genehmigung nach sich. Ordnungswidrigkeiten (z. B. Nichtduldung der Geländebetretung seitens der Genehmigungsbehörde) werden mit Geldstrafen (bis 100 000 DM) geahndet.

# Literaturauswahl über Erzlagerstätten

## a) Allgemein

Baumann, L. u. Tischendorf, G.: Einführung in die Metallogenie — Minerogenie. 458 S., 100 Abb., 36 Tab., Leipzig 1976
Bentz, A. u. Martini, H.-J.: Lehrbuch der Angewandten Geologie. 2151 S., 1227 Abb., 288 Tab., 3 Taf., Stuttgart 1961, 1968, 1969
Cissarz, A.: Einführung in die allgemeine und systematische Lagerstättenlehre. 228 S., 45 Abb., 29 Tab., Stuttgart 1965
Beyschlag, F., Krusch, P. u. Voigt, J. H. L.: Die Lagerstätten der nutzbaren Mineralien und Gesteine. I. 578 S., 281 Abb., II, 916 S., 200 Abb. Stuttgart 1914
Forrester, J. E.: Principles of Field and Mining Geology. New York 1949
Granigg, B.: Die Lagerstätten nutzbarer Mineralien. Ihre Entstehung, Bewertung und Erschließung. 217 S., 156 Abb., 8 Tab., Wien 1951
Hesse, K.: Planungen in Entwicklungsländern. 619 S., Berlin 1965
Hiller, J. E.: Die mineralischen Rohstoffe. 359 S., 2 Abb., Stuttgart 1962
Jancovic, S.: Wirtschaftsgeologie der Erze. 347 S., 47 Abb., Wien
McKinstrey, H. E.: Mining Geology. 680 S., 110 Abb., 12 Tab., New York 1957
Lahee, F. H.: Field Geology. 5. Aufl., 883 S., 637 Abb., New York 1952
Lamey, K. A.: Metallic and industrial Mineral Deposits. 567 S., New York 1966
Oelsner, O.: Zur Methodik der geologischen Erkundung in Abhängigkeit von den Lagerstättentypen. Z. f. angewandte Geol., 4: 322—332. Berlin 1958
Petrascheck. W. E.: Lagerstättenlehre. 2. Aufl., 374 S., 232 Abb., Wien 1961
Philipsborn H. v.: Erzkunde. 246 S., 2 Abb., Stuttgart 1964
Routhier, P.: Les Gisements métalliferes. Géologie et principes de recherche. 1282 S., 411 Abb., 1 Taf., Paris
Schmidt, W. F.: Erfahrungen beim Prospektieren und Kartieren im afrikanischen Busch. Berg- u. hüttenmänn. Mh., 106: 473—482, 9 Abb., Wien 1961
Schneiderhöhn, H.: Lehrbuch der Erzlagerstättenkunde. 858 S., 265 Abb., Jena 1941
- Die Erzlagerstätten der Erde. I. Die Erzlagerstätten der Frühkristallisation. 314 S., 134 Abb., Stuttgart 1958
Smirnow, V. J.: Geologie und Lagerstätten mineralischer Rohstoffe. 563 S., Leipzig 1970
Zeschke, G.: Prospektion und feldmäßige Beurteilung von Lagerstätten. 307 S., 218 Abb., Wien 1964
Bundesanstalt für Geowissenschaften und Rohstoffe, Hannover (ab 1972): Rohstoffwirtschaftliche Länderberichte

## b) Über Metalle im einzelnen

### Aluminium

Cissarz, A. u. a.: Aluminium. Untersuchungen über Angebot und Nachfrage mineralischer Rohstoffe, 3: 204 S., 95 Tab., 21 Abb., 19 Anlagen, Berlin 1973

Ginsberg, H.: Aluminium. Die metallischen Rohstoffe, 15: 135 S., 46 Abb., 12 Tab., Stuttgart 1962

Valeton, I. Bauxites. 226 S., 79 Abb., 42 Tab., Amsterdam 1972

### Antimon

Borchert, H.: Antimon. Gmelins Handbuch der anorganischen Chemie, System-Nr. 18, 226. S. Berlin 1942

Davis, L. E.: Antimony. Minerals Yearbook 1968, Vol. 1—2; 171—178., Washington 1969

### Arsen

Quiring, H.: Arsen. Die metallischen Rohstoffe, 8: 168 S., 16 Abb., Stuttgart 1946

### Beryllium

Kieffer, R., Jangg, G. u. Ettmayr, P.: Sondermetalle, Metallurgie, Herstellung, Verwendung. 471 S., 229 Abb., Wien 1971

Sommerlatte, H. W.: Neue Metalle, ihre Lagerstätten und ihre Bedeutung für die Versorgung der Industrie der Bundesrepublik Deutschland. Erzmetall, 22: 103—11, 8 Tab., Stuttgart 1969

### Blei und Zink

Berg, G., Friedensburg, F. u. Sommerlatte, H.: Blei und Zink. Die metallischen Rohstoffe, 9: 468 S., 58 Abb., Stuttgart 1950

Cissarz, A. u. a.: Blei. Untersuchungen über Angebot und Nachfrage mineralischer Rohstoffe, 1: 66. S., 37 Tab., 13 Anlagen., Berlin-Hannover 1972

### Cadmium

Feiser, J.: Nebenmetalle. Die metallischen Rohstoffe, 17: 247 S., 20 Abb., 24 Tab., Stuttgart 1966

McMahon, A. D.: Cadmium. Minerals Yearbook, Washington 1962

### Chrom

Donath, M.: Chrom. Die metallischen Rohstoffe, 14: 371 S., 94 Abb., 73 Tab., Stuttgart 1962

KERN, H.: Zur Geochemie und Lagerstättenkunde des Chroms und zur Mikroskopie und Genese der Chromerze. Clausthaler Hefte zur Lagerstättenkunde und Geochemie min. Rohstoffe, 6: 236 S., 61 Abb., 57 Tab., 2 Taf., Berlin 1968

**Eisen**

BLONDEL, F. u. MARVIER, L. (Herausgeber): Symposium sur les Gisements de Fer du Monde. C. R. 19e Congr. geol. internat., Algier. 1230 S., Algier 1952

Diskussionstagung Würzburg: Itabiritische und lateritische Eisenerze in der Welt und ihre Genese. Schrift. Ges. deutsch. Metallhütten- u. Bergleute, 14: 129 S., 12 Abb., 7 Tab., Clausthal-Zellerfeld 1963

FEISER, J.: Nebenmetalle. Die metallischen Rohstoffe, 17: 247 S., 20 Abb., 24 Tab., Stuttgart 1966

SCHREIER, W.: Seltene Metalle. Band 1, 2. Aufl., 343 S., Leipzig 1963

**Gold**

FRIEDENSBURG, F.: Gold. Die metallischen Rohstoffe, 3: 234 S., 98 Tab., Stuttgart 1953

LEGRAYE, M.: Origine et Formation des Gisements d'Or. 192 S., Liège 1942

**Indium**

FEISER, J.: Nebenmetalle. Die metallischen Rohstoffe, 17: 247 S., 20 Abb., 24 Tab., Stuttgart 1966

VOLAND, B.: Zur Geochemie des Germaniums und Indiums. Freiberger Forschungshefte, C, 246: 122 S., Leipzig 1967

**Kobalt**

BERG, G. u. FRIEDENSBURG, F.: Nickel und Kobalt. Die metallischen Rohstoffe 6: 280 S., 28 Abb., Stuttgart 1944

DENK, D. u. RITSCHEL, W.: Meeresbergbau auf Kobalt, Kupfer, Mangan und Nickel. Bergbau, Rohstoffe, Energie, 6: 108 S., 12 Abb., Essen 1973

**Kupfer**

BOWEN, R. u. GUNATILAKA, A.: Copper: Its Geology and Economics. Applied Sciences Publishers LTD Essex (1977)

CISSARZ, A. u. a.: Kupfer. Untersuchung über Angebot, Nachfrage miner. Rohstoffe, 2: 135 S., 84 Tab., 2 Abb., 10 Anlagen., Berlin 1972

KRAUME, E.: Kupfer. Die metallischen Rohstoffe, 4: 380 S., 30 Abb., 50 Tab., Stuttgart 1964

PROKOP, F. W.: The future economic Significance of large lowgrade Copper an Nickel Deposits. Clausthaler Hefte zur Lagerstättenkunde und Geochemie der miner. Rohstoffe, 13: 67 S., 1 Karte., Berlin 1975

## Mangan

Manganerzlagerstätten und ihre wirtschaftliche Bedeutung. Schrift. der GDMB, 22: 165 S., Clausthal-Zellerfeld

GONZALES REYNA, J. (Herausgeber): Symposium sobre Yacimientos de Manganeso. 20. intern. geol. Kongreß, 5 Bände, 1604 S., Mexico 1956

## Molybdän

ACTE, C. u. VACEK, J.: Wolfram und Molybdän. 349 S., 173 Abb., 91 Tab., Berlin 1959

RECHENBERG, P.: Molybdän. Die metallischen Rohstoffe, 12: 128 S., 11 Abb., 13 Tab., Stuttgart 1960

UZKUT, L.: Zur Geochemie des Molybdäns. Clausthaler Hefte zur Lagerstättenkunde und Geochemie der mineralischen Rohstoffe, 12: 226 S., 26 Abb., 75 Tab., Berlin und Stuttgart 1974

## Nickel

BERG, G. u. FRIEDENSBURG, F.: Nickel und Kobalt. Die metallischen Rohstoffe, 6: 280 S., 28 Abb., Stuttgart 1944

U. S. Bureau od Mines: Materials Survey on Nickel. 300 S., Washington 1952

## Niob, Columbium, Tantal

BARTON. W. R.: Columbium and Tantalium. US Bureau of Mines, Inf. Circle 8120: 1—110, Washington 1962

Diskussionstagung Goslar: Pegmatitische Lagerstätten und ihre wirtschaftliche Bedeutung. Schrift. deutsch. Metallhütten- und Bergleute, 19: 174 S., 40 Abb., Clausthal-Zellerfeld 1967

GIES, H. u. KASPER, R.: Zur Geochemie und Lagerstättenkunde von Niob und Tantal. Erzmetall, 25: 521—525, 632—638, 7 Tab., 2 Abb., Stuttgart 1972

KUN, N. DE: Niobium and Tantalium, the Resources an Geology. New York 1968

## Platin und Platinmetalle

CISSARZ, A.: Verbreitung der Platinmetalle, ihre lagerstättenkundliche Stellung und ihre Anteile an der Weltproduktion. Erzmetall, 25: 7—16, 8 Tab., 2 Abb., Stuttgart 1972

MERTIE, J. B.: Economic Geology of the Platinum Metals. US Geol. Survey, Prof. Paper 630: 120 S., Washington 1969

QUIRING, H.: Platinmetalle. Die metallischen Rohstoffe, 16: 288 S., 26 Abb., 74 Tab., Stutgart 1962

## Quecksilber

PENNINGTON, J. W.: Mercury. A Materials Survey. US Bureau of Mines, Inf. Circ. 7941, Washington 1959

SNEED, M. C. u. BRASTED, R. C.: Zinc, Cadmium an Mercury. London 1958

## Selen

FEISER, J.: Nebenmetalle. Die metallischen Rohstoffe, 17: 247 S., 20 Abb., 24 Tab., Stuttgart 1966

SCHREITER, R.: Seltene Metalle. Band 2: 435 S., Leipzig 1961

## Silber

KERSCHLAGL, R.: Silber. Die metallischen Rohstoffe, 13: 127 S., 1 Abb., 7 Kart., 20 Tab., Stuttgart 1961

## Tantal

BERING, D. u. ESCHNAUER, H.: Tantal — Rohstoffe und -Vorkommen. Metall und Erz, 31: 194—198, 3 Abb., 1 Tab., Stuttgart 1978

## Tellur

FEISER, J.: Nebenmetalle. Die metallischen Rohstoffe, 17, 247 S., 20 Abb., 24 Tab., Stuttgart 1966

LOMAS, L.: Tellurium. Min. Eng. 21, New York 1955

SCHREITER, W.: Seltene Metalle, Band 3, 426 S., Leipzig 1961

## Thallium

FEISER, J.: Nebenmetalle. Die metallischen Rohstoffe, 17, 247 S., 20 Abb., 24 Tab., Stuttgart 1961

KLEINERT, R.: Thallium. Ein seltenes Metall, ein Begleitmetall. Erzmetall 16: 67—76, Stuttgart 1963

## Thorium

ZESCHKE, G.: Prospektion von Uran- und Thoriumerzen. 76 S., 25 Abb., 4 Tab., Stuttgart 1956

## Titan

BARKSDALE, J.: Titanium. 591 S., New York 1949

MC ONILLAN, A. D.: Titanium. London 1955

SOMMERLATTE, H. W.: „Neue Metalle", ihre Lagerstätten und ihre Bedeutung für die Versorgung der Industrie der Bundesrepublik. Erzmetall, 22: 103—111, 8 Tab., Stuttgart 1969

## Uran

Bowie, S. H. U., Davis, M. u. Ostle, D.: Uranium Prospecting Handbook. 346 S., London 1972

Dybek, J.: Zur Geochemie und Lagerstättenkunde des Urans. Clausthaler Hefte zur Lagerstättenkunde u. Geochemie min. Rohstoffe, 1: 164 S., 24 Abb., 33 Tab., Berlin 1962

Heinrich, E. W.: Mineralogy and Geology of radioaktive raw Materials. 654 S., New York 1958

Kohl, E.: Uran. Die metallischen Rohstoffe, 10: 234 S., 23 Abb., 35 Tab., Stuttgart 1964

## Zinn

Gocht, W.: Der metallische Rohstoff Zinn. 260 S., Berlin 1969

# Quellennachweis für Abbildungen und Tabellen

Abb. 1   nach: NIEMCZYK, Bergschadenkunde, Verlag Glückauf, Essen 1949

Abb. 2   nach: WILKE aus W. GOCHT, Handbuch der Metallmärkte, Springer Verlag, Berlin 1974

Tab. 1   nach ZESCHKE, Prospektion und feldmäßige Beurteilung von Lagerstätten. Springer Verlag, Wien 1964

Tab. 2   nach: WILKE, Prospektionsmethoden in alter und neuer Zeit und ihre Erfolgsaussichten. Der Aufschluß, 26. Vereinigung der Freunde der Mineralogie und Geologie, Heidelberg 1975

Tab. 3   nach: ZESCHKE, Prospektion und feldmäßige Beurteilung von Lagerstätten, Springer Verlag, Wien 1964

Tab. 4   nach: JAHNS, die Aussagesicherheit der Vorratsangaben von Lagerstätten. Erzmetall, 12, Dr. Riederer Verlag, Stuttgart 1959

Tab. 5   nach: FANDRICH, zur Problematik komagmatischer Bildungen. Ber. deutsch. Ges. Wiss., B, Mineralogie, Lagerstättenforsch., 11 VEB Akademie-Verlag, Berlin 1966

Tab. 6   aus: Vademecum, Untersuchung und Bewertung von Lagerstätten der Erze, nutzbarer Minerale und Gesteine. Schriften der Ges. deutsch. Metallhütten- und Bergleute e. V., neue Auflage, in Druckvorbereitung, Tabelle teilweise nach H. WERNER

Tab. 7a  nach REH, Probleme der Darstellung in Metallogenetischen Karten. Freiberg. Forschungshefte, C 186. VEB-Verlag für Grundstoffindustrie, Leipzig 1965

Tab. 7b  nach: WILKE aus GOCHT, Handbuch der Metallmärkte. Springer Verlag, Berlin 1974

# Sachregister

Abbaumenge (Optimale) 75
Abwasserabgabengesetz 164
 Bewertungsgrundlage 164
 Abgabensätze 164
Abgrabungsgesetz 167
Airborn Geophysik (Luftvermessung) 17
Analyse, Mittelwert 16
Asphalt 55
Atomgesetz 143, 154
Atomrecht 142, 154
Ausbringen 29

Baugrund 67—70, DIN-Normen 69
Baurecht (Bebauungsplan) 142, 143
Bausteine, Schäden 115, 116
 technische Prüfung 43, 115
Bauwerkschäden
 Agenzien 115—116
 Klassifikation 115
 Verwitterung 116
Bauwürdigkeit, rentable Abbaumöglichkeit 28
Bauwürdigkeitsgrenze, mittlerer, kostendeckender Gehalt einer Lagerstättensubstanz Tab. 6; 76
Berechtsame, Bergwerkseigentum, Bergbauberechtigung
Bergbehörden 125—126
 Bundesrepublik Deutschland 125
 DDR 125, 126
 Funktionen 125
 Instanzen 125
Bergrecht, Belgien 100—101, 145
 Bulgarien 148
 Commonwealth 144
 Deutschland 139—143
 Entwicklungsländer 148—155
 Bergrecht in Zaire 151
 Internationale Organisationen 152
 Investitionsschutz 153
 Verhandlungsriten 153
 Vertragsmuster 149
 Euratom 154
 Finnland 145
 Frankreich 100, 145
 Großbritannien 101, 144
 Italien 145
 Japan 101
 Jugoslawien 148
 Kanada 144
 Luxemburg 101, 145
 Niederlande 101
 Peru 152
 Polen 148
 Portugal 146
 Rumänien 148
 Schweden 145
 Schweiz 145
 Spanien 146
 Türkei 146
 UdSSR 148
 USA 146—147
Bergschäden 93—102
 Abgeltung 97, 98
 Absenkung 97
 Erschütterungen 97
 Gebirgsdruck 99—100
 Haftung 93—94
 Kokereiabwässer 96—97
 Maßnahmen 96, 98
 Pseudobergschäden 96, 99
 Senkungstrog 68, 94—95, Abb. 2
 Tagesschäden 95, 98
Bergmännische Aufschlüsse 24—25
Bergschläge, siehe Gebirgschläge
Betriebskosten 31—32

# Sachregister

Blähton 46
Blähschiefer 46
Bogheadkohle 52
Bohrungen 24
Bohrlochmessungen 19
Brom 58

Cash flow, zwischenzeitliche Wirtschaftsberechnung, frei verfügbarer Teil des betrieblichen Erlöses
Chemische Untersuchung 24

Dienststellen (geologische) 121—125
  Aufgaben (Nordrhein-Westfalen) 121, 123—124, Tab. 13
  Landesaufnahme 124
  Tätigkeitsgebiete Tab. 13, 124
  Zahl der Staatsgeologen 125, Tab. 14
Dienststellen (rohstoffliche)
  Bundesbehörden (Bundesrepublik Deutschland) 126—128
  Landesbehörden (Nordrhein-Westfalen) 128—131
  Europäische Gemeinschaften 126 bis 127
  Kreis- und Gemeindebehörden 130—131
Dolomit 45—46

Edelgase 67
Emission, abgegebene Stoffe, besonders an Luft, oder Strahlung
Erdbeben 112, 113
  Voraussehbarkeit 112
  Zonen 112
Erdgas, Druck 56—57
  nasses E. 57
  trockenes E. 57
Erdöl, Destillationsprodukte Tab. 9
  Erschließung 55—56
  Fördermengen 56
  Migration 55
  Paläogeographie 54—55
  Vorratsberechnung 56

Erdwachs 54
Erschütterungen 112—114
Erze, Bauwürdigkeit 35
  Genese 38, Tab. 5
  Gewinnung
  Größenordnung Tab. 4
  Bindung an Strukturen und Magmatite Tab. 5
Exploration, Erschließung einer Lagerstätte 12

Fachvereinigungen (Bundesrepublik Deutschland) 137—138
Feasibility (Durchführbarkeit), Wirtschaftlichkeitsrechnung
Fehlbohrungen 78—79
Filtersand 47
Flächennutzungsplan 143
Fluoreszenz 23
Formsand 47
Forschungseinrichtungen 134
  geologische 134
  mineralogische 134

Gase 67
Gebirgsschläge 107—109
  Gruben 108—109
  Tunnels 109
  Ursachen 107—108
Geochemie 21—23, Abb. 1
Geoelektrik 17
Geophysik 17—21
Geothermik 21
Gerichtswesen, Gerichtsbarkeiten, Instanzen 131—133
Gesellschaften (geologische) 136, 137
Gewässer (juristische Kategorien) 159
Gewerkschaft (Handelsgesellschaft) 141
Gipssteine 48—49
Grasse root-Prospektion, Erkundung in wenig bekannten Gebieten
Gravimetrie 18
Grubengas 103, 104
  Bläser 106

Entzündung 103
Karten 103
Grundbruch 71
Grundwasser 58—65
  Abflußspende Tab. 10
  artesisch 59
  Beweissicherung 93
  Brunnenleistung 93
  DARCY-Gesetz 61
  Durchlässigkeitsbeiwert 61
  Entziehung 64—65
  Ergiebigkeit Tab. 12; 63
  Haushalt 60
  Härte 62
  Immission 91—92
  included water 59
  juvenil 59
  Karstwasser 64
  Laugenversenkung 91—92
  Schädigungen
    Kühlwasser 91
    Ölunfälle 90—91
  Schutzgebiete 92, 93
  vados 59
  Verbrauch 64
  Versickerungsanteil Tab. 11
  Vorkommen 60
Gutachten, Berichte 73—76
  Gliederung 74—75
  Muster 31

Hartgesteine
  Eigenschaften 43, 44
  DIN-Normen, 43
Haufwerkschüttung 28
Heilquellenschutzgebiete 92
Helium 67
Herpolithe 114
Herstellungskosten 31
Hochschulen (Bundesrepublik Deutschland)
  geologische Institute 134
  mineralogische Institute 134

Immission, Einleitung von Stoffen (Sole, Öl, Abgase) in natürliche Medien (Wasser, Luft, Kluftgestein) 89—93
  Alter Mann 91
  Duldung 115
  Immissionsschutzgesetz 90
  Kühlwasser 91
  Mergel 90
  Niederterrasse 90
  Sole 91—92
  Verwitterungszone 91
Impfen (Salzen)
  Gold 77
  Platin 77—78
Indizien (geologische) 118—120
  zur Beweissicherung 119
  als kriminelles Hilfsmittel 118—120
Industrieminerale 49—51
Ingenieurgeologie 67—73
  Bodenkennwerte 67—68
  DIN-Normen 69, 70
  Fels-, Erd-, Grundbau 67—73
  Gründungen 68
  Setzungen 68
  Stollenbau 71
  Tagebauböschungen 71
  Talsperren 70, 71
Internationale Organisationen
  CTC 152
  FAO 152
  Internationale Atomagentur 152
  OPEC 152
  UNCTAD 152
  UNIO 152
  UNDP 152
  Weltbank 152—153
IP-Verfahren 17
input, eingebrachte Leistung
Investitionen 28—33, Tab. 4, Abb. 1
Investitionsförderung 152—154
Investitionsrechnung 31
Investitionsschutz 153

Jod 58

Kalisalze
  Carnallit 57, 58

# Sachregister

Hartsalz 57
Kainit 57
Sylvinit 57
Kalksandstein 48
Kalkstein 44
Karphosiderit (wasserfreies K-Fe-Sulfat)
Kartierung 13
Kennelkohle 52
Kohlen 52—54
  Bildungsbedingungen 52
  Flözidentifizierung 53
  Förderleistung 53
  Förderteufe 53
  Selbstentzündung 106
  Paläogeographie 53
Kohlensäure 67
Kohlensorten, Tab. 8
  Braunkohle Tab. 8
  Steinkohle Tab. 8
Kohlenstaub 105
  Entstehung 105
  Explosion 104, 105

Lagerstätte, Begriff, Definition 42
Lagerstättenvorräte
  Aussagesicherheit Tab. 3
  Berechnung 27—28
  Größenordnung Tab. 7
  Klassifikation 26—27
  Suche 15
  Typen Tab. 5
Landesaufnahme (geologische Kartierung) 13
Lehm 45—46
Lieferungskontrakt 88
Luminiszenz 23—24

Magnetik 17
Marmor 49—50
Meeresrecht 155—157
  Festlandsockel 156
  Küstenmeer 156
  Marine Stoffe 157
  Tiefsee 156

Mergelkalkstein 45
Mindestreserve Tab. 7b
Mineralwasser 65—66
  Säuerling 65
  Schutzgebiete 66
  Sole 65
  Thermalwässer 65
Mittelbildung (Analysen) 16
Moostorf 51
Mörtelsand 48
Mutung, Gesuch um Verleihung einer Abbaukonzession

Olistholithe 114
Ölunfälle 89—91
  Alter Mann 91
  Hoddelbildung des Karbons 91
  labiatus-Mergel 90
  Niederterrasse 90
Organisationen (internationale Finanz-) Atomenergieagentur 152
  CTC 152
  UNDP 152
  UN industrial Organisation
  UN Food and Agriculture Organisation 152
  UNCT D 152
  Verhandlungsmuster
output, Ertrag, Ausbeute

Phosphoreszenz 23
Prioritäten 117—118
  Bergbau oder Erholungsgebiet 117
  Glassand- und Kalksteingewinnung oder Erholungsgebiet 117
  Kies- oder Wassergewinnung 117
  Kohlen- oder Erzbergbau 117—118
  Tagebau oder Naturschutz 117
Probenahme 16
Prospektion, Erkundung 12

Radioaktivität 18
Remoting Sensing (Fernerkundung) 14
Rentabilität 29

## Sachregister

Reserven, bergbauliche Vorräte
Ressourcen, bedingt bauwürdige und bauwürdige Vorräte
Rutschungen 113—114
  Flims 113
  Rosengarten 113
  Tagebau 113

Sande 47—48
  Filtersand 47
  Formsand 47
  Kalksandstein 48
  Mauersand 47
  Mörtelsand 47
Schachtabteufen 71
Schlagwetter 102—105
  Explosion 103
  Selbstentzündung 107
Schürfen, Aufsuchen mineralischer Rohstoffe
Schwefelkies (Selbstentzündung) 106, 107
Schwefelwasserstoff (Grubenunfälle) 106
Seismik
  Reflexionsseismik 18
  Refraktionsseismik 18
Senkungen 109—112
  durch Auslaugung 109
  durch Ausschwemmung 110
  durch Schwimmsand 110
  nach Trogtheorie
  durch Wassereinbruch 110—111
  durch Wasserentziehung 65, 111 bis 112
Sole 65
  Vorkommen 65
  Versenkung 91—92
Steinsalz 57—58
Steinzeugton 47
Suszeptibilität (Magnetisierungszahl)

Tagebau 71—72
  Böschungswinkel 71
  Standsicherheit 71

Talsperren 70—71
  Bruch 71
  Grundbruch 71
  Sperrstelle 70
  Staudamm 70
  Staumauer 70
Täuschungen 77—84
  Braunkohle 78
  Einfallen 78
  Fehlbohrungen 78—79
  Goldkörner 78
  Kalisalze 78
  Katzengold 78
  Platin 77—78
  Probenahme 78
  Steinkohle 79
  (Irreführung durch die) Wünschelrute 79—82
  (Irreführung durch) Naturgebilde 78
Thixotrophie 114
Ton und Tonstein 45—47
  Blähton 46
  Steinzeugton 47
  Töpferton 46
Torf 51—52
  Baggertorf 51
  Brenntorf 51
  Maschinentorf 51
  Moostorf 51
  Stichtorf 51
  Trettorf 51

Überbohren von Wasser 80, 82
Untersuchungsablauf einer Lagerstätte 32—33

Verbände, wissenschaftliche 135
Vereine, wissenschaftliche 136—137
Versumpfungen 95
Vertragsverletzungen 84—99
  Autobahn 86—87
  Baustoffe 85
  Bohrvertrag 86

Endmoräne 88
Formsand 85—86
Glassand 85
fremdes Grubenfeld 85
Kupfererz 87
Schwefelkies 87—88
Wolframit 87
Verwaltung 132, 133
Verwitterung 114—116
Vorratsberechnung 25—28
Vorratsklassen 26

Wasserhaushaltsgesetz
 „Benutzung" 159
 Bewilligung 160
 Erlaubnis 160
 internationale Regelungen
 Planfeststellungsverfahren 161
 Rohrleitungen 160
 Strafbestimmungen 162
 Versagung 161
 Wasserschutzgebiete 162—164
Wasserversorgung (Sonderfälle)
 Wasserwerk im Ausland 82
 Wasserwerk und Fäkalienberg 83
 Wasserwerk und Friedhof 82
Wirtschaftlichkeitsberechnung 31
 Betriebskosten 32
 Herstellungskosten 31
 Investitionskosten Tab. 4; 31
Wünschelrute 80—82, 120
 Brauchbarkeit 80
 Freibad 82
 Wasserader vom Brocken 80
Wasser für Bierherstellung 81
 Wasser in steriler Gesteinsscholle 81
 Wasser durch Stolln 81

Zeitschriften (geologische) 136—137
Ziegelton 45, 46

# UTB

**608 Heinz Nolzen:**
Bibliographie
Allgemeine Geographie
Grundlagenliteratur der Geographie als Wissenschaft
(Schöningh) 1976. DM 12,80

**554 Josef Birkenhauer:**
Bibliographie
Didaktik der Geographie
(Schöningh) 1976. DM 12,80

**782 Ludwig Schätzl:**
Wirtschaftsgeographie 1
Theorie.
(Schöningh) 1978. ca. DM 14,80

**607 Hans-Joachim Späth:**
Geoökologisches Praktikum
Das Werk enthält — neben einer ausführlichen Einleitung — vier modellhafte, problemorientierte bzw. lernzielgebundene Geländepraktika. Statt isolierter Faktorenlehren und herkömmlicher Besichtigungsexkursionen vermitteln arbeitsintensive Geländepraktika bzw. komplexe Prozeßstudien tiefere Einsichten in geoökologische Zusammenhänge.
(Schöningh) 1976. DM 14,80

**664 Willi Wirths:**
Ernährungssituation 1
Entwicklung und Datenanalyse dargestellt insbesondere am Beispiel der Bundesrepublik Deutschland.
(Schöningh) 1978. DM 14,80

**665 Willi Wirths:**
Ernährungssituation 2
Datenanalyse zur Versorgung der Erdbevölkerung.
(Schöningh) 1978. DM 15,80

**724 Georg Rückriem, Joachim Stary, Norbert Franck:**
Die Technik wissenschaftlichen Arbeitens
Praktische Anleitung zum Erlernen wissenschaftlicher Techniken am Beispiel der Pädagogik — unter besonderer Berücksichtigung gesellschaftlicher und psychischer Aspekte des Lernens.
(Schöningh) 1977. DM 19,80

**840 Reinhard Brunner:**
Lehrerverhalten
Theorien, Bedingungen, Merkmale und Zusammenhänge mit dem Verhalten und der Leistung von Schülern.
(Schöningh) 1978. ca. DM 18,—

**553 Hans-Herman Groothoff, Ingeborg Wirth:**
Erwachsenenbildung und Industriegesellschaft
Eine Einführung in Geschichte, Theorie und Praxis der Erwachsenenbildung in der Bundesrepublik Deutschland.
Gesetzliche Begründung und Professionalisierung der Erwachsenenbildung.
(Schöningh) 1976. DM 19,80

**Uni-Taschenbücher**
wissenschaftliche Taschenbücher für alle Fachbereiche.
Das UTB-Gesamtverzeichnis erhalten Sie bei Ihrem Buchhändler oder direkt von
UTB, 7 Stuttgart 80, Am Wallgraben 129, Postfach 80 11 24.

# UTB

723 Willi Oelmüller, Ruth Dölle, Rainer Piepmeier:
Philosophische Arbeitsbücher 1
Diskurs: Politik
(Schöningh) 1977. DM 19,80

778 Willi Oelmüller, Ruth Dölle, Rainer Piepmeier:
Philosophische Arbeitsbücher 2
Diskurs: Sittliche Lebensformen
(Schöningh) 1978. DM 19,80

895 Willi Oelmüller, Ruth Dölle, Jürgen Ebach, Hartmut Przybylski:
Philosophische Arbeitsbücher 3
Diskurs: Religion
(Schöningh) 1979. DM 19,80

123 Wolfgang Heidelmeyer (Hrsg.):
Die Menschenrechte
Erklärungen, Verfassungsartikel, Internat. Abkommen. Mit einer Einführung von W. Heidelmeyer.
(Schöningh) 2. Aufl. 1977. DM 12,80

58 Horst Hildebrandt (Hrsg.):
Die deutschen Verfassungen des 19. und 20. Jahrhunderts
(Schöningh) 10. Aufl. 1977.
DM 10,80

671 Walter Steitz:
Einführung in die politische Ökonomie des Marxismus
(Schöningh) 1977. DM 16,80

779 Willi Oelmüller (Hrsg.):
Materialien zur Normendiskussion
Texte und autorisierte Protokolle der drei Paderborner Kolloquien.
Band 1
Transzendentalphilosophische Normenbegründungen
(Schöningh) 1978. DM 19,80

836 Willi Oelmüller (Hrsg.):
Materialien zur Normendiskussion
Band 2
Normenbegründung — Normendurchsetzung
(Schöningh) 1978. DM 19,80

896 Willi Oelmüller (Hrsg.):
Materialien zur Normendiskussion
Band 3
Normen und Geschichte
(Schöningh) 1979. DM 19,80

667 Jean-Jacques Rousseau:
Politische Schriften 1
Abhandlung über die Politische Ökonomie. Vom Gesellschaftsvertrag. Politische Fragmente.
(Schöningh) 1977. DM 17,80

115 Jean-Jacques Rousseau:
Emil oder Über die Erziehung
Vollst. Ausgabe in neuer deutscher Fassung, besorgt von Ludwig Schmidts.
(Schöningh) 4. Aufl. 1978. DM 16,80

---

Uni-Taschenbücher
wissenschaftliche Taschenbücher für alle Fachbereiche.

Das UTB-Gesamtverzeichnis erhalten Sie bei Ihrem Buchhändler oder direkt von
UTB, 7 Stuttgart 80, Am Wallgraben 129, Postfach 80 11 24.